本专著受浙江省重点学科英语语言文学、杭州师范大学攀登工程二期高水平外语学科培育项目经费资助出版

语言发展论纲
一个后相互作用论视野

邵俊宗 著

OUTLINING THE DEVELOPMENT OF LANGUAGE

A post-interactionist perspective

中国社会科学出版社

图书在版编目(CIP)数据

语言发展论纲：一个后相互作用论视野 / 邵俊宗著 . —北京：中国社会科学出版社，2017.5
ISBN 978 – 7 – 5161 – 9863 – 6

Ⅰ.①语… Ⅱ.①邵… Ⅲ.①语言史—研究 Ⅳ.①H0 – 09

中国版本图书馆 CIP 数据核字（2017）第 031325 号

出 版 人	赵剑英
责任编辑	赵　丽
责任校对	王　斐
责任印制	王　超

出　　版	中国社会科学出版社
社　　址	北京鼓楼西大街甲 158 号
邮　　编	100720
网　　址	http://www.csspw.cn
发 行 部	010 – 84083685
门 市 部	010 – 84029450
经　　销	新华书店及其他书店

印刷装订	北京君升印刷有限公司
版　　次	2017 年 5 月第 1 版
印　　次	2017 年 5 月第 1 次印刷

开　　本	710×1000　1/16
印　　张	16.5
插　　页	2
字　　数	254 千字
定　　价	59.00 元

凡购买中国社会科学出版社图书，如有质量问题请与本社营销中心联系调换
电话：010 – 84083683
版权所有　侵权必究

序：大小多少

"大小多少"[①] 这一知识来源及其使用的多样化发展方案问题是两千多年来东西方不约而同地关于知识学关键问题的概括性表述。柏拉图给出了一个刺激之"少"的问题，奥威尔则给出了一个所知之少的问题。李耳则阐释了大小多少的多重知识学两相性关系。问题虽经长期的一再阐释，却只是到了当代认知科学才全面展示出启发意义。自冯特于1879年在莱比锡创建实验室起，我们便开始了一种科学的自我反思历程。乔姆斯基的内在论和皮亚杰的认知表征论则把认知科学的注意力全面引导到儿童之小和少的对象上。经过一个多世纪的研究，认知科学的各个分支话题均给出了相互作用论启示。具体到语言发展方面，Gleason 由标准认知理论给出了系统的表述，Elman 等则采用连接主义网络系统验证了以小成就大的多重相互作用观。通过行为主义、内在论和相互作用论的理论三重奏，认知科学完美上演了历代思想家谱就的知识学乐章。东西方古典哲学同时预示的一个知识学新纪元的序幕也随之徐徐开启。

纵观这一成就，经过历代思想家和近几代认知科学家的不懈努力，尤其是苏格拉底等的自我牺牲，我们作为人类认知的学生，终于激动且感激地迎来了一个理论转折。以小成就大而颠覆单纯以大为体的理论认识，以少成就多而颠覆单纯以多为体的理论认识，这就是以自然而然智

[①] 参见（晋）王弼《老子道德经》，中华书局1985年注本，第39页。李耳原文仍待考证。现有简本、帛本、注本、校点本等可以相互印证。李耳言简意赅，寓繁于简，逻辑畅达，措辞明快，陈说朴实。各版本原文大同小异，足以反映李耳的思想成果。其"大小多少"之论旨在突出发展中的相互作用。在知识学意义上，道可名于大，可名于小，说明理论与实践的关系因应场合而简繁有别。既有注释似乎多偏重于经验实体这一面，难免有忽视"神器"或心智这一根本关注之嫌。

序：大小多少

能（后文简称"自然智能"）为基础的认知功能观给出的答案。"大小多少"是一个心智问题，因为心智的构造具有带方向性的功能层级。"大小多少"是一个认知问题，因为认知功能关联场合的因素或者世界各类关系。"大小多少"是一个原则问题，因为原则的适用因时因地而制宜。归根结底，"大小多少"就是自然智能以发展为途径成就天下诸般神器（或人才类型）及其社会和文化功能价值地位的基本表现。我们不禁为之感叹："大小多少"展示的场合因素的功能价值再分布就是文明进程的第一个真正闪耀着思想光芒的里程碑！人类之所以是宇宙万物之灵长，因为我们终于能够允许场合因素的真理性功能价值再分布自动取得对于我们之既有观念的胜利！语言发展对于语言的表征和使用，则是以儿童语言之小成就成人语言之大，以儿童词语之少成就成人经验社会条件下可生成词语之多。通过认知科学反思，我们在认识中达成场合因素的功能价值再分布。故此，语言以及语言认知功能拓展对于世界中各类因素的价值分布方式完美展现了"大小多少"的反思奇迹。

"大小多少"的多重功能价值再分布意味着，认知科学家的现实态度就是以认知发展规律或者认知功能拓展规律作为分析工具，理解现实中的形实渊源，分析各个个体认知和群体认知之痒、之痛、之所能及所不能、之所易及所难、之根底及渊源。此即个体和群体尊重，或者说对于寻常现实的欣赏、珍惜、辨析和需求满足。认知科学研究显然需要伴随欣赏、珍惜和维护此种瑰丽多样的个体和群体文明景观能力的发展而成年。然而，在后相互作用论时期的认识推进，非有序的全域参照或跨域参照，局域解释水平便无以"玄"，无以"深"，无以"广"，故而也似乎无以"专"。换言之，在后相互作用论时期面向认识推进不是守成找定义，而是开拓。选题不是少了，而是多了，近乎无穷多，并且有了有序致玄、致深、致广的认识推进依据。故此，认知科学的灯塔性的关键研究（而非所有的研究）必须在解释参照上集既有认识之大成，此即以大成就小或者以全域知识参照达成局域可取的解释，旨在避免把同一个认知功能当作不同的认知过程来理解。认知理论尚对象功能参数之简，而非实践原则理论系统之简；尚个体实践应用之简，而非专家理论视野和交互分析系统之简。基于此种认知方法论，一切"规矩"首先是让认知功能的拓展左右逢源。这就是李耳透彻阐释的"大道泛兮，其可左右"的无割大制观。故此，一个功能性体系便是语言和认知发展的左右逢源的"脚手架"，非主体认知的最简发展方案不可为之。有助于透彻揭示此种"规矩"的研究需要满足两种对象渊源：其一是渐次解析出（parse out）认知功能的玄核蕴藏的可能性，该内核就是文明进化的无尽且不失根本的主体智能资源，而在实践面上则意味着需要考虑天然而丰富的原则储备；其二是辨认认知系统对于外探型视知觉提示特征的解读方式，该特征就是认知系统与外界的最前沿交互点，而在实践面上要考虑启动原则的整个认知自主体，因而是我们认定场合性质的一个关键解读项。其应用若非关于认知的集既有认识之大成的最繁分析方案似难为之。相对于一位认知科学家，人，每一位正常或者异常的个体，乃至动物，均有其自然智能自主体独到之"德"，从主观方便的角度看均可为宇宙万物之又一参照准绳！故宜欣赏而惜扶之！这个态度可以帮助我们渡过浮躁、功利和各种自我中心观。

故此，到了后相互作用论阶段，认知科学领域具有一些不同以往的基本特点。首先，在理论与实践的关系上，欣赏论可以表明了理论价值的实现途径，发展论可以表明了主体的知识的实现途径，成就论可以表明现实或者体系的功能。这样的认知系统和认知作为是认知科学当前需要优先考虑的认识对象。从行为主义的刺激—反应链到认知功能玄核算法—前沿视知觉特征的两端感应，认知科学在短短一个多世纪完成了人类的一个反思壮举，使心智从感觉和知觉的知识陷阱中解脱出来，揭示了广阔的人文前景，在欣赏之间完成了一场不动声色的思想和理论革命！理论与实践的这个特点就是相互作用论为认知科学带来的一个重要的理论特征。相互作用过程同样也需要以经验表征和内在心智过程为前提，但同时也为这些过程施加了良好的功能限制或功能价值分布的评判视野。

其次，场合因素众多，非认知功能或者认知与外界的相互作用则难以有效解读出世界中的各种关系。这关乎心智水平对于主体认知渊源性的基本要求，因而也是相互作用论的交互干支主要贡献幅面。随着儿童的认知发展和语言发展，各种场合因素都会反复地在不同的主体条件下发挥不同的但却具有渊源性的作用。词语需要反复或者循环出现，原则需要一再或者循环地贯通，限制需要特定的主体和经验条件的场合对认

序：大小多少

知功能循环运用。因此，相互作用论的框架自动呈现了两个透露对象功能方式的问题：功能价值再分布问题；因应场合条件的变化的认知功能陀螺问题。两者可以是"大小多少"启发下体现认识推进的新问题。这就意味着，新的选题在于相对于认知功能以及知觉功能范畴化层级的场合条件的认定。既有假设和验证之法因此需要接受玄功能条件的严峻考验。

在更为一般的意义上，西方古典哲学开启了话题的科学的知识学传统，李耳则因为面对的具体社会情形开启了一个玄功能体系传统。前者不轻易介入现实，而在实际介入时则必须施加大量的应用后效观察。后者貌似直接以现实为体，且经后来者如是诠释而在客观上引发了几千年的制度关切。然而，即便千百次刀枪相向，如果在制度上不充分考虑各种场合条件下的认知功能，或者说如果"玄"得不够，便不能取得实质性突破。这说明李耳实际渴望后来者搁置功利，深入而扎实地探究无为而无不为的那种认知系统或者心智构造的条件。两种认知思想体系可能出现的问题也因此昭然若揭，尤其是在语言教育和语言智能领域。从相互作用论框架下看，我们也似乎可以合理且合法地期待两个传统共同为世界关系带来的文明奇迹。这一基于相互作用的认知方法论的天然的来源性认识对象在当前就是认知发展和语言发展。换言之，相应研究得出的一般认知原则在世界关系总体中具有了首要的法定地位（legitimacy）。

鉴于感觉功能这一古今中外具有多重意义的分歧点和分域点，拙作为了照顾知识学形实渊源尝试给出了一个体现玄论的交互干支，而该认识作为认知理论是否得人文与自然形实之要显然仍需检验。不过，相互作用论作为一种二元论解释进一步要求的"第二种参照"无疑可以提高新的研究的选题、破题和结论水平。拙作不妨就此勉力投出"功能价值分布"和"认知功能陀螺"这两块毛砖，一是权解先驱者的殷殷期盼，二是以关于相互作用论的一页又一页似无章法的文字投递出一个信息：由于认知科学家们过去、现在和未来移山填海般的努力，好好且有意义地活着正在悄然变得现实和长远，于我、于你、于天下之元元！

邵俊宗
2016 年 5 月 20 日

目 录

第一篇 原理

第一章 语言关键理论问题:一个参照李耳玄论的再阐释 …………（3）
  第一节 世界本原问题:一个形与物之间的生存玄域 …………（4）
  第二节 知识来源问题:理性与经验之间的认知功能玄域 ……（8）
  第三节 语言知识来源问题:内在形式与经验实体之间的
        特殊认知功能玄域 …………………………………（12）
  本章小结 …………………………………………………………（16）

第二章 语言发展的元物理原则和元心理原则 ………………（18）
  第一节 自然观察 …………………………………………………（19）
  第二节 语言发展过渡状态 ………………………………………（24）
  第三节 元物理原则与元感知功能原则 …………………………（35）
  本章小结 …………………………………………………………（46）

第二篇 认知功能

第三章 关于语言认知功能 ……………………………………（51）
  第一节 实体性认知 ………………………………………………（51）
  第二节 语言认知功能 ……………………………………………（60）
  第三节 语言发展的场合关联框架 ………………………………（65）
  本章小结 …………………………………………………………（75）

目 录

第四章　关于语言发展的主体因素 …………………………… (76)
第一节　脑基本功能架构 ………………………………………… (76)
第二节　功能部位 ………………………………………………… (79)
第三节　脑神经纤维及功能连接 ………………………………… (82)
第四节　脑灰质层的神经细胞 …………………………………… (86)
第五节　基因及其生化过程 ……………………………………… (89)
本章小结 …………………………………………………………… (92)

第五章　关于经验环境因素 …………………………………… (93)
第一节　情景提示 ………………………………………………… (94)
第二节　前后环境提示 …………………………………………… (99)
第三节　词形边界相关提示 ……………………………………… (102)
本章小结 …………………………………………………………… (111)

第三篇　交互

第六章　关于语言发展的相互作用论 ………………………… (115)
第一节　基本理论问题 …………………………………………… (115)
第二节　语言发展中的相互作用认知事件 ……………………… (121)
第三节　语言认知事件的交互功能 ……………………………… (128)
第四节　经验刺激与语言认知功能范畴特征 …………………… (139)
第五节　语言认知功能的场合 …………………………………… (143)
第六节　后相互作用论视野及启示 ……………………………… (151)

第七章　基于相互作用论的主要研究 ………………………… (158)
第一节　既有神经网络建筑模型 ………………………………… (158)
第二节　认知功能对于场合因素的功能价值分布的概率
　　　　模型 …………………………………………………… (167)
本章小结 …………………………………………………………… (183)

第八章　关于二语发展 ……………………………………（184）
第一节　二语习得是否等同于母语习得 …………………（184）
第二节　二语习得的心智化过程 …………………………（189）
第三节　二语习得的音系化过程 …………………………（191）
第四节　二语习得的词汇—语义化过程 …………………（194）
第五节　二语习得的语法化过程 …………………………（198）
第六节　关于语言发展的阶段性问题 ……………………（201）
本章小结 ……………………………………………………（206）

第九章　后相互作用论时期研究的基本要求 ……………（207）
第一节　选题 ………………………………………………（208）
第二节　破题 ………………………………………………（211）
第三节　文献工作 …………………………………………（216）
第四节　数据工作 …………………………………………（219）
第五节　结果讨论的基本维度 ……………………………（227）
本章小结 ……………………………………………………（228）

参考文献 ……………………………………………………（230）

第一篇

原 理

语言发展仿佛是知识学上的"黑洞",因为既有各种理论到此似乎都会"变形"失效。如何使这个"黑洞"焕发出无尽的生机,这是我们在东西方思想汇流之际纳入李耳玄论的一个考虑。第一章采用柏拉图的理性主义、亚里士多德的经验主义和中国同期李耳的玄论三种观点,由世界本原问题展开分析陈述,通过渐次深入的三个玄框架层次,我们把话题推进到一般认知以及语言发展中的相互作用域。我们借用这一分析的便利指出理性实体和经验实体这两个相互作用论的知识学原则,并且明确古今中外知识学争议所指的感知问题,即主观偏离客观和感知跨越场合的有效性问题。李耳的"玄之又玄"便是我们针对感知问题所能寻找到的认识论。具体到语言发展,我们因此得以把既有关注由普遍语法系统地转换到了着眼于语法意义的关注上,强调了语言通过相互作用过程的形实渊源。第二章承袭感知问题和李耳玄论,针对既有进化和发展关注的散漫性,在自然观察的基础上,依照相互作用论的实质内蕴,给出了符号学和语言功能构造方式特征所蕴含的元原则,包括元物理原则、元感知功能原则和元语言原则。这些原则透彻说明儿童语言习得过程中丰富的原则储备以及相关认知功能通过相互作用对于场合因素的功能价值分布。

第一章 语言关键理论问题：一个参照李耳玄论的再阐释

认知天地之中似乎得天独厚地生长着一棵语言之树，两者之间系统化的敏感联系不言而喻。综合考虑其活跃程度、系统化程度以及对于心理资源和认知场合占用度，语言不失为判定人类认知能够做到什么的关键依凭。自19世纪末以来，认知科学先后涌现出行为主义、内在论和相互作用论三大潮流。行为主义倚重刺激—反应链来革新心理弊习，其研究则仿佛凸显了语言之树的叶面感知特征。内在论倚重官能制约来实现心智功能归化，其研究则恰似凸显了语言之树的叶枝节点的认知功能属性。同时，在认知科学各个分支话题下的研究均相继给出了相互作用论启示，其面向语言发展的认识则无异于凸显出整个干枝生态，从而把人们的注意引入一个无认知遮蔽的广阔天地。然而，后相互作用论的认识如何推进的问题也构成了一道理论难题。新时期的选题当然不再单单是感觉原则、官能原则等当春乃发的知时"好雨"，也有随风夜潜、轮值无声的场合因素，更有"知识""概念""语法""理性"和"经验"这类在各种场合始终喧闹不已但却杳无归宿的认知玄元。在理论预期和变量关系探测的过程中，新的研究之所以新，明显在于强化选题和局域发现在解释上的全域参照水平，有序提高认识的深度、广度和玄度。当下的所谓深度，在语言这一特殊对象的情况下指获得系统论证或者阐释的语言认知功能干支的延伸，因而不能仅仅看作关于世界的观照和概括。所谓广度，就是蕴含了语言相关因素的场合的延伸度，因而不能仅仅看作观照面的多少。所谓玄度，就是尽可能多的因素的功能价值交互且有机分布的水平，尤其是需要蕴含从自然智能到元物理的一系列知识域的原则和系列相互作用，因而不宜仅仅看作形而上的水平。认知科学

第一篇　原理

的天然使命一如既往：欣赏、珍惜并且倚重平凡现实，极尽形物玄域之所能，达成场合因素天然价值分布。这是认知科学与他种知识应用截然不同的认识论以及面向其他相关领域的认知方法论。显然，我们无法指望一个词形集合或者规则的干瘪运用能够创造什么奇迹，也无法期待单纯的权威知识能够变坎坷为通途。语言发展正是方便满足上述要求的天然认识对象，因而对于语言关注以及一般认知关注都具有重要意义。

讨论语言的关键理论问题，我们首先询问天然一元论解释是什么，天然的二元论解释是什么，究竟在天然解释的情况下应该作何延伸性理解？这些问题都涉及关于语言认识的历史渊源和认知渊源。经验主义知识系统由于把客观跟某种既有主观渊源割裂开来，虽然能够革新不良知识系统，并且开启一个再反思历程，但却无法作出有关自然语言的假设，甚至在内在论认识阶段根本就与语言研究挂不上钩。下文采用阐释的方法来介绍有关渊源，同时也主要着眼于语言和认知来确定行文面。

第一节　世界本原问题：一个形与物之间的生存玄域

物质（matter）的功能范畴不是单一的。任何物体（body/object）的存在都有某种形式（form）或者空间表现。关于物质的这一观察是暗物质和引力波也不能例外的一条显而易见的元物理原则，也是外部物体投向观察者知觉的第一原则。同时，任何讨论破题之后的首选就是二元分化的讨论框架。这是话题陈述的基本要求。同理，世界本原问题也是一切论题中的第一严肃话题。重在理解人与世界的依存关系和方式的人类知识学因此历史地、认知地、宿命般地植根于此。此外，任何此种讨论也都必须有一个话题展开的形而下的意图。有着一批执着讨论者的古希腊哲学寻找到的承接框架就是内在（innate）形式和实体（substance）。后者虽然有作"物质"解，但在知识学意义上则适合将其看作对物质范畴的承袭。话题因此从外在层面转换到了知识学的层面。这是一个极其困难而幸运的转换。古希腊的哲学讨论似乎确立了这样一种对应性：外部形式对应于认知的内在形式（或者说理想工具性），外部物质对应于认知的实体。此种认识可见于柏拉图的多种对话录，尤其是

第一章 语言关键理论问题：一个参照李耳玄论的再阐释

广涉语言关键问题的 Cratylus 中[1]。亚里士多德的实体概念则是众所周知的，与人们寻常用法更为接近，即基于经验知觉概念的支撑实体[2]。我们不妨称之为经验实体。但是，柏拉图却似乎是把实体看作摄取外部事物特质、体现内部形式规范力并且使所得心理实体分量有别的认知材质。在柏拉图看来，任何物质，从看得见的物体到看不见的原型、观念乃至精神，其存在都有某种形式或者空间表现。具体的事物虽然实体相同，但是形式差异大，而实体越是貌似难以捉摸的抽象体，其形式层存在的规范力其实也越是强大，越是普遍，越是接近真实。所以，纯精神的形式最为接近某种超然形式，或者最能代表某个对于其他物化空间和物质状态具有规定性的形态演绎空间。无独有偶，李耳则把初始实体称为朴。所谓"朴散则为器"[3]，便是与柏拉图的理性实体一致，并且为其赋予了拓扑限制力。我们不妨把二人的实体看作某种先天完形知觉材质，而且是用完也就不再增加的认知材料。后天经验中具体事物的实体不过就是由此朴分摊而来。此所谓"朴虽小，天下莫能臣"[4]。所以，理性实体是面向形式的，同时也给经验实体做好了安排。当然，朴质用完之后的认知仍然可以围绕早期形成的器有效拓展。器因此是对于语言潜在和认知潜在的运用。总之，由形物到形实的承接方式大大增加了世界本原问题的话题分量，说明了话题性知识的反映性和分析工具性。

其次，我们需要明确世界是什么。一个笼笼统统的世界观就会使得其本原问题的讨论毫无价值。柏拉图理解的世界有着一个区分：感官接收到的既然世界与形式演绎所得的应然世界。亚里士多德则把注意力投向被柏拉图看作谬误百出、颇为不堪的感官世界，从而寻找其摆脱谬误的知觉经验及其归纳和概括方法。两种关注并不全盘对立，反倒是具有明显的互补性和功能一体性。两者的差异似乎应当是不同认知场合条件下合理"选题"的自然表现。中国同期李耳也同样采用世界本原问题

---

[1] Plato, "Cratylus", in B. Jewett M. A. (Trans.), *The Dialogues of Plato*, Vol. 1, London: OUp. 1892, pp. 230 – 304 (http://oll.libertyfund.org/EBooks/Plato_0131.01.pdf).

[2] Aristotle, "Metaphysics", in J. Annas (Trans.), *Aristotle's Metaphysics Books M and N*, Oxford: OUP, 1976, pp. 91 – 130.

[3] 参见（晋）王弼《老子道德经》，中华书局 1985 年注本，第 26 页。

[4] 同上。

第一篇　原理

破题来阐述其认知理论。李耳首先给出道和名的基本区分[①]，接着给出有与无，常有、常无及二者交互达成天下观（世界观）的认知方法论。较之柏拉图的基于较为抽象实质的应然世界，李耳则以自然世界状态为应然世界，并且认定时间$_1$的自然世界状态与时间$_2$的自然世界状态遗留的各种功能关系才足以为"道"，其中存在的各种因素联系也才具有真理意义。名是语言或者言说进一步承接实体的认知形式，可以区分名心化、名物化的名化（表征）世界和未名世界。这按照逻辑就是从前提上设置了形（心的实体）与物的区分。按照此律，常有心，则知有柏拉图演绎体系，常有物，则知有亚里士多德归纳体系。常无心则有柏拉图功能体系或者优秀的行为模式，常无物则有亚里士多德功能体系或者发达的认知功能系统。常有名，则有相应知识系统，常无名则显世界本真智能。所以，诸般品格或器质各各限制于勤中的执守。有心无物与有物无心的多重交互才能达成有无相生的认知功能拓展方式。综合起来，三者的世界都是认知的场合，其中全面蕴含了体现人与自然原则关系的各种其他关系，包括社会、政治、经济、军事等诸行为层面凸显的功能关联。相对于今天的哲学和认知科学需要面对的问题，世界就是一个形与物之间的生存玄域，要求理性、经验、知识等玄元归位，关于世界的其他实践面的讨论也因此才有着落点。故此，单纯从话题上看，一个良好的认知系统在形物承袭关系上应当能够在刺激—反应环节有所应验。相对于世界中的各类关系，词有所指，句有所承，篇有所宗，形有所限。然而，这些也都必须是从某种整体高度的反思才能获得的认识。这个整体应当是可以验证的功能体或者理论假设，而不是一个笼统模糊的对象。

理清世界本原问题的框架、背景及其意义，相应争议也就有了合适的价值归宿。关于世界的心本原论或者形式本原论属于问题框架中的立场之一。采取这一立场，我们可以看到世界中的各种关系都首先取决于心的内在形式及其运作的必然要求所赋予外部事物的主观联系。无主之观，何以观之？无以观之，如何启动心智的运用？这是主观参与认知天地开启过程必须以一定方式发挥作用的原因，比如面向经验科学，这个

[①] 参见（晋）王弼《老子道德经》，中华书局1985年注本，第1页。

第一章 语言关键理论问题：一个参照李耳玄论的再阐释

主观在根基上表现为基于经验知觉的实体的假设；面向认知科学，这个主观在根基上主要表现为内在形式及其对于初始实体的发散和行为层面的收敛；面向知识，这个主观主要表现为由实体较为抽象的某个层级上的理念演绎地定性某个经验对象。这其中既有进化积累和先天遗传的认知敏感度，也有后天经验的内化结果。保持这样一种主观有机性，新鲜刺激中的经验形式才能获得全面的心理运算。这是理解力的一个起码的要求。不过，心本原论的一个极端价值形态就是整个世界的运作制度全面采用心的原则。经过苏格拉底和柏拉图的透视，此种世界人与自然的关系全面通过美德来驾驭。这就要求哲学思辨细致入微，抓住实体精准演绎，坚守严格的内部纪律，在形物之间达成一面超念妙镜来跨越危机丛生的感知世界。采取物质本原论立场，我们可以看到外部世界中各种客观联系在生存场合发挥的作用。如果连周围的事物都没有观察准确，世界中的各种关系也会混沌不堪。此种知识系统无论主观性多么强大，都很可能在刺激条件下作出不合适的反应，更不要说预期和应对环境灾变。换言之，不把眼睛正确地用于看世界，认知系统或者心智便可能迷失于感官世界之中。当然，物质本原论的一个可能的极端价值形态就是坚决否认世界具有任何超念化的必要性。所以，关于世界的心物本原论要求后来者认清二者之间的功能性联系。对于认知发展的主体，这自然意味着在未知—已知、学习—运用等不同认知场合对于心物原则的交替运用。此种认知原则正是李耳"有无相生"的认知功能拓展律。这在目前的知识背景下也同时意味着，一个良好的认知系统需要有丰富的原则储备和参数的设置方式。这个认识在语流听辨、句子分析、句义理解等各个认知功能端口都可以得到证据支持，比如句子分析过程就存在基于句法与语义相互作用的认知功能。按此，我们还可以预期，在语言认知功能干支上，如果句法系统和语义系统没有面向创造性表达的交互，这样的语言系统不大可能用于启发真知，因为由彼场合"转移"至此场合词语无法有效获得实体渊源。李耳的这个简单的形物交替相互作用论认识的奇妙之处还在于，我们可以利用交互所得的认知功能玄体默认的因素关系去建立符合其"大道"的世界中的关系模型。其"有"创建心理实体范畴，其"无"衍生认知功能虚体范畴。这些范畴确立世界模型中各种知识各自应当拥有的价值分量和变化趋势，例如心的内在形式需要经历从"有"到"知其有"以至于"无"的功能化过程。这个方法不仅可以说明知识的获取和组织的一个关键环节，还可以说明认知理论自身的实质所在。李耳所谓"坐进此道"的真实意图就是要勤道者把认知功能推进到能够发挥出自然智能原则的纵深度。没有这个纵深度，进化的决策就是盲目的过程。这就是说，只有认知功能归化到自然智能的水平，我们才可以确定其他场合因素相对于此种个体的行为和此种群体的行为的关系范型。这是平淡中见奇迹的一种认识。

我们还需要特别指出，关于世界的物质本原论正是物理学这一人类经验前沿学科的主题。随着 20 世纪实验和观察技术的发展，人类经验范围快速拓展，微观上我们也终于来到了验证希格斯粒子这一有助于回答视界中物质形态发生、分布和运动变化问题的紧要关口。宏观上，人们则开始了宇宙引力波的检测。这个本原论的特点就是仅仅允许既有认知系统中的视知觉这一最基本的观察功能参与探究和解释过程，而引力波的检测似乎还允许视听知觉交互，从而提高参与前沿探索的主体资源可用水平。亚里士多德传统取得的这一成就对于一般认知和语言认知意味良多：场合因素正在发生实质性的变化，语言认知也似乎具有因应经验变化的功能拓展。我们的认知如何解读新鲜视知觉经验？或者我们需要由新鲜听知觉经验抽取何种蕴含？这将迫使认知科学从理论上正视形物之间日益拓展的生存玄域。

第二节 知识来源问题：理性与经验之间的认知功能玄域

世界本原问题表明，开拓型的思想者要让自己的人生反思从既然世界中走得出来，只有路线分明才能算作有了真知。柏拉图、亚里士多德和李耳各自都提供了一种轨迹清晰的路径。柏拉图的路径就是主观理性主义路径，即以设想或者假设为主导，以看或者校验为辅助。亚里士多德的经验路线先观察再归纳；李耳的相互作用路线就是主观理性与客观经验在最平常的现实中的交替和交互，交替的作用就是有序咬合两种原则的玄之又玄的齿轮。人人都乐意达成关于某个应然世界的一种反思，但无论应然世界是柏拉图等假设的理念化世界、李耳的自然世界还是亚里士多德的经验原则世界，认知或者知识都在其中发挥着支点的作用。换言之，在物质条件一定的情况下，世界关系总体中凸显因素接受认知功能的选择。理性与经验争议是世界本原问题的两种观点在知识学或者认识论上的贯通性争议，旨在启示知识的来源途径和局限性。两种观点都难以独立代表现实，但也都不乏认知的现实基础。哲学上多把理性—经验争议放在笛卡尔和康德阐释框架中讨论，我们的选择旨在注重思想渊源性，而非历史渊源性。

倚重心本原论的知识观也偏重于理性解释。根据理性主义，经验环境条件良莠参差，经验输入有残缺、遮蔽和名称强制。良好的知识系统需要借助于内在表征、普遍形式以及推理过程来贯通初始原则。尤其是概念的作用是按照内部的形式完善的，如原型。古希腊的理性主义因此强调参与知识过程的主观形式一面。具体来说，在知识起源过程，视觉不是抓取外部信息予以记忆，而是像盲者的棍子对外部探测来满足自己的假设性预期，或者说内部的实体预备好了要探测对象的位置。所以，我们可以判断，理性主义似乎把在具体物理环境中经过长期进化的人类在知识上看作内心敞亮的"盲者"。客观上，如果没有显微镜、望远镜和宇宙探测器，人们在种系进化的层面获得超越前人真正意义上的新鲜经验刺激的概率极低。在给定现实条件下，极端化理性主义的知识应用可以表现为利用全部的既有知识来衡量一个典型事件的方方面面的合理性。换言之，初始的原则或者一个一般命题必须贯通其他命题。贯通性好就是有理性。这样的贯通性无疑要求最为自然的初始直觉在内在演绎过程统辖全域。理性主义各级形式的实体均由这个初始直觉分摊而来。对此种直觉符合原则的表述就是观念（idea）。如果我们采用网络的理解，那么理性主义的演绎网络可以表现为一个精致的经纬罗盘或者伞面，经纬交叉点全部是假设性的节点，外部探测则是用于整体性地校验这个知识罗盘。其中经就是按照实体进行贯通的原则，纬就是主观演绎按照实体的抽象程度分布的层次。原则因此最好是先天性的自然的原则，参数设置（或者经的校准）则最好是在随机条件下不可能错过的寻常经验或者基于此种经验的实体设想来作选择。此种校验就是由局部探测来实现全盘拟合。理性主义的奥妙因此在于倚重先天赋予或者遗传的认知后效。在这个意义上，理性主义也就是以直觉为实体基础的偏向形式的理论。这也正是自普遍语法假设①提出以来心理语言学力图就语言揭示的一种形式对象。该形式理论因此可以引导人们的探索逐步接近生理机制中蕴含的形物玄体。理性主义在逻辑推理方面有着支持直觉功能的生物替代机制和自我规范的实体，所以不需要像经验主义那样全面倚重逻辑推理。

物质本原论的知识观则偏向经验解释。在经验主义看来，概念和命题内容都必须由感觉经验来填充。如果填充不实，内在形式便可能捕风捉影，容易整体上背离客观。因此，经验主义的知识过程需要准确地观察事物特征，采用步骤严谨的对照比较来给出归纳概括的结果。其知识的基本组织原则就是类别。其形而上在于找到元物理原则。亚里士多德的四因说正是在于提供四种纲领性原则来区分知识门类。这个组织形式近似于一个上下义语义网络，其中贯穿性的特征项就是一个原则项，对网络中所有的事物都起解释作用；特征越是具体，其解释范围也越小。生物发生学、语言发生学和粒子物理学就是典型例子。来自心理的原则不再是直觉，而是感觉、知觉和保持性记忆。经验主义较之理性主义则必须倚重逻辑推理和形而上，因为经验途径的研究结果在经过充分的形而上和形而下之后最终还是需要回馈给主观形式系统。理性主义的演绎为假设性的探索过程，经验主义的演绎仅仅是对于归纳结果的运用。经验主义理论因此属于以知觉为实体基础的偏向实体经验的理论，可以引导人们探索外部客观世界的规律。

在李耳的心物交互的相互作用本原论看来，理性主义和经验主义的知识过程都具有认知功能性，即都有发挥作用的场合。然而，无论多么高级的经验知识和理性知识系统都逃不脱交互性重组。换言之，理性一元论纲领体系即便存在，相对于功能性知识体系也会在价值上蜕变为主观引导功能的知识。同样，经验原则相对于功能性知识系统在价值上也会蜕变为限制性条件（或者实体参数）。假定理性罗盘在时间$_1$和时间$_2$可以有效地保持不变，从而貌似成为"大道"了，但这个道在李耳看来其实还是小道，因为大道必须要把理念转化为自动的认知功能蕴含，使得知识罗盘貌似不再必要。这样一个有效功能体适应

---

① N. Chomsky, *Topics in the Theory of Generative Grammar*. Hague: Moulton, 1966.

第一章 语言关键理论问题：一个参照李耳玄论的再阐释

时间₁和时间₂的所有场合条件还能够得以维持才成其为道中认知功能方式。按照当今认知科学取得的认识，理性原则是自动或者即席在一定认知场合条件下取用的知识，经验原则一般都发挥限制作用，尤其是在语言的结构的理性实体不确定的情况下帮助作出符合经验语言习惯的选择。所以，符合极端大道的认知系统已经以功能的方式把场合中所有因素的作用都发挥了出来，任何程度的其他心理实体性的施加不仅多余，而且构成资源分配意义上的累赘。李耳反复强调过这一点。比如，柏拉图主张美和善作为世界原则，而李耳则认为"天下皆知美之为美，斯恶已；皆知善之为善，斯不善已"[①]。这就具体地表明了理性和经验原则都需要转化为主体的自然认知功能的主体认知两相性条件和效果。这也说明，理性表征知识会因为功能性知识而自动扬化，而非抛弃。经验表征知识则会功能化，或者发挥限制作用，而非推翻其他主义的话题解破意义。

按照理性主义的理解，语言发展过程重要的是基于初始直觉演绎过程中的假设，使其形式系统逐步朝着一个天然工具的方向归化。这就像在小岛上适用交通工具一样，稍加设想便知飞机和火车并不适用。这类认识就是理性主义关于语言之所以成为天然工具的特殊之理或者理性主义提供的场合化的行为原则。因而，语言需要在儿童自己原则知识的照应下走向一个必然的工具功能系统。乔姆斯基把其中特殊认知机制认定为语言习得装置，用以适用原则和设置参数。按照经验主义的理解，儿童需要在经验条件下学习掌握语言，尤其是在语言发挥作用的社会经验过程中了解人们使用的词指称什么以及如何表达意思。相互作用论则认为无论理性知识和经验知识多么铺张，都需通过听说交互、听看交互、音义交互、句词交互等多重相互作用的使用过程达成认知功能系统。语言发展的过程与语言进化的过程一样，单一律域不方便揭示语言的认知发散和功能归化的轨迹。这就是说，语言过程中存在各种场合因素的特征性功能价值分布及其动态趋向。面向语言，历史比较语言学和描写语言学主体上属于经验主义的实践，普遍语法假设主体上属于理性主义实践。目前，认知科学诸领域的各个话题下的研究均已达到相互作用论临

---

① 参见（晋）王弼《老子道德经》，中华书局1985年注本，第2页。

第一篇　原理

界点。关于后相互作用论时期的认识如何推进以及需要达成哪些阶段性认识目标的问题，以上认识对于我们启示良多。

第三节　语言知识来源问题：内在形式与经验实体之间的特殊认知功能玄域

　　由此可见，无论经验主义还是理性主义，都认为语言是一个特殊的系统。在经验主义看来，语言的质料、形式、动力和目的不同于其他事物。这是在根基上把语言整个地看作实体范畴，接受与其他实体范畴同样的比较、分析、归纳和概括过程。其特殊性仅仅在于其四因组合不同的经验特质。在理性主义看来，语言是工具理想化的一个范例，有着多重自然的和主体的塑造原则以及特定的功能归宿。在话题框架上，形物区分在认知系统中的贯通性则不明显，而内部世界向外部世界的形物承袭所得的形（内在形式）实（实体）区分的入题作用则似乎更加直接。所谓内在形式，则是相对于作为直接感知对象的外在形式而言的，比如原型在现实当中是找不到的，但是我们却可以用这个看不见的原型给予现实中各个具体事物一个形态典型性评价。经验化的人们也许认为内部原型根本就不现实，作为知识依据也不靠谱。然而，理性主义者却把原型看作上述评价外部事物的原则。进而，乔姆斯基的心灵规则建立在天然官能的智能作用基础之上，属于该层面的意识（形式意识）面向语言或者其他形式系统发挥作用的方式。这个内在性可以非常容易地为系统本身确立出一种关键通域参数特征，而不像计算机模式识别依赖表观形式特征那样麻烦。没有这样一个内在水平，数理形式也就无法发挥作用。内在形式假设因此是一个可取的假设。

　　那么，语言知识究竟是什么？语言知识的产生途径是什么？语言知识是如何使用的？这些问题均可以看作形实玄域中应当有什么样的语言来做回答的问题。索绪尔[1]也曾做过形式和实体的区隔。但是他的实体概念不仅没有明确理性实体和经验实体的差异，而且全盘抛弃了实体，

---

[1] F. D. Saussure, *Course in General Linguistics*, New York, Toronto, London: McGraw-Hill Book Company, 1959, pp. 7 – 9.

第一章 语言关键理论问题：一个参照李耳玄论的再阐释

包括理性实体（或者内在的语法意义）。所以，结构主义的语言观适用于人们在社会经验语言层面的观照性话题。按照索绪尔的这个区分，语言认知功能的层次在命题层和句子结构层发生理论断裂。也就是说，语言形式与经验主义实体没有什么交互渊源，而乔姆斯基的能力（competence）和运用（performance）的区分[①]还似乎进一步说明语言与索绪尔的形式也同样没有相对于语言习得的认知合法性。能力的理解之一就是语言为在一组器官功能和环境条件下足以实现的诸技能之一[②]。运用因此就是具体情景条件下需要的技能化的执行过程。乔姆斯基对于能力系统的语言功能形态采用理性主义的演绎过程来作理解。其转换—生成语法呈现出一个经济的形式系统。一般人认为，一种语言具有很多句子。但理性主义的形式观理论上可以有一个完美的句子形式这一高度抽象的概括。我们可以把 $\bar{X}$ 短语规则等看作面向此种概括的努力。概括的结果就是一个参数化的句子模型。采用理性主义的观点，我们也因此可以认为，语言形式的理性实体就是面向形式演绎理想化的语言认知材质或者内在的语法意义。我们可以大致给出的一个判断就是，语言是形物范畴的必然承袭者（即内在形式与经验实体的区隔）在现有环境条件下足以表现出来的属性（property）。这个判断的意思是，一方面人类面向语言的遗传并不具体。进化主体的任何属性都仅仅是一个可能的特质化方向。高等动物都有基本相同的生理结构，语言作为一种属性借用了动物界普遍存在的接收与产生的方式。此外，人类遗传的认知敏感度至少部分是因为人们的社会行为作为儿童刺激来源接受了语言的修剪。此种影响也有助于降低习得语言所需要的努力，提高原则的自发作用水平。另一方面，儿童出生后的几年里新到一个语言环境都能够掌握新环境中的语言，甚至更有条件掌握其作为语言文化部分的书面语。我们之所以把语言看作内在形式与经验实体间的认知功能玄域内的相宜而行现象，主要是因为即便先天形式演绎系统功能完善，也必须能够最恰当地生成表达新鲜经验的词。不讲认知上的多重交互渊源性，这几乎是任何形式

[①] N. Chomsky, *Language and Mind*, New York: Harcourt Brace, 1968.

[②] E. Lenneburg, *Biological Foundations of Language*, NY: Wiley & Sons, 1967; D. McNeil, "Developmental psycholinguistics", in F. Smith & G. Miller (eds.), *The Genesis of Language: A Psycholinguistic Approach*. Cambridge, Mass: MIT Press, 1966, p.61.

第一篇　原理

系统都难以达成的表达任务。

　　理性主义倾向于支持直觉说，即语言知识可以来源于直觉（instinct）[1]。据信，直觉是内觉，即在一定发展条件下突然产生的一种对于外部刺激直接的心智化的反应，例如小鸟遇到某种威胁突然想要飞，儿童看见母亲突然想要说话。这个"突然想要"的念头把需要参与反应过程的内部反射调动起来，无论实际结果究竟是经过当前努力还是后来的再尝试才真正飞了起来或者说出话来。语言内在论也不反对这一说法[2]。原因是这个说法牵涉几种理性依据：首先，语言作为一个特殊形式系统自身并不首先牵涉真理，因为真理还进一步牵涉经验实体范畴的验证。其次，语言知识的产生和使用都应当是最为自然的认知过程，因为自然的知识来源对于每一个儿童都是最为现成、不会错过的可用来源，例如关于句子的知识[3]。所以，理性主义支持自然语言观。再次，语言知识来源和使用应当是认知上最为方便的，因为导致获得和使用困难的来源不会获得选择，消解局域不确定性的知识框架非是否选择框架则也不会获得选择。所以，理性主义支持语言形式的主观客观性，即符合所有儿童的主观就需要我们将其看作客观且必然的对象了。最后，也是最为重要的一点，一种来源方式必须要按照刺激—反应的方式有效沟通主体系统和外部经验系统，尤其是可以种种方式同时调动整个身体的各种组合动作参与反应过程。这就意味着，理性原则在阐释了世界并且在功能发挥之后还能够在行为层面回归于形物范畴这个根源。这也要求名化世界在主观内在形式发挥作用之后仍然能够保持本真世界的实质，即语言认知系统合理体现经验实体范畴的功能。柏拉图的一个假设是，理性实体或者内在概念越是抽象的形式演绎体系越是能够更好且自然地做到这一点。按照这些功能原则，直觉显然是人们可以想到的知识来源方式中的不二选择。经验主义倾向于支持模仿说[4]。模仿是动物界一种

---

[1] S. Pinker, *The Language Instinct*, New York: Harper Perennial Modern Classics, 1994, pp. 1–11.
[2] N. Chomsky, *Language and Mind*, New York: Harcourt Brace, 1968.
[3] D. McNeil, *The Acquisition of Language*, New York, N. Y.: Harper Row, 1970, p. 2.
[4] B. F. Skinner, "A Case History in Scientific Method", *American Psychologist*, Vol. 11, No. 5, 1956, pp. 221–233; B. F. Skinner, *Verbal Behavior*, New York: Appleton-Century-Crofts, 1957.

第一章 语言关键理论问题：一个参照李耳玄论的再阐释

普遍的学习本领，因而也是最为简单和基本的学习。经验主义认为语言是社会性的信息手段，或者说是社会约定俗成的一套任意性指称符号系统，因此也必须牵涉社会性学习。社会行为模仿满足了经验主义的语言观和学习观。这也是行为主义心理学的一种主张。行为主义的人类语言训练与动物语言训练都把语句当作一个刺激整体。这个语句客观上就是一个心理实体。语言习得的任务似乎就是将模仿的语句发散开来成为习惯性的语言系统。行为主义之所以能够大行其道，原因是它维持了同时体现理性实体作用方式的经验实体，可以引导人们对于初始朴质相关现象的研究。这个理论因而在动物心理学和儿童心理学中获得了持续的回响。此外，镜像神经元也支持动物界的视觉模仿行为，这个行为据称也可以作用于高级的听觉任务。如此，理性主义的内在形式也就似乎成为了多余的解释。

关于认知或者心智，李耳将其称为天下神器或者形物玄域中认知，并在不同的场合条件下谈及其动静、虚实、自然（自主）与相互作用等功能特征和形态特征，也从不否认存在知、心、学等知识范畴，还有智、明等神器的系统功能表现，另也涉及闻、视、搏、味等基本的感知功能。对于这些繁多的认知相关项的关联，我们可以由李耳的发生认识论原则获得理解："道生一，一生二，二生三，三生万物；万物负阴而抱阳，冲气为和[1]。"意思是说，对于事物的第一范畴区隔不是凭空而来，而是有着一个运作机制系统来产生它。所以第一原则必须要方方面面都无可挑剔，要求兼顾认知形实的对象客观性和理论方便性。然后是这个区隔的二元分化解释各种事物的性质，这些事物在多重相互作用场中达成一个整体性的动态关系。"冲气"本身就是由多种外部因素构成的动态分布作为一种认知功能属性的折中势力或者相互作用场力的运用。这一阐述使我们很容易想到，在语言的情况下，其具有系统意义的属性均是两两相对的，并且多层级地接受形式和意义相互作用的影响来发挥其在整体性功能价值分布中的作用。Gleason 也认为[2]，语言发展

---

[1] 参见（晋）王弼《老子道德经》，中华书局1985年注本，第41页。
[2] J. B. Gleason (eds.), *The Development of Language*, Boston, M. A.: Pearson, 2005, p. IX.

是内部认知功能端口（innate capacities）与环境影响力（environmental forces）的内外相互作用。内部认知功能端口就是认知建筑的敏感部，一个端口也是一个可以测定容量的模块。这个理解非常简洁，但不利于抓取理论的内蕴。李耳的思想在当代认知科学认识的条件下允许我们作出这样一种连贯：语言发展是自下而上和自上而下的加工交替过程中内部的模块（modules）或者认知功能端口（capacities）（通过面向情景的工作记忆）与环境影响因素的相互作用的过程。李耳对于原则、认知功能、知识等无不采用这个机制去做关联。这个理解最为方便我们去描述语言发展中的认知功能状态。正是在这样一种背景的已知和未知关系框架中，汉语的语感构成了发挥形式和经验实体间渊源性相互作用的语言认知功能。如果我们不讲这样一种系统性，原本围绕语法意义这一理性实体发挥作用的语感也会变得散漫且在理论上丢失了认知约束力。

本章小结

通过上述讨论，在当前认识条件下，语言发展相关的关键理论问题如同一般知识学问题，也是相互作用条件下的形实关系问题。这一问题的具体所在就是语法意义。该问题貌似甚小，其影响却可以颠覆认知法则，表明我们需要由此客观而科学地回答语言知识究竟是什么、语言知识究竟是如何获得以及使用的一系列问题。上文的分析陈述力图展开相互作用的理论框架，该框架下的认识推进方式的选择，虽然不至于推翻既有方法和解释，但是其功能后效却可有天壤之别。我们似乎业已表明，作为一个分析性的理论框架，相互作用条件下的知识范畴的派生方式更为可取：语言认知功能状态是场合性的，而包括经验语言在内的各类场合因素有着特定功能价值分布。此种认识推进首先需要倚重认知渊源，而以上阐述并非在认知科学领域倡导历史渊源性，而是旨在面向理论解释突出认知渊源的重要性。面向语言认知功能，上述讨论也给出了内在形式、理性实体、经验实体和外部经验这四个有用的分析型哲学范畴。理性实体作为语法意义积累域则是内在形式功能与经验实体相互作用的结果。这个对象大致对应于当今心理语言学由普遍语法激发的研究对象。

第一章 语言关键理论问题：一个参照李耳玄论的再阐释

　　再者，认知关注无疑需要首先从一元解释系统开始尝试性探讨和探索，然后重点突破二元解释系统。这个突破之所以困难，因为我们需要全面评估一元讨论和尝试性研究成果的理论指向，在众多可能的二元解释系统中找到具有使命性的解释系统。我们之所以说"使命"，就是人类认知的场合化方式具有必然域或者归宿功能形态，并以此决定什么是认知上容易或困难的以及可能改变和不可改变的认知"命运"。最佳预期理论适合首先重视此种"使命"使然的认知系统的理论意义。

第二章　语言发展的元物理原则和元心理原则

人类依存于自然，也希望由自然获得教益。19世纪早期，孩提时代的达尔文走进隐藏无穷童趣的树林，由此为我们带来了哲学之外的又一种反思历程。这个反思历程把主体直接放置于自然环境之中，对其与环境的互动性演变予以观察。这个观察不仅是生物学观察，也是具有心理、语言、社会和人文意义的观察。然而，即使是今天，我们仍嫌这类观察不够充分。尤其是面向语言，我们一是需要拓展观察面，二是需要对有关发现的实际意义给出再阐释。在历史上，万物竞存于该自然世界的环境中，但奇怪的是，长鼻猴、人类等反而在生存竞争中采用了不争的反策略而从心智上惠及后代。人类则因此而"一家独大"。这是凸显主体场合化这个进化解释的一种现象。及时抽取其中面向认知、心智和语言发展的原则或者其中面向这些方面所蕴含的可能性，这便是我们应对未来可能出现的各种场合可以拥有的全部"资本"，也是我们在理论意义上改变现实因素功能价值分布的珍惜、欣赏和分析基础。缺乏了这类反思，我们显然无法有效作出自然语言假设。该假设指向某个语言范型有助于维持语言的自然渊源。单纯的语言文化经验主义在一个功利环境中具有多种人们难以预期的后效。进化论[1]认为人类经历了由猿到人的竞争和适者生存的进化过程。这一进化原则到了语言的情况下则意味良多。语言是如何进化而来？我们对于该问题可以从自然界由低级动物到高级灵长类动物的交际系统或者信

---

[1] C. Darwin, *On the Origin of Species by Means of Natural Selection, or the Preservation of Favoured Races in the Struggle for Life*, London: John Murray, 1859, p. 127.

息手段获得启示。语言是否为人类独有？语言中什么特征为动物界所共享？语言是否为某些单独体现于其他动物生存智能系统中的成分的共效产物？下文主要局限于元物理原则和元心理原则（即感觉功能原则和知觉功能原则）展开分析陈述。我们讨论的目的在于尝试给出一种"透彻"的相互作用原则的答案。

第一节 自然观察

带着诸多疑问，人们观察了昆虫、鸟类、哺乳动物等发息特征，做了猩猩语言实验，观察记录了非语言环境的儿童后来的语言学习表现，而且还对作用于语言发展的基因作了实验分析，积累了不少富有价值但却亟待确切评估的发现和证据。我们的讨论旨在揭示在一个元物理—元心理交互框架下的面向语言发展的原则储备。这个理解当下显然具有十分重要的理论意义和现实意义：在具有现成的原则储备的情况下，信息行为仅仅需要由场合条件来触发，而不是依靠"灌输"和"训练培养"。长远地看，我们的关注对象归根到底仍然不外乎是生存空间的基本属性，我们由此而可以认同智能生命对于物理空间条件的随机依存方式。这一认同可以具体确定人与自然的关系，尤其我们需要了解心智和生理的"距离"，防止局域发现的功利化解释。

一 自然观察

蚂蚁、蜜蜂等昆虫均使用复杂程度不等的"交际系统"。其中，蜜蜂舞蹈所传递的信息颇为精准：舞蹈圆圈内中轴与太阳平行线的夹角传递花粉源所在位置与太阳光线的平行线夹角的信息。中轴线的长度或者舞蹈距离表示需要飞行的距离，而舞蹈过程中摆动身躯的频率则指示花粉的质量。这些观察说明，蜜蜂具有飞行数据和光源方向数据记录和提取的机制。观察者蜜蜂则似乎是在记录这些舞蹈信息，并且将其用以控制沿着特定方向飞行的距离。此种信息过程颇似给时钟上发条，但却并不显现"指"与"被指"间"任意性（arbitrary）"的符号关系。蜜蜂在进化中的此种行为功能化倾向使其生存和信息手段均完全处于"机械"程序状态。换言之，蜜蜂的心智功能化范畴

第一篇　原理

低，行为方式化程度高，向我们展示了主体通过行为功能与环境相互作用的场合限制，表明存在利用环境中最为现成的条件传递最关键行为信息的策略，而蜜蜂的"心智"在整个过程中则始终处于低伺服功能状态。

鹦鹉、燕雀等鸟类的声音信息系统可以区分出叫声和歌声。叫声只有一个"元音"或"双元音"，而歌声则可以是叫声的反复重复或者一串"元音"的组合变化。叫声用以警告有捕食者出现，协调一起飞行的动作，也可以表示入侵者的到来。鸟叫声通常是与功能用途相适宜的行为提示。歌声大多由雄鸟发出，主要用来宣示"疆域"和吸引雌鸟的注意。然而，并非某类歌鸟的所有雄鸟都能够"唱"得同等动听。欧洲苍头燕雀（chaffinch）的幼鸟需要在出生后 10—15 天内听父鸟的"歌声"才会发育出正常的"歌喉"[1]。据此，人们认为语言习得也有一个可以导致类似差异的关键期。鸟类的声音与蜜蜂的共同点就是生存与行为环境的功能一致性，同样反映了主体面向生存与环境的相互作用过程。然而，两相比较，鸟类信息传递手段则更为凸显心智化过程的作用。

哺乳类动物具有更为复杂的信息系统，其中尤以灵长目动物为突出。这类动物具有与人类更为接近的生理结构、较为复杂的社会组织和行为模式。其交际系统复杂程度似乎也与其生存状态的复杂度有关。一个广泛使用的例子就是狐猴。它们常用的几种声音信息可以满足其生存状态中众多场合的需要，例如看到陌生事物时发出单一喷声，见面"寒暄"则发出哼声，驱赶带来威胁的弱势者则发出吠声，感到拥挤时则发出啪啪声。这些叫声不仅同伴狐猴理解，而且偶然遇到的"外地"狐猴也能够理解，说明其在具体场合的天然渊源关系。较之上述其他一些动物，狐猴的交际系统具有近乎音义任意性的符号。与蜜蜂和鸟类相比，哺乳动物的心智化过程也因此似乎更为发达。

以上观察表明，动物信息行为中存在着丰富而普遍的原则。既有观察的注意点大多受到经验语言视角的影响。采用相互作用的理解，以上

---

[1]　W. H. Thorpe, *Biology, Psychology, and Belief*, Cambridge, M. A.,: Cambridge University Press, 1961.

第二章　语言发展的元物理原则和元心理原则

动物的生存场合因素越是复杂，所做选择对于场合因素的功能价值分布越是合理，也越是具有进化前途。这似乎是既有观察面向语言进化的一个启示。在一个物理场合中，主体需要良好地利用自身的功能和元物理原则。我们也似乎可以认为，具有功能原则和物理原则支持的生存才会出现有效的心智和"语言"。

二　动物语言训练

训练动物使用符号的实验构成了另外一类重要研究。这类发现仍然大致属于自然观察的范围，尤其是对于结果的解释不同于严格的实验研究。我们利用相应观察的结果间接解释使用语言的各种条件。接受训练的对象包括鹦鹉、海豚和猩猩。由这些颇具意义的研究，我们可以通过一再的方法评估和价值评估获得新的启示。

Pepperberg[1]的训练对象是一只叫作 Alex 的非洲灰色鹦鹉（Psittacus erithacus）。训练方法是让 Alex 作为学生从旁观摩和参与竞争。13年后，Alex 掌握了 80 多个单词（其中动词极少），可按颜色和材料等为 40 种物件归类，能够理解和产生一定长度的单词序列，可数到 6。该发现表明鹦鹉存在相互区别的范畴的组合和初步的句法，但却不大能够明了动词的使用缘由。鹦鹉的脑容量极小，但其任务所展示的心智特征也是语言所要求的功能性的心智特征。换言之，就语言的基本认知功能方式而言，脑的容量乃至某些结构不是语言进化的关键特征。然而，要发挥此种认知功能原则的作用，或者说主体的感知系统适合抓取哪些声音特征用作音响形象，并且使得这个感知功能具有主体深层次的对象关系，这恐怕就是鹦鹉的脑容量所难以实现的运算任务了，也是现实语言学习者需要注意的实体渊源。Alex 在 13 年的经验过程中有了面向语

---

[1] I. M. Pepperberg, "Functional Vocalizations by an African Grey Parrot (Psittacus Erithacus)", *Zeitschrift für Tierpsychologie*, Vol. 55, No. 2, 1981, pp. 139 – 160; I. M. Pepperberg, "Cognition in the African Grey Parrot: Preliminary Evidence for Auditory/Vocal Comprehension of the Class Concept", *Animal Learning & Behavior*, Vol. 11, No. 11, 1983, pp. 179 – 185; I. M. Pepperberg, "Acquisition of the Same/Different Concept by an African Grey Parrot (Psittacus Erithacus): Learning with Respect to Categories of Color, Shape, and Material", *Animal Learning & Behavior*, Vol. 15, No. 4, 1987, pp. 423 – 432.

第一篇　原理

言关键的场合认定方式，但是人类语言显然要求此种场合的更广泛的环境功能条件。

　　Kellogg 和 Kellogg[①] 则把一只叫做 Gua 的雌猩猩与他们的孩子一起抚养，结果 Gua 不能产生像样的声音形式的单词，同样也理解不了几个动词。Hayes 等[②]也采用"养育"法来教一只叫作 Viki 的猩猩语言。六年后，Viki 仅仅可以喉部沙哑而勉强地发出"mama""papa""up"和"cup"这四个词。Washoe 则是一岁起接受儿童式养育的雌猩猩，但训练内容不再是人类口语，而是美国手势语（ASL）[③]。Washoe 到 4 岁时学会了使用 85 个符号，而且能够理解的词的数目则更多。在之后的几年里，其词汇量达到 150—200 个词[④]。其所产生的句子中不仅有名词、动词、形容词、否定词、代词、引导疑问句的疑问词以及"胳肢"一义的施受关系，还可以用"花"转指"花的气味"，用"水"+"鸟"指不知其名的鸭子，用疑问词引导问句。此外，一只作为其"养子"的猩猩也似乎自发地从她那里习得了手势语。这些结果似乎表明猩猩的智力支持萌芽状态的词法和句法功能。同样接受 ASL 训练但非养育的猩猩 Nim Chimsky 则掌握了 125 个单词[⑤]。该研究对其语句记录结果显示，Nim 的句子结构机械，一般都是跟吃、喝和玩这三种现场活动挂钩。一些长句也似乎只是短句的重复。这些事实似乎表明：人类虽然仅仅需要采集词的印记，但是词汇本身不是这些印记的机械集合体，而是具有自然世界渊源性的操作实体。

[①]　W. N. Kellog and L. A. Kellog, *The Ape and the Child*, New York: McGraw-Hill, 1933.

[②]　C. Hayes, *The Ape in Our House*, New York: Harper, 1951.

[③]　R. A. Gardner and B. T. Gardner, "Teaching Sign Language to a Chimpanzee", *Science*, Vol. 165, No. 3894, 1969, pp. 664–672; B. T. Gardner and R. A. Gardner, "Evidence for Sentence Constituents in the Early Utterances of Child and Chimpanzee", *Journal of Experimental Psychology: General*, No. 104, 1975, pp. 244–267.

[④]　R. S. Fouts, G. Shapiro and C. O'Neil, "Studies of Linguistic Behavior in Apes and Children", in p. Siple, p. Siple (eds.), *Understanding language through sign language research*, New York: Academic Press, 1978, pp. 163–185.

[⑤]　H. S. Terrace, L. A. Petitto, R. J. Sanders, and T. G. Bever, "Can an Ape Create a Sentence?" *Science*, Vol. 206, No. 4421, 1979, pp. 891–902.

第二章 语言发展的元物理原则和元心理原则

一只叫做 Sarah 的雌猩猩接受实验室方法的训练[1]。实验者设计出形状、大小、质地各异的塑料块分别代表某个词或者概念。经过强化学习，Sarah 可以读懂提示板上的意思并且完成提示的任务，比如看到意思"放置苹果桶香蕉盘子"的提示，就会把苹果放到桶内，把香蕉放到盘子里。如果说此种"阅读"仅仅涉及简单的替换，Sarah 自己摆弄塑料块表达意思时，不仅能够描写简单的物件和动作，还可以正确使用"如果……那么""……与……相同/不同""……是……的名称"。不同于以上普通的黑猩猩（Pan troglodytes），Kanzi 则是选自社会生活丰富一些的矮个儿猩猩（Pan paniscus）。Kanzi 并未接受食物强化训练。通过观察研究者对其母亲 Matata 使用几何图形代表单词的训练后，它便能参与到与人类在日常活动的交互过程，包括英语的使用过程[2]。这似乎表明，Kanzi 因为具有与母亲的相似的神经结构而方便发现和预期一些交际行为的"缘由"。Kanzi 两岁半时掌握了 7 个符号，三岁时增加到 50 个，能够区分 get、take 和 put 这些单词的意义，能够使用许多自发产生的"语句"。这些发现似乎表明，Kanzi 的智力接近人类 2 岁儿童，但在随后的语言习得在理解力和句法表现上都远远不能与人类儿童相比。

---

[1] D. Premack, "Language in Chimpanzee", *Science*, Vol. 172, No. 3985, 1971, pp. 808 – 822; D. Premack, "Mechanisms of Intelligence – Preconditions for Language", *Annals of the New York Academy of Science*, Vol. 280, No. 13867, 1976, pp. 544 – 561; D. Premack, *Intelligence in Ape and Man*, Hillsdale, NJ: Lawrence Erlbaum, 1976; D. Premack, " 'Gavagai!' or the Future History of the Animal Language Controversy", *Cognition*, Vol. 19, No. 3, 1985, pp. 207 – 296; D. Premack, *Gavagai! or the Future History of the Animal Language Controversy*, Cambridge, MA: MIT Press, 1986.

[2] P. M. Greenfield and E. S. Savage-Rumbaugh, "Grammatical Combination in Pan Paniscus: Processes of Learning and Invention in the Evolution and Development of Language", in S. T. Parker and K. R. Gibson, S. T. Parker and K. R. Gibson (eds.), *"Language" and Intelligence in Monkeys and Apes: Comparative Developmental Perspectives*, New York: Cambridge University Press, 1990, pp. 540 – 578; E. S. Savage-Rumbaugh and R. Lewin, *Kanzi: The Ape at the Brink of the Human Mind*, New York: Doubleday, 1994; S. Savage-Rumbaugh, K. McDonald, R. A. Sevcik, W. D. Hopkins, and E. Rubert, "Spontaneous Symbol Acquisition and Communicative Use by Pygmy Chimpanzees (Pan Paniscus)", *Journal of Experimental Psychology General*, Vol. 115, No. 3, 1986, pp. 211 – 35.

以上所有实验均显示出一种共同的结果：较之名词，动词习得和理解难度较大，而所有受训动物都未能掌握功能词。这似乎表明，语言系统本身就是智能现象，要求通过行为体验对于场合中关系透彻的理解力，而不单单是内外的关联。尤其是动词的理解和使用需要具有社会关系行为层面的缘由或者说语法意义。动物的生存状态对于场合因素的认定和功能价值分布难以达到人类的水平。由此可见，在进化的意义上，语言与场合因素的关系有如鱼之于渊。有什么渊就有什么鱼，这是进化原则对于场合条件的功能性关联。显然，以上观察和训练结果具有多方面的价值。所有实验和观察结果都似乎统一表明了主体与环境的相互关系框架中存在着不同智能生物的智能类型，涉及语言与生存状态、社会、文化、心智等多方面的关系。此类原则表现或者远距离的"关系"可以帮助我们从认识上消除关于语言心理的一些不确定性。既有语言认识中存在两种解释：作为解释之一，内在论认为人类语言与动物信息手段有着本质的差异，即语言是人类独有的认知属性。另外一些观点则认为所有现象都处于一个单一条件选择或多条件共效的进化框架中，外部世界中的种种信息现象不过是语言与场合关系的种种实现方式表现。我们采取后一种观点认为，相关的自然现象的启发意义统一于主体场合化的过程，例如人与动物的差异可能意味着人类语言与环境的相互作用的行为方式中存储了大量原则。这些原则作用水平可以反映语言的形物渊源的承袭方式。那些认为语言是在任意场合允许人们使用任意词的任意性符号系统的看法，很可能仅仅意味着语言自身的一种工具性价值趋向，因而在不同的认识发展阶段不具有一贯的理论意义乃至现实的合理基础。

第二节　语言发展过渡状态

如前所述，在相互作用论背景条件下，进化过程也就是主体的场合化的过程。该过程对于场合因素的功能价值分布决定了物种进化的当前水平，尤其是当前具有心智意义的语言工具化水平。相互作用论的一个重要特征就是通过交互的知识跨层和跨域的使用。欧洲现代哲学对于古典哲学争议给出了一个再阐释。笛卡尔[1]和康德[2]等分别从内在观念和知识心理表征的角度给出了颇具当代认知科学理论意义的分析。进而，到了当前认知科学背景下，尤其是在具有进一步的心智关注和智能关注的最新背景下，我们有必要再次给出原则性的阐释。以下行文层的选择照顾新的选题和研究所要求的视野，尤其重视视野中的原则内蕴。我们对于既有观察拟达成的一个理解就是，其中的具有现实意义的蕴含就是由认知功能实现场合因素的价值分布。在这个理解方式下，包括语言在内的主体场合化问题首先是感觉和知觉，这两种感知功能帮助儿童在无穷多的可能性中作出合理选择，并进而在语言运用中发挥原则的作用。

一 认知功能状态过渡及其蕴含

在语言发展的过渡状态中的最为确定的蕴含就是认知功能。在我们的直接认识背景中，认知过程是人们处理外部信息的内部过程，包括词句听辨、识别和意义理解。认知功能则是人们因为其生存坐落于特定的物理世界而需要执行的内部的确定的认知过程，或者说是生存主体透过认知与环境相互作用的内部认知。这就意味着，在一定的物理环境中，人们的认知需要做什么问题的答案也是一定的。从不确定性到某种确定性的反思成果，至少在某些认识背景条件下意味着认识进步。此种进步可以体现于对于场合因素乃至认知过程的功能价值再评估。从语言发展本身看，在其状态的过渡或者变化中，主体因素和环境因素发挥何种作用不单纯取决于语言本体，而是贯穿于所有语言的习得和使用过程中的认知功能方式。相对于局域过程的发现和解释，这个参照无疑具有重要的意义。例如，人们对句子采用二分法来做分析（如 S 含 NP 和 VP，VP 又含 V 和 NP），旨在揭示一个心智化的生成形态的语言范型。然而，句子启动效应却似乎表明，隐含记忆自身还有一种颇为现成的句法表征。采用认知功能的角度，我们可以预期，这两种句法知识现象均属于不同场合条件下的语言认知功能现象。既有心理语言学研究主动放弃

---

[1] R. Decartes, *The Passions of the Soul*, Indianapolis: Hackett Publishing Company, 1989.
[2] I. Kant, *The Critique of Pure Reason*, Cambridge, M.A.: Cambridge University Press, 1998.

第一篇　原理

了超越前后环境效应的"语外"场合关注（或者场合效应）。然而，这并不意味着此种放弃所默认的对象阈限具有合法性。相反，我们如果没有一种更为彻底的场合化的相互作用论，既有解释的参考价值也十分有限。不考虑外部情景因素的场合，我们显然无法有效揭示语言发展的本质规律。不考虑世界关系的场合，我们也不能有效揭示语言与社会和文化的关系机制。这些目标不是禁区，而是在理论条件较为成熟的情况下的合法对象。故此，以一般感知功能和特殊感知功能为基础的相互作用论不仅是为了考察跨越语言表征层级的语言知识使用方式，也是认定语言认知功能场合的必由路径之一。这一阐释对于我们理解智力、认知建筑、工作记忆等认知理论均可以达到更高鉴赏能力。

在语言发展过程中，以认知功能拓展为内涵的状态的过渡有着与其他经验域不同的表现。我们用 S_0 表示语言发展的始发状态，那么一个个语言事件则不断推动语言功能状态向更高级状态过渡，即 $S_0 \to S_1 \to S_2 \to S_3 \to \cdots \to S_n$。由 S_0 过渡到 S_1 需要具有相应的场合条件，即 C_{11}、C_{12}、$\cdots$、C_{1n}。随后的各级发生也如此，条件因素含 C_{21}、C_{31}、$\cdots$、C_{i1}，直至 C_{nn}。我们由此得到一个由 S_0 向 S_n 过渡的条件因素矩阵构成的场。我们不妨把由所有这些条件因素构成的无关系场合的世界看作因素场。场中的因素需要由主体的认知功能发展地去实现其功能价值，并且达成合理的功能价值分布。经过主体认知功能拓展之后的世界因素也已经具有了发挥作用的方式，我们不妨将这种因素的世界叫做功能关联场，即各种因素的具体功能方式取决于主体是如何建立其人与自然的关系模式的。动物界似乎把世界看作一个资源型生存环境。人类不仅需要依存于资源环境，还需要从知识上反映世界并反思自己。人与动物的差别因此具有许多关键特征。特征之一是人类使用语言；特征又一是人类可以极尽世界及自身的可能来达成最优秀的文明行为。我们把包括所有因素的所有可能功能价值分布方式的世界叫做玄蕴场，即通过相互作用的方式来发挥其中因素的作用。认知理论无疑需要首先倡导对于心智生成条件的关注，在人与环境的相互作用客观规律上注重认知功能限制条件。我们依循此种顺序去解析世界因素的各种可能的功能价值分布方式，并且以此欣赏现实的认知功能方式的真正宝贵价值所在。换言之，在知识学上，我们注重把散漫的场合因素有效关联起来，旨在提高相关

第二章 语言发展的元物理原则和元心理原则

理论水平。要进一步达成此种知识学目标，我们既需要工作记忆这一解释框架，也需要"工作场合"这一具有认知功能意义和相互作用意义的理解方式。

在因素功能价值分布方式中，S 仅仅代表理论分析上设置的状态，因而不必就近或者直接与实际进化过程联系起来。该设置对于进化的处理方式就是蕴含，旨在使得人类和动物界实际凸显过作用的原则不至于"漏网"，而文字表述中"打捞"到的许多原则却未必实际在进化过程中凸显过限制作用。经验科学的研究在于为我们的认识系统认定场合因素，因而既有研究实际使用的是一个产生标准认知理论和标准语言认知理论的场合意识。这个因素场意识能够最大限度地帮助我们发现世界中究竟有哪些场合因素。同理，蕴含全部可能性的"玄蕴场"旨在提供一个方便统一解释的参照，也可以看作相互作用论框架下的理论假设系统。客观地说，基于标准认知理论和标准语言认知理论，我们无法预期进化的具体过程，因而也不大方便理由充足地抽取认知原则。我们似乎明了的进化规律实际上是基于当前认识到的基本原则（尤其是功能原则）的一种预期（或者推测）。关于进化的这一功能拟然论虽然未必忠实于进化历史，但却对于未来并不因此而缺乏作为判断依据的价值。"极尽当前的可能性"显然优于"极尽曾经的可能性"。故此，在当前知识条件下，以 S_0 建立预期模型，理论上则蕴含了所有未知的状态的可能性和所有假设。这是认知功能状态过渡中的"玄蕴场"允许的第一种理解方式或者研究者的"心理模型"。以 S_n 建立预期模型，则有利于逐步考察这些可能性或者逐步利用场合因素达成主体场合化后效的理解方式，而该理解方式就是研究者关于"玄蕴场"中限制发生的"心理模型"。其中蕴含的认知功能形态支持心智多样化的理解，例如自然观察发现的动物界的信息行为，我们可以将其看作主体场合化的可能性，而每一种场合化方式都支持特定的心智类型。换言之，在知识学上，我们目前对于场合因素仅仅能够做到相对于认知功能的关联，这一关联具有两种方式蕴含，即一个理论上的假设发生系统和一个要求验证的限制系统的功能价值分布方式。这类认识当然也会影响目前的选题过程。

基于上述理解，语言发展的过渡状态中的一种蕴含就是大量的原

第一篇　原理

则，包括显而易见的感觉原则和知觉原则。所谓原则，就是在语言进化和发展过程中凸显出作用之后一直保持其后效的条件因素的功能方式。这些原则也应是"玄蕴场"中的自然智能为语言发展和使用提供的问题求解方案中的原则化方式。乔姆斯基[1]的特殊语言认知论把面向语言通适性知识叫做原则，把语言形式系统中具有通域性选择项的规则叫做参数。一般语言认知论进而把特殊认知论的对象放置于相互作用的条件下加以考察，此种局域相互作用论偏重跨越语言信息加工相邻的层级的知识使用方式，通过实验数据建立预期模型。语言及其发展相关的一般认知原则主要体现为工作记忆容量与各种语言任务的相关性所确立的原则。具有全域性多重相互作用论意义的连接主义认可区分性知觉功能特征矢量。这个全域框架的推进无疑具有必要性。在可以观照到的范围内，我们首先需要认可认知功能拓展面向语言发展的认知规定性。语言认知功能拓展的一个重要特点就是，在言语功能方式（听和说）下，知觉沿着各种语言认知任务中特征延伸其功能。脱离了这个解释参照，我们便无法真正获得理论依凭。这个理解意味着，我们认可的原则产生于场合因素的限制，继而作为因素功能被自动蕴含，并进而在理论解释中获得认知系统参数的意义。这是由语言和认知发展对象建立一般认知理论的意识前提。语言发展的状态过渡因此也是语言认知功能拓展过程中具有区分意义的功能状态。元物理原则的实质因此是一般视觉刺激和听觉刺激在物理环境及主体心理条件下有效的相互作用特征。这些特征在语言认知功能系统拓展过程中发挥限制作用之后仍然隐含地保留其影响。元心理原则则是处理这类刺激的机制化后效。该后效除了与元物理原则相互作用外，也具有新的认知参数意义，例如感觉以已经原则化的功能接收刺激，构成了主体与环境的一个相互作用环节。但是随着刺激处理凸显出来的知觉功能既贯穿了感觉原则，同时也呈现出塑造语言心智的新功能或原则。由此可见，上述理解将我们的关注指向了语言发展状态过渡的条件，而相互作用论的一个根本特点就是通过原则拓展领域对象，此种拓展正是科学认识推进的正常轨道。逻辑上，我们采用

---

[1] N. Chomsky, *Lectures On Government and Binding: The Pisa Lectures*, New York: Mouton de Gruyter, 1981.

第二章　语言发展的元物理原则和元心理原则

"没有 A 就没有 B"的推导，例如没有声音就没有听觉，也就没有自然语言；而没有视觉，便没有语义，因而也不会有自然语言。换言之，场合因素具有假设和限制两种蕴含，并且支持一个相互作用的认知功能系统。在该系统的作用发挥之后，场合因素进而作为原则对新的场合因素发挥选择作用，使之凸显其合理的功能价值。

此外，我们还需要提及元语言原则，尤其是可解释性原则（策略）。关于动物界信息行为与人类语言的差异，既有关注罗列了语言功能构造上的一系列特征（design features）[1]。相互作用论似乎允许我们不满足于此种罗列，而是可以进一步给出其深层原委。直觉地，元语言原则在进化上可以是基于语言潜在功能方式而出现的语言心智塑造原则。元物理原则贯穿于元心理原则的功能之中。到了高度发达的大脑功能状态，其作用便体现为大脑的结构性和功能性原则。这个相互作用论的理解意味着，鉴于语言发展的实际情形，既有关于大脑功能的研究和局域解释需要参照场合条件给出大脑功能拓扑，尽管在核磁共振成像等技术条件下的脑科学的研究具有十分重要乃至独立的意义。我们不妨认为，在既有认识的基础上，只有进一步讲究相互作用这个渊源关系的承袭方式，我们才能合适地解释出大脑功能部位的具体作用以及认知任务中的场合因子条件。在乔姆斯基心智化视野中，语言限制以语句的可接受性判断为标准，因而满足我们考察语言形式知识的需要。以感觉为始发状态的关注可以包括自然界各种信息传递策略，因而可解释性便成为了一个判断标准。莫里斯认为[2]，凡代表其他事物并能获得解释者均为符号。该可解释性标准同样适用于由自然信号发展到非自然信号和符号的形成过程，因为该过程中的进化主体无法取用身体整体行为功能之外的与环境相互作用的原则。莫里斯的符号分类囊括了各种信号，相应的可解释标准因此是信息现象中的一种更为忠实于客观的标准。相对于任何主体，不能获得解释的刺激便不具有任何信息价值。故此，可解释性标准允许我们进一步考察语言发生的以功能为前提的可能性，方便我们

---

[1] C. F. Hockett, "The Origin of Speech", *Scientific American*, Vol. 203, No. 3010, 1960, pp. 88 – 96.

[2] C. Morris, *Foundations of the Theory of Signs*, Chicago: University of Chicago Press, 1938; C. Morris, *Signs, Language and Behaviour*, Chicago: University of Chicago Press, 1946.

第一篇　原理

进一步考察语言实体性这一更具客观性的一面。我们不妨将可接受性原则叫做狭域原则，把可解释性原则叫做宽域原则。换言之，面向语言发展，人类儿童具有了一个认知功能原则系统来帮助习得语言，这个原则系统的具体作用方式遵守可解释性的宽域原则，即语言认知功能原则系统就是按照有意义的方式来对场合因素的作用作出选择。

　　基于上述理解和阐释，我们便可以进一步给出元原则的理论意义。我们用该术语对于缺乏正式研究的一些律域参照自主体的理解方式来作跨域概括，尤其是面向认知和语言的非本体理据性概括。此类原则相对于本体经验主义者因此显得"远离"现实。这一问题一方面说明既有自主体理论不能仅仅蕴含本体结构，还应当具有认知及其相关因素的进化和发展功能价值分布的蕴含。关于自主体的合适的理解必须是能够自动关联场合因素的方式，包括他种心智以及人类正常、异常和特殊心智构造。我们是以认为，在不同的认识发展阶段需要分别参照语言自主体、认知自主体和自然智能自主体。语言自主体是局域关注所用的参照，即在其参照下方便给出关于局域现象的解释；认知自主体是相互作用关注所用的参照。自然智能则是调用语言认知过程和语言认知功能的智能，该智能自主体因而构成了一种全域性参照。这个分析意味着，相对而言，语言可以有本体功能，但也还具有一个更为客观的且更具智能性的主体因素功能方式，例如词和语句归根到底仍然是把一般认知和特殊认知调用起来参与意义操作的过程。我们是以需要理清理论与现实的关系。语言是随着场合因素的变化而变化的现象。自然界的信息手段充分表明了这一点。在充分明了理论与现实的关系的基础上，认知和语言关注不能长期局限于局域经验主义的观点或者本体论观点。我们的关注的一个就近目标就是要考察认知功能如何可以把所有的场合因素关联起来。相互作用论对于场合因素的关联方式相对于其他关联方式之所以具有独到的可取之处，因为除了记忆痕迹及其操作之外，我们找不到较之交互更具认知和语言意义的认知过程或者场合因素关联方式。通过相互作用框架观照到的场合因素关联方式可以包括多级语言认知功能参数模型以及诊断现实的功能价值分布模型。感觉功能和知觉功能是语言认知功能参数的天然来源，也是认知功能状态过渡中的展示相互作用的重要理论内蕴。这个内蕴具有当前认识发展阶段所需要的理论参照力。认知科学的一种价值表现似乎就是此种在微不足道的寻常之处悄无声息地创造奇迹。

二 一个玄牝欣赏模型

感觉是自然世界中人与环境的相互作用天然的考察起点。元物理原则和元心理原则对应于源自主体进化的感觉原则和知觉原则。这些原则通过智能化而转变为官能原则和大脑原则。在理论上，此种理解默认了一个自然（而然）智能自主体。具体地说，在进化和发展连续性意义上，主体因应场合条件的变化按照某种自然智能算法自动调用认知过程和认知功能；在空间物质动态分布中，在多样性解释的意义上，一般认知功能和语言认知功能就是人们与环境相互作用的界面工作机制。关于语言发展的这类理解可以达到什么理论效果？是否有助于我们避免局域理论的不当应用或者提高理论输出的有效性？采用如此原始的感知功能以及如此客观的交互型功能参数，我们对于场合因素的关联将"人""心灵""心智"等置于何地？不难看出，这类问题中蕴含了关于对象性质、实践原则等关注。虽然既有研究中没有该意义上的自然智能这个提法，相应的理解却体现于关于智能的有关阐述中[1]。我们认为，主体的认知功能取向主要在于适应或者应对新的场合变化，并且把既有因素的作用方式设置在非控制的自动功能域中。这是语言以及技艺发展过程中因为注意资源限制而呈现的根本要求。没有某种超然的智能，我们很难解释或者关联实际发挥作用的大量认知功能原则，而这些原则往往深藏于主体功能以及社会行为和文化环境模式中。学习心理语言学的目的之一是学会珍惜和欣赏寻常现实，达成由平凡之中见神奇的反思水平。认知科学一是重视现实中最为寻常或最为自然的认知系统及其发展方式，二是通过无穷多的可能现实达成对于当前寻常现实的发生概率的欣赏和珍惜。细胞基因遗传的双螺旋结构表明，生命系统在渊源上是内部基因（genetic）与外部场合（environmental）因素有序交互和富含交互（rich epigenetic interactions）的"真命""天骄"。在具有自然语言和人

---

[1] S. Pinker, *How the Mind Works*, New York: W. W. Norton & Company Inc., 1997. pp. 60–69.

为语言的区分的情况下，认知和语言也同样如此。李耳之所谓"谷神不死，是谓玄牝；玄牝之门，是谓天地根"①，似乎旨在说明场合因素需要循序而有效的发挥作用才会出现生生不息的认知系统和适应未来场合变化的无穷能力来源。这个理解把各种场合因素置于一个玄牝的功能模式中，在具体细节上则似乎预示了预期"下一个词"的小成论连接主义模型②，在宏观理解上则提供了全域欣赏和选题参照。这一玄牝论似乎意在说明利用交互产生的认知系统自如而准确地预期和应对未来之变化的能力。

玄牝论实质上把原则当作限制因素来发挥作用，而非表征规则的知识。当前看来，我们不难把前者的作用看作促进认知功能的拓展，把后者看作经验语言分析和维护的知识。李耳的这个论述似乎可以说明作为心理虚体的认知功能具有强大的适应能力。语言实体性记忆在各种场合条件下的提取使用则是成就语言认知功能之"器"的关键。心智化的创造性过程则是人类赖以应对实体经验的关键过程，尤其是维持良好的形实承袭渊源这一蕴含。由此看来，我们稍加引申，玄牝这一综合的"生（成）"模式便是相互作用条件下认知功能对于场合因素的功能价值分布方式的运作模式，面向语言发展（尤其是社会语言中新词的生成以及儿童对于新词生成和理解）便是众多因素有序凸显其作用的共效，而不是无序共效或者单一因素效果。生成语言学研究表明：原则和参数的作用具有序列性，即儿童是按照一定的语言形式功能序列来习得语言。在一般认知框架下，这个序列也同样要求主体因素和环境因素有序发挥作用。故此，玄牝作为关于场合因素的组成和功能协同的一种理解就是透彻的相互作用论的生成模式。我们无疑需要大量的研究来确认语言发展过程中的相互作用效应发生的一个可变或者不变序列。认为语言可以任意习得的观点满足了社会行为和文化功能价值的限制要求，但却不适合是认知科学家满意的观点。认知理论注重明示儿童的认知通过对于相关环境经验因素的随机依存达成语言认知功能的有序拓展，因为

---

① 参见（晋）王弼《老子道德经》，中华书局1985年注本，第5页。
② J. L. Elman, "The Emergence of Language: A Conspiracy Theory", in B. MacWhinney (eds.), *The Emergence of Language*, Mahwah, N. J.: Lawrence Erlbaum Associates, 1999, pp. 1–27.

只有这样的语义系统才可能合理反映世界中的关系。

上述阐释为我们反思相关现象提供了多种极富欣赏成果的分析框架。在自然界，蜜蜂明显处于行为"勤奋"而心智"惰怠"的信息功能状态，其进化达到了功能化的巅峰水平。换言之，其场合因素的作用全面而经济地支持一种机体功能状态。较之蜜蜂，鸟类、哺乳动物等的心智水平则逐步上升，直至人类而达到心智进化的巅峰。两者之间最为重要的差异点就是对于环境因素的认定、内化、心智化和智能化。动物由于行为相关因素的功能价值分布过分倚重行动，因而不能内化更具心智意义的世界关系，尤其是因为无法认定人类社会中的那类关系而无法习得人类语言的形实渊源。这分明意味着，从因素关系的确认到自然智能化的过程，人类充分发挥了心智化过程的作用，其进化巧妙地把世界关系或者场合因素实现为一个蕴含物理、生理、心理、社会和文化关系的文明"玄牝"，即主体与环境因素以相互作用方式实现的进化关系模式。这个"玄牝"以严密的遗传和相互作用渊源关系承袭律产生的便是整个生命智能自主体及其生存方式。这似乎有助于说明传统决定论的效用范围。人及其不朽的生存意志等关键属性应当是进化玄牝所成就的系统，进化机制仅仅能够说明其来源，而不适合由此种来源方式定性。预期和应变等不过是其随机依存智慧的工具。人类的心智作为在进化过程中一种场合因素共效的"涌现"现象，还需要大量的研究去逐步排除目前的观察和发现可以认定但却不大可取的属性。我们对于进化中功能因素的这个观察表明，玄牝成果的前景不大适合由进化功能关系来做逻辑推导和预期。至少目前从语言认知功能的角度看，人类的认知已经进化达到对于物理场合条件随机依存的关键的主体品质特征。目前的发现仅仅可以表明，物理、生理、心理等限制不过是阶段性的工具性特征，而非本质特征。世界中的关系因此是玄牝功能关系，而非决定主体的经验原则。

从上述欣赏的角度看，我们似乎不难列举出认知科学理论三个可取的作用：一是反映现实，二是揭示可能性，三是逐步或者有序排除关于人的机械决定论关系和限制因素的单一功能价值趋重。这三者作为理论功用便是认知科学可以提供的维护进化成果的功用系统，其具体表现就是场合因素的功能价值再分布。在语言发展的相互作用过程中，理论的体系性作用尤其如此。经验语言表征、心智化过程以及包括语言认知功能和自然智能的场合条件下的语言使用效应，在语言发展的各种状态中均为具有多重价值分布的功能项。此种分布律对于语言发展方式具有严密的规定性，或者说语言是需要讲好形实关系的工具化认知属性。显然，心智过程贵在其创造性和假设，一般认知功能和语言认知功能贵在应对经验语言环境变化的稳定性或者方式化限制，经验语言表征贵在记忆准确性和分析性语感，语言认知系统贵在智能化的使用效应。语言发展预期的关键因此是场合认定。与此相对，心智进化是人类的本质，其前沿为创造性及假设的心理过程，其后沿为调用认知功能的自然智能。具有良好语言心智和认知功能的语言使用者方才能够依据场合条件调用合适的语言认知功能或者认知过程。因此，相应的研究贵在揭示人们的语言认知系统是如何认定各种场合和节约心理资源的策略。认知科学应当优先关注的对象因此是认知系统对于场合条件中的经验环境条件随机依存的自然品质。语言发展正是体现此种认知属性的天然对象。换言之，语言发展充分展现了人类把自己从场合限制条件中解放出来同时又维持了对于场合条件依存的策略。在既有背景认识的基础上，相互作用论研究需要回答的问题是：面向语言的一般认知功能是如何设定世界关系或者场合因素的作用方式的？要回答这一问题，观察以及基于观察的元物理原则和元语言原则的相互作用分析便使命般地承担起了前期理论探讨的任务。

　　至此，我们可以大致确定李耳的玄牝论的认知和语言意义。人们处于一定的物理环境或者环境物质动态分布中，通过认知与环境相互作用，并且因此而涌现出特定的心智构造、认知功能方式和语言，场合因素因此具有相对于人们的认知发展和语言发展功能价值分布。在一个相当长的时期，人类之"生"都将主要体现在认知发展和语言发展过程对于原则的储备或者对于场合因素的利用和功能价值分布。人类贵在其不朽的生存意志和维护全体生存的信念。生存意志一方面促动摆脱场合因素限制的自由意志；另一方面强调遵守场合因素的功能方式。二者之间的平衡度在认知上优秀地表现为语言发展过程对于场合因素的随机依存性，同时也可以逐级地或者进一步地表现为假设能力（包括验证）、预期能力乃至于身体存续对于场合因素的随机依存性。故而，场合因素中环境因素和主体因素相对于认知功能的陀螺动态关联模式即是"玄牝",语言乃至各种认知能力的工具化、技能化和技艺化过程都是在于降低注意量、认知努力量和包括了效能考虑的使用难度。在相互作用论看来,语言工具性仍将是一个方便习得和使用的水平或者程度问题,因而其形实不宜全盘割裂。

第三节　元物理原则与元感知功能原则

元物理原则和元感知原则为主体与环境相互作用过程启用的场合因素。前者属于物质作用于感知的刺激形式,后者属于感知对于前者的反映,两者因为相互作用而成为面向语言发展的原则。行为主义的连接认可刺激和反应的对应关系;相互作用论则认为这是一种认知功能的场合。组块论认为语言是一个特殊的认知自主体;相互作用论则认为,语言中具有进一步认识意义的对象就是跨越包括一般认知功能模块和特殊认知功能模块在内的功能层级的知识来源途径和使用方式。关于语言认知的相互作用论的"逻辑"因而就是此种逢场律,关于语言认知过程的相互作用论因此是连接论场合中的模块交互论。在原则意义上,外部刺激特征对应于基础性的感知功能。如此当选的具有元语言意义的场合因素便是"媒介"或者说语言相关的心理实体特征。此种特征的物理限制和发息行为限制便是新的研究所需的参照。Hockett[1]通过观察分析,颇为详细地列举了16种语言功能方式特征,包括发声—听觉信道、散漫传播与接受定向。Harley[2]认为此种面向经验语言描写的列举法绕过了语言心理系统之精要。在相互作用论条件下,我们显然可以认为语言的功能构造乃至整个符号学在相互作用论背景下都有再次反思的必要。不了解世界关系中面向语言发展所蕴藏的这一丰富的原则宝库,我们便无法真正了解语言发展是怎样的一种奇迹,也无法真正解释儿童究竟如何消除形式和意义上的不确定性。

---

[1] C. F. Hockett, "The Origin of Speech", Scientific American, Vol. 203, No. 3, 1960, pp. 88-96.

[2] T. A. Harley, The Psychology of Language: From Data to Theory, Hove: Psychology Press, 2001, p. 51.

第一篇　原理

一　言语的"媒介"或形实渊源交互承袭方式

　　媒介之说遮蔽了言语功能之要。具体到语言发展，基于人类的感知功能，场合因素面向语言的一种可能的价值分布方式就是功能原则的相互作用，即元物理原则和元语言原则。元物理原则就是环境中刺激的有效特征，元语言原则就是信息手段（信息策略）的符号化过程的主体认知属性。这个层面与信息论的理解方式全面吻合。信息通过刺激作用于感知系统。人类对于场合因素的随机依存的基本方式就是在各种刺激条件下对于感知系统的合理运用。这是达成一种内部与外部的合理关系的途径。媒介说不由分说地隐藏了这一实质，使得语言发展成为了不可思议的现象，同时还使得一般语言关注重蹈了古典感知问题覆辙。我们的关注是，在人们的语言交际过程中，信息对"不确定性"的"消除"与主体（信息手段的使用者）的具体经验密切相关。一方面，事物的存在具有多种消息形式，含形状、颜色、大小、运动态貌、声音、气味、味道、温度、质地等；另一方面，人类的行为系统具有可观的面向信息传递的能力，包括表情、姿势、动作和声音。两个方面的交互对应性是形成信息手段的基础，而功能环境条件则是前提。假设人类的感觉系统有 n 种发生方式，每一种方式下有 m 种可能的感觉对象，每一种感觉对象又有 w 种制作发息方式，于是在给定的条件下便具有 nmw 种可能的信息手段。这些可能的信息手段还会受到感觉系统的功能范围、障碍、各类场合条件和社会行为目的的限制。各种具体的信息手段便是逐级限制的结果。要言之，从 S_0 到 S_n 的过渡的理论分析意义在于提供一个发生论框架和一个限制论框架。我们一方面需要考虑场合因素在各个过渡状态给出的 n 种可能性，即把当前状态的场合因素的作用方式从理论上看作概率仅仅是 $p=1/n$ 的可能现实；另一方面又需要从 S_0 开始找到 S_n 状态达成的 $H=1$ 的不确定性的消除或者限制原则。

　　人类多种多样的信息手段均具有语言意义，如体态语和旗语。既有物理环境或其物质分布允许进化主体使用哪些信息手段？这是关于言语的一个具有深刻且长远意义的问题。包括动物在内所使用的一切信息手段都具有明显的感觉类型。各类存在都首先依赖感觉或类感觉系统来与环境发生联系。人类从出世的那一刻起，便脱离了自然状态，进入了以感觉功能为基础的信息状态。不仅如此,作为信息手段发生基础的感觉系统也同样具有一个在进化意义上的发生过程。既有进化成果中不仅有人类五官的感觉方式。鸽子的磁觉定向则似乎还有着不同寻常的意义。

感觉发生系统 = S(感觉$_1$,感觉$_2$,感觉$_3$,……,感觉$_n$) (2.3 A)
感觉系统 = S(听觉,视觉,触觉,味觉,嗅觉,……) (2.3B)

式(2.3A)表示感觉系统的发生具有 n 个可能的感觉系统。式(2.3B)表示实际发生的感觉系统为听觉、视觉、触觉等。

动物和人类的感觉系统在长期的环境刺激下发展起来,并与主体在特定环境中的生存方式具有适切性。自然界事物的存在具有多种形式。感觉系统的主要感知对象就是这些自然存在形式,含形状、颜色、运动态貌等。由感觉系统感受的事物存在形式是人类生存方式的一种来源,并存在于高度发展的生存状态中。由于事物存在形式的多样性和自然进程的阶段性,感觉系统也具有维持基本生存需要且在功能上相互补充的感觉分支系统。动物和人类的感觉系统主要含听觉、视觉、味觉、触觉和嗅觉。感觉心理学还倾向于给出进一步的区分,如按部位区分肤觉,按表里区分外觉和内觉,按功能区分痛觉、动觉、平衡觉等。从信息手段利用过程中的感觉限制看,五种基本的感觉系统是主要的感觉系统,帮助确立了智能生命在形物玄域中的生存空间属性、生存方式及认知功能方式,不禁使人联想到柏拉图式的空间形式演绎原则。

听觉系统接收声音世界的信息。人类感知范围内的声音主要是事物的物理运动所产生的声音。此种物理运动,如猛兽、风雨雷电、山岩洪水的运动等构成了直接威胁早期人类物理存在的环境运动。听觉系统的发生和发展直接满足了这方面感知的需要。听觉所及的物理范围随着声音的大小而变化。在20—80分贝范围内的声音一般不会损害人类的健康。该范围也恰含人们窃窃私语和高声谈论的音量范围。作为信息手段发生基础的感觉系统,因为要在同类之间进行信息交流,必须要具有相应的发息机制。听觉的对应机制是发音机制。动物及人类发出的声音依赖空气的振动来传递,因此可以克服黑夜、雾气、屏幕等障碍。此外,由于声音的发出使用发声机制,因而可以在主体从事其他活动的同时发出信息,而不需要停止所从事的一些活动。在时间上声音信息随着声音的消失而停止,因而口头语言被看作即时性交

第一篇　原理

际工具。现代科学技术的发展使声音也同样具有了跨越时空的能力，但此种新的发展变化因为种种原因还没有在信息手段的认知系统中获得确定的价值体现。

视觉系统接收在光线作用下的事物存在形式的信息。事物在光线作用下具有形状、颜色、大小、运动态貌、光线的明亮程度等。其作用于同类之间的信息的发息机制可以称为制作过程。我们看到某个人的形状当然可以代表此人本身。但这种自然存在形式的信息不能满足主体进一步发展的需要。为此，发息者可以策略地用动作模拟事物的形状来传递非发息者自身的其他对象信息。这就是手势。当然，我们不能随意用一个手势来表达某一对象。在使用手势时需要以对方最容易理解或约定的表达方式的策略。这一原则同样存在于其他视觉信息手段的发生过程中。视觉的感知对象广泛，形状、颜色和运动态貌均成为了人类信息手段的适用基础。视觉系统的功能范围较大，并且可以克服噪声障碍，但同时也受到黑夜、屏障等视觉障碍的限制。视觉信息同样随着视觉形态的消失而停止。

触觉不需要借助于光线便能在近距离感知事物的一定范围内的形状、大小、运动方式、质地、温度、表面光滑程度等。但与听觉和视觉相比，其功能的物理范围或空间明显受限。感受者需要通过触摸或直接接触才能感知对象。动物和人类彼此的亲昵行为等属于此类信息感受方式。但在一般的社会场合，因其所受限制而只有在另外一些信息手段不能适用的情况下才具有适用价值，如盲人语言。触觉受到空间距离的限制，但触觉对象时间上的可持续性优于声音等感知对象。

嗅觉和味觉的功能同样受距离及发出气味和味道的物质的限制，而且感知气味和味道的方式对主体的刺激大，容易出现危险。仅一些在其他感知方式明显受限的主体在特定情况下才用气味来传递信息和维护生存。其时空范围也不具有较好的可变性和适应性。

综上所述，感觉功能对信息手段具有种种规定性。人类具有颇为发达的感觉系统，因此可以有众多的潜在信息手段。但许多感觉对象并未获得选择，主要原因在于信息手段的发生具有场合因素的限制，即在特定情况下不是以任何一种可能的方式进行信息交流，而是以最方便、最可取、最有效的方式来进行信息交流，并同时避免使用受到各种限制的

第二章　语言发展的元物理原则和元心理原则

可能信息手段。我们不妨将以上分析的主要内容大致列表如下：

表 2.1　　语言发生中场合因素基于感觉的功能价值分布

感觉方式	拥有者	适应对象	距离	时间	障碍
视觉	人、各种动物	形状、颜色、大小运动态貌等	远	物体持续	各种视障
听觉	人、各种动物	声音	较远	声音持续	噪声等
触觉	人、各种动物	温度、物体表面形状质地等	近	物体持续	距离等
嗅觉	人、犬和其他动物	气味	较近	气味持续	风向等
味觉	人、各种动物	味道	近	动作持续	毒等
磁觉	鸽子	磁场	很远	持久	磁干扰

二　感知对象

信息手段发生要依赖一定的感知对象。感知对象的性质对信息手段具有较为具体的规定性。感知对象作为信息手段的物质材料基础，不仅取决于它们在主体的各种条件下是否能够被感知和是否具有对应的发息机制。一种没有更多知觉区别特征和实体经验性的"媒介"便不具有可编码性。不能编码的物质材料或编码困难的材料便不可能成为复杂的信息手段的适用对象。我们不妨将此看作生存空间的有助于阐释世界关系的内在性。此种情况可以表述为：

感知对象发生系统 = S(对象$_1$，对象$_2$，对象$_3$，……，对象$_n$)

(2.3C)

感知对象 = S(声音，形状，颜色，大小，运动态貌，气味，味道……)

(2.3D)

式（2.3C）表示感知对象的发生过程。该过程一方面取决于主体的感觉系统的进化和功能发展；另一方面取决于外部事物的变化。式（2.3D）表示实际发生的感知对象。

人类在有特定经验的情况下，可以区别出种类几乎是无限的自然声音。自然声音是事物运动的自然存在形式。我们听到猫的叫声便知有猫存在。但此种信息过程属于跨类自然信息过程。在同类之间，若声音只代表声音发出者本人，该声音则也属于自然信息。声音之所以成为人类主要信息手段的适用基础，首先在于我们可以对同一个人发出的声音作

第一篇　原理

进一步的区别。同一个人在不同的场合或情景中发出的自然声音特征是不同的。可以发声的动物也具有此种声音特点。自然声音的区别特征与口腔的开合程度、舌头的摆放位置和隆起部位等有关。这些口腔的动作均属动物的自然动作。动物在进食和撕咬搏斗时由咀嚼和撕咬动作形成的各种口腔形状和唇形适宜发出各种声音。就人类而言，不同语言的音系中的音位虽然不同，但各个音系内部成分之间则具有相同的原则，即相对于口腔运动的最自然的内在协同联系或者部位分布。口腔各种动作的可能域是产生声音差异的一个必要条件。人类的声音在发音方式、发音部位等方面的特点具有极强的可编码性。许多动物具有灵敏的听觉，而且其发音机制具有较好的区别特征范围。但各种制作能力几乎是人类所独有的。猩猩也具有初步的制作能力，通过训练也能形成行为主义的符号意识，但它们却不能用指头指示事物，表明了高级信息系统的丰富玄蕴含特性。显然，动物的生存方式和环境因素依存方式也决定了它们无高级信息需求。人类声音具有音强、音长、音高、音质等多种特征。虽然其中不少特征都具有可编码矢量，但只有体现发音方法和发音部位的那些声音特征才具有超越自然声音并进一步获得适用的价值。例如，个人的振幅和音质不具有效可变范围，若用此类特征编码便排除了个人参与信息交流过程的可能性。

　　形状是视觉的一种感知对象。事物均各具形状，且自然形状天然代表物体本身。图画是描摹事物形状的非自然视觉形状。一般文字系统均在起源上与图画具有某种关系。汉字最早采取了象形策略。形状的多样性使之具有了极强的可编码性。其信息发出过程为制作过程，含雕刻、书写、印制、刻划等。形状的辨别是动物界和人类的基本能力，而形状的制作则似乎是人类独有的信息现象，尽管猩猩经过训练也能够使用并在群内传播手势。人类的书面语言则是以形状为物质材料、以书写等制作过程为发息过程、以视觉为感知系统而产生的信息手段。运动态貌是视觉的又一感知对象。运动是事物的发展和变化的自然形式。手势等则在一定程度上属于对自然形状和运动状态的模拟，故非自然的运动形式。哑语是在不能利用声音信息的情况下适用而成的一种视觉交际手段。其发息过程同样可以称为制作过程。发息者如果用力拉拽使对方过来，这是自然的物理关系过程。但若用手势示意对方过来，该手势便具有了信息手段的意义。颜色作为事物的一种自然信息形式同样具有可编码性。旗语、交通灯等部分地或单独地利用颜色传递信息。人类可以区别出上千种颜色，但颜色在呈现信息时往往不像声音、动作那样方便。一种颜色也需要一定的物质材料为颜色呈现基础。现代科学技术的发展使颜色具有了广泛利用的价值，但在人类较早的历史时期，人们难以把无处不在的颜色从物质材料中分离出来。绘画艺术的发展同时也是人们探索和利用颜色的历史。不同颜色的光感知使颜色具有了场合适用价值。各种车辆的驾驶员见到红色的灯光都会停车或回避。以这些感知对象为基础可能实现的信息手段具有明显的比较价值。以形状为基础的信息手段可以具有任意的颜色而不改变信息内容。所以，书面语言的颜色变化无非是对读者注意的一种操纵方式。同样，书面语这类信息手段也不因为形状的大小而改变其信息内容。文字的大小往往与其作用的空间范围有关。招牌用大号字体在于使距离较远的行人能够辨识。虽然人们明显具有大小知觉，但大小知觉过程容易受到背景事物的影响。尽管如此，西方文字仍然在有限范围内利用了大小的可编码性来作为书面语言的一种区别特征。如大写 O 和小写 o 的区别就是利用任何句子都自身带有大小对比（如句首大写字母、全部的小写字母），也具有"非大即小"的单一特征知觉对比。但利用三种和三种以上的大小特征进行编码的书面文字便无法保证由自身来提供其所需要的全部的大小对比背景。如果利用非自身的不确定的背景感知来感知三个不同大小的 O，我们便难以确定某个 O 究竟是哪种尺寸的 O 了。此外，视觉信息手段往往利用复合的感知对象，如旗语利用颜色＋运动状态在人体动作的情况下来获得足够的区别特征，手势语利用形状＋运动状态在人手动操作的情况下来获得足够的区别特征。

  质地、气味、味道等不同的感知对象虽然也具有各种特征及编码的可能性，但在现有主体的情况下与前面的几种感知对象相比，它们对物质材料的依赖性、发送过程的难度和信息接收过程的难度等方面均明显受到限制，因此极难获得适用的机会。此外，在人类发展史中也出现过因时、因地的许多临时性信息手段，例如狼烟就是利用一种自然信息形式来传递与烟火无关的信息，这是一种信号手段。此种信号的意义虽然

第一篇　原理

没有遵守意义的自然解释原则，但却实现了在特定背景下无法以其他方式完成的信息传递任务。综上所述，凡具区别特征的单一感知对象和复合感知对象均可能成为信息手段的感知基础。但在人类的各种信息场合和人类习惯的行为方式中，这些具有区别特征的对象还往往会受到生理、心理、群体存在模式、环境条件等因素的制约。

三　交互对应性机制或者因素逢场律

作用于同类之间的信息手段发生要求主体具有相应的发息机制。动物界和人类均有与听觉交互和对应的发声生理机制。该机制中只有声带是发音专用的。其他均借助于生理系统自身的功能器官。呼吸系统提供气流和部分共鸣腔，进食的食道提供音的共鸣腔和声音修饰手段。舌、齿、硬腭、软腭、小舌、鼻等均为生理功能器官，被借用为发音器官。在动物界，声带的功能不一。有的动物只能发出一种气息，造成微弱的空气振动。有的则已经进化出高级的声带，能够产生悦耳的乐音。人类发出的声音可以传递到一定空间范围，并在该范围内可以克服黑夜、雾气、屏障等障碍。

视觉借助光的作用来感知事物的形状、颜色、大小等。视觉感知对象众多，包括同类间彼此的外形、动作、表情和姿势。其中，外形代表发息者本身，因而属于自然存在形式。但发息者的动作、表情、姿势以及动作产生的视觉对象均具有非自然的信息。如表情可以表示愤怒、欣喜、不满、满意、亲密、疏远等。动作可以模拟其他对象或方向从而具有"转述"功能。人类还根据各种具体场合的信息需求来适用颜色、形状、运动状态。发出视觉信息的能力同样具有一个进化过程。在一些动物中，通过凶狠的表情来威胁和警告侵入其领地的其他动物。这类动作在许多时候并非搏斗前的表情和姿势，例如有的动物在摆出威胁姿势后仍然不能吓唬对方时便迅速逃跑。此种表情因此具有信息功能。有些动物面部肌肉不发达，但眼睛圆睁或假攻击动作便具有了适用的价值。显然，动物界的视觉信息的传递也同样采用场合适用策略，即利用生理功能器官中相对于特定目的最佳器官来满足其维护生存的信息需要。人类的制作能力使自己能够制作和模拟非自然形式的颜色、形状和运动方式，并在这些能力的基础上来满足高级的信息交流。因此，视觉信息的

· 42 ·

发出要借助表情、体态、姿势、手势等动作以及手（或手＋器具）制作的形状、颜色、大小等视觉对象。

触觉在同类间的对应发息机制同样可以表述为制作过程。触觉可以感知事物的自然存在形式，包括同类的自然存在形式，例如表面形状、温度、表面质地等，也可以这些感知对象为基础来接受非自然存在形式的信息。盲人语言需要用手触摸来"阅读"。一般的书面语言的符号形状可以用任意一种不同于背景材料的颜色来形成视觉对比，而盲人书面语言则必须要有经过刻蚀等制作过程，从而形成凸出或凹陷的表面形状特征。

嗅觉和味觉的感知对象为气味和味道，纯净的水是无色无味的，构成味觉的对比感知基础。纯净的空气是没有气味的，构成嗅觉的对比感知基础。这两种对象一般均需要具有自然信息的物质材料。有些动物可以有自身发出单一的气味，如鼬。一般而言，气味和味道除了作为事物自然存在形式之外，便极少具有信息手段适用价值。

信息手段发生要经过在自然价值系统作用下的场合适用过程。所谓信息手段的场合适用，就是在特定场合下根据最佳条件来策略地使用信息传递方式。一种信息手段的产生首先是要有感觉系统、感知对象和对应发息机制与它们的自然功能方式的一致性。此外，感觉系统的功能范围要符合特定信息场合的要求，并在该范围内没有障碍或能够克服他种信息手段难以克服的障碍。此种场合适用之所以必要，还因为在同一场合往往可以有可供选择的可能信息手段。当一个信息手段发生理据不能排除多余的信息手段时，主体便需要依据另外的发生条件来作出最佳选择。

信息手段的适用无疑遵循着某种原则以及在该原则支配下的场合具体规则。此处使用的"适用"一词本身就表明信息手段的发生是一种视具体情况、条件、目的、需要等而定的策略性信息现象。由此可见，信息手段的适用过程涉及既有条件、价值取舍和限制。其发生模型为：

如果有

感觉发生系统 = S(感觉$_1$，感觉$_2$，感觉$_3$，……，感觉$_l$)

感知对象发生系统 = S(对象$_1$，对象$_2$，对象$_3$，……，对象$_m$)，且

发息机制发生系统 = S(机制$_1$，机制$_2$，机制$_3$，……，机制$_n$)

第一篇　原理

那么，理论上可能存在的信息手段感觉发生的感觉－对象－机制关联类型为：

可能信息手段 = l × m × n　　（种）　　　　　　　　　　（2.3E）

该可能数目包括 l 个感觉系统，各有 m 个对象，每个对象有 n 种发息方式或对应发息机制。这是信息手段适用方式在给定条件下的全部的可能性。

其适用过程为：

1. 作为感觉发生限制的功能原则

在第一种限制方式下，各种感觉系统在功能范围（或媒介的传递范围）、发息方式的难易程度等方面各不相同。在一给定场合，一感觉系统具有比较优势，因而优先成为信息手段的适用基础。作为功能原则，这些限制不一定具有现实的作用，而是无论具体限制如何发生，最终结果不会脱离功能原则限制的效应域。我们用程序条件可以表述为：

适用"感觉$_1$"，如果

感觉$_1$优于感觉$_2$

感觉$_1$优于感觉$_3$

……

感觉$_1$优于感觉$_i$

感觉$_2$、感觉$_3$、……和感觉$_n$受到限制是因为感觉$_1$具有比较优势。该限制使可能适用的信息手段的数目降至 N × N 种。其原因在于人类的不同感觉系统具有互相排斥的性质。当我们在使用一感觉系统的时候，另一感觉系统不能同时发挥作用。限制的结果仍然允许了选择的感觉系统具有 n 种感知对象，每一种感知对象可以具有 n 种发息方式。进一步的限制为对象限制，可表述为：

适用"对象$_1$"，如果

对象$_1$优于对象$_2$（或不能感知对象$_2$）

对象$_1$优于对象$_3$（或不能感知对象$_3$）

……

对象$_1$优于对象$_n$（或不能感知对象$_n$）

该限制的结果使可能的信息手段的数目降为 n 种。其原因在于人类的注意不能同时分配给多个对象。选择了一对象，便排斥了其他一切对象。但仍然允许选定对象可以有 n 种发息机制（或方式）。发息机制的进一步限制便可将信息手段感觉发生的适用过程全部完成，把当前应该使用的信息手段确定出来。我们不妨称此为产生机制限制，属于一种相互作用方式限制。具体可表述为：

适用"机制$_1$"，如果

机制$_1$优于机制$_2$（或机制$_2$无法发出对象$_1$）

机制$_1$优于机制$_3$（或机制$_3$无法发出对象$_1$）

……

机制$_1$优于机制$_n$（或机制$_n$无法发出对象$_1$）

2. 作为物理障碍限制的功能原则

在第二种限制方式下，物理障碍妨碍许多信息手段发挥其功能。物理障碍多种多样，如黑夜妨碍视觉信息手段，噪声妨碍听觉信息手段。物理障碍限制可表示为：

$$物理障碍 = S(障碍_1, 障碍_2, 障碍_3, \cdots\cdots, 障碍_n) \quad (2.3F)$$

物理障碍的限制可以表述为：

适用"信息手段$_1$"，如果

信息手段$_1$没有障碍$_1$（或不受障碍$_1$的限制）

信息手段$_1$没有障碍$_2$（或不受障碍$_2$的限制）

……

信息手段$_1$没有障碍$_n$（或不受障碍$_n$的限制）

否则

适用"信息手段$_2$"

……

该限制的根本原因在于，人类的感觉系统均是在特定物理环境中的功能发生现象。因此物理环境的变化会给感觉系统的功能形成障碍。

3. 作为社会场合限制的功能原则

在具体的社会场合，信息手段往往也无法在正常功能范围内发挥作用，如在不宜大声说话的场合，便可能避免使用有声语言而代之以手势。在此种情况下，不能选择使用信息手段的原因均为避免信息交流的某种不良后效。我们称此为社会避免目的限制，可以包括文化中价值倚重和忌讳。

$$避免目的 = S(目的_1, 目的_2, 目的_3, \cdots\cdots, 目的_n) \quad (2.3G)$$

为了某种目的而避免使用一信息手段的限制方式可表示为：

适用"信息手段$_1$"，如果

信息手段$_1$无避免目的$_1$

信息手段$_1$无避免目的$_2$

……

信息手段$_1$无避免目的$_n$

该限制的原因在于人类的社会价值观念系统、日常行为模式、社会组织形式等并不完全接受在自然条件下适用而成的各种信息手段和相应的行为表现。这也可能说明某些面向语言发展的自然潜力在社会状态下可以获得进一步发挥。

本章小结

综上所述，如果考虑动物界的信息手段使用的原则意义，那么语言则体现了人类在一个相对稳定的物理环境中经过长期使用而达成了对于场合条件随机依存的发展潜力水平。这些因素在低等功能形态的信息手段就开始了原则化的过程，分别储备于人类自然、社会和文化行为系统以及大脑功能系统中。"万物"之所以"皆备于吾心"，原因正是在于原则的作用，包括源自方式交互和感知交互的功能原则。较之标准认知理论和局域相互作用论，透彻的相互作用论可以带来一个不同于纯经验的或者纯理性的知识学内蕴，尤其是可以帮助追溯心智的渊源性交互来源。语言的认知功能形态必须满足儿童在习得过程中的左右逢源的要求。打个比方，普遍语法就是理性语言之道，原则支持就是实际的经验语言之道，认知功能机制就是循道之车。语言发展者之车需要以相互作用的方式驱动才能尽得进化之利。如上所述，伺服于这个表征的理论体系包括：①面向语言的自然智能，即适用场合条件或者原则的认知能力；②认知功能以及面向语言的认知功能，即应对具体经验语言环境刺激的认知过程，包括心理实体性信息加工的一般认知过程和普遍语法这类心智化的特殊语言认知过程。这个分析表明，新的前沿选题需要认定语言认知功能场合，确认语言认知过程的场合因子条件。此种发现可以有效支持一个面向理论和应用的认知工程系统，尤其是人工智能中同一条知识同时以自下而上的原则和自上而下的表征发挥两端性作用的系统。

第二篇

认知功能

因为自然（而然）智能以及以种种组合满足语言发展的场合条件，语言发展这一曾经的理论黑洞便似乎可以源源不断地提供语言习得所需新的资源。理解中的这一转变意味着，我们也由曾经的系统内相互作用论走向了李耳玄功能体系表明那类透彻的相互作用论。适用于这一新理解的认知功能拓展轨迹也展示了由单纯的认知机制的关注回归到包括知识学原则的关注。这个回归不是简单的回归，而是认知功能在场合因素中陀螺式运用的知识学新局面。世界作为人与外界相互作用的场合由传统知识学的形而上和形而下走向了原则和因素的功能价值分布。人乃至一切智能生物均因此而具有了宇宙万物之参照准绳的认知性质。故此，一个奇妙的知识学阶段性变化似乎可以由此假设而产生。我们因此需要把实体经验差异看作面向人类未来的智能资源。

第三章综合当代认知科学中相关理论，揭示出心理经验实体性认知在相互作用条件下的种种具有预期意义的认知蕴含，包括认知过程、认知功能和自然智能的对于种种场合化的认知功能辖制体。第四章依循当代心理学、脑科学、生物学等领域的相关研究及发现，对于场合因素中的主体因素给出了一个相互作用的再解释。第五章基于输入贫乏和可学习性原则说明的自主体这一理论参照物，依循关于成人言语的心理学研究发现，相对于取词边界这一最为表象化的功能，对环境经验语言因素做出了一个再阐释。三章共同说明的一个原则就是，在场合阈限范围内的因素统一由不断拓展的语言认知功能赋予其特定功能价值。

本部分各章共同表明，在语言发展过程中，认知应对场合变化和经验语言限制具有确定的且随机依存于场合的功能方式。

第三章　关于语言认知功能

　　语言发展是既简单又复杂的现象。在其发展过程中，经过种系进化的高度智能化的人类儿童似乎就是天然的语言冲浪者。他们能够且仅仅需要在随机场合条件下抓取人际意思交互这个"浪头"，即弄明白他人的意思并设法传递出自己的意思。不过，语言发展的场合相关条件虽说是儿童认知系统左右可逢之源，但却变幻莫测，且与其他现实有着复杂且微妙的关系。如前所述，既有经验主义表明了对象表征的认知过程，理性主义表明了面向语言发展因素的天然分布以及在这一场合条件下发挥此种因素作用的内在演绎过程。心理语言学结合吸纳了内在论和信息论的心理学及语言学研究途径，由检验普遍语法的基本假设开始其卓越的研究，产生了我们将其称为标准语言认知理论的综合认识。这一传统的研究面向语言发展一方面揭示了呈现于主体的认知功能体这一场合条件集合，另一方面也在随后衍生的各个分支话题之下的研究相继给出了相互作用论启示。透过既有研究，我们可以看出认知面向语言的认知功能方式。我们关注的问题是：儿童面向语言习得在认知上需要做出的选择是困难的还是现成且容易的？选择项究竟是少或确定的还是多或漫无边际的？后文的分析陈述旨在表明，这些选择均统一于场合化的认知功能，统一指向人类对于场合因素的随机依存性的一个认知系统。

第一节　实体性认知

　　既有理论关联主要沿着记忆的存储和使用这一面展开。关于认知的虚实两相性允许我们透过交互关联寻找到理论凸显方式。相对于语言的特殊认知属性，凸显记忆特征或者经验回忆线索的内部过程便是具有心理实体意义的认知现象,也是当代认知心理学关注的主要对象。

一 关于认知

什么是认知?基于当代认知科学背景,这是一个颇有讲究的问题,答案既简单,又可以非常复杂。在理性和经验争议框架内,对于世界中各种关系具有支点意义的认知便已经凸显出作为知识获取和使用过程的认识价值。感觉、知觉、记忆等正是因为哲学阐释的需要而渐次获得了讨论意义,旨在了解人类行为系统承袭形物范畴和形实范畴的方式。因此,我们可以把此种范畴承袭看作认知关注的第一依凭。有了这样的依凭,认知科学家便无须像大海捞针那样去探取真理,而是可以进行大规模的理论关联和拟合校验。不过,认知是由脑功能支持的现象,经验主义和理性主义观点貌似都可以透过严格的实验获得某种证据,比如理性假设过程和经验刺激处理过程均可以获得大脑支持证据。故此,第一依凭尚有不足。我们还必须启动第二依凭,即什么是认知上容易的和困难的。越是容易的认知过程也就意味着越是自然的认知过程,而越是自然的认知过程也越是能够展现认知的本来特性,因而也越是具有原则意义。面对纷繁的现实领域,我们可以分别适用这两个依凭来理解各种既有认知研究或者选题的实际意义。同时,第二依凭还使得认知科学摆脱了作为古典和现代哲学思辨的附庸地位。

最早的心理学或者行为主义研究考察可直接观察刺激和反应之间的关系。在这一理论范式下,关于感觉、注意和知觉这三个感知功能以及记忆作为基础的认知功能的研究取得了丰硕成果。这一心理学流派厌恶哲学探讨和对非可观察对象的关注,并且别具见地地直接在行为表现中寻找形物范畴的承袭方式。这些早期心理学努力创建了学科,并且从方法上确立了认知关注的科学地位,虽然当时的人们对于认知的真正理解尚需更多的耐心。人们接下来很快就发现,在刺激与反应之间其实很难找到建立高级模型的良好对应性。不同个人在自然环境条件下对于同一刺激显然会产生不同的反应。这个现象说明认知研究的一个天然目的不是寻找行为中的刺激—反应链,反而应该是确定这些颇为难测的反应变化的更深层的规定性。我们试图沿着这一路径追寻到认知自身自主性的缘由。这就是说,当前认识背景中的认知是人们处理刺激并且对于可能作出的种种反应有着规定性的内部过程。这就是我们目前采取的关于认知的一个框架性的理解。这是一个需要有序推进的理论探照框架。

在这个认识框架下的实际领域则是由多种关注综合而成的。着眼于智能的认知观认为认知关注或者认知心理学在于揭示人类智能，因为允许人们对同一刺激作出不同反应的认知能力从根本上讲就是智能。这个认识不仅使得早期心理学关于感觉、知觉和记忆的研究保留了合适的选题价值，同时也在认知科学中为人工智能研究谋求到了合法地位。按此理解，认知对于形物范畴和形实范畴的承袭首先体现为对于包括经验条件在内的场合条件的敏感。偏重知识的认知观重视寻找理性形实观和经验形实观的关键证据，而最为现成的或者明显的证据无疑存在于记忆之中。这就意味着我们需要考察记忆在自然条件下究竟蕴含了何种形实范畴。显然，也正是记忆中的这些知识的获取、存储和提取使用构成了我们处理刺激以及作出反应的过程。这一认识路径注重记忆对于信息的组织形式，尤其是记忆中概念组织可以抽取的命题。其成形理论则是信息/记忆表征理论或者命题网络理论。偏重思维的认知观前提上认可偏重知识的认知观，并且进而认为正是我们的思想或者思维帮助我们确定看到的和听到的刺激的形实范畴，即识别和再认本身就体现了形实渊源。这个渊源进一步决定了人们日常推理判断、决策和问题求解的逻辑依据。随着信息论的提出及其影响范围的拓展，人们发现各种认知关注都被良好地统一到一个信息加工的认识框架中。信息论不仅为更大范围的科学发现提供了一个贯通性的解释参照，也为认知心理的各种既有认识对象在信息流程上找到了适合的位置和解释取向。至此，形实范畴承袭在个别选题中虽然不再显得那么重要，但也并不意味着因此而可以废弃。新的选题仍然需要讲得通此种渊源。认知神经学等最新领域的研究的广阔前景正是在于有潜力寻找最为自然的形物承袭方式。正是因为这一点，神经科学假设的论证和提出明显可以大大得益于更为传统的范式下认识的大幅推进。不过，信息加工理论对于人类主动行为和语言产生缺乏明示。

要接近认知的本质，一个对象途径就是认知的普遍性和差异性。人们对外部刺激的处理具有高度一致的感知功能性。反应或任务表现差异主要有三个来源：认知发展、输入处理之后的进一步理解以及对于场合的敏感方式。我们不妨将此概括为认知经验化（场合化）问题。这说明在体现世界关系的行为场合中可以存在不同的因素功能组合类型及其演变。认知中的待定系统因此不仅是选题的一个着眼点，也是一定限制条件下选题优先性的一种考虑。如此，记忆和语言认知便构成了认知科学的两大主题。两者的过程接受什么制约，具有何种限制，相关因素的影响具有何种功能价值分布，其中又蕴含了何种世界关系假设，这些问题的答案要求多方面选题的贡献，包括经验科学的经验描写、基础性的认知功能研究以及大脑神经系统功能方式的研究。除了上述贡献源之外，生物学对象和物理学对象的影响则是达成形物承袭和演变认识系统的重点和难点所在，并且可能带来使人类心智能力和认识水平大幅度升华和简化的令人意想不到的结论。

二 认知功能不变式

认知作为人与环境相互作用层的功能系统，有着稳定的层级性的功能构造以及适应场合变化的输入和输出智能。此种稳定性的决定因素主要源自支持认知过程的生理机制和脑机制的功能分布以及这些功能面向认知任务的整合方式，比如听觉系统、视觉系统以及脑区基本功能布局在动物界具有直接的或者拓扑意义上的普遍性。这就是说，就目前人类经验所及范围而言，世界中形物范畴被认知以一种非常确定的方式承袭了下来。我们不妨称之为认知功能方式。明了这一功能方式，也就不难寻找到智能、心智、认知建筑、记忆、工作记忆等既有理论建构的对象实质渊源，也不难明了这些功能层级对于一般认知过程和特殊认知过程可能施加的限制条件。我们的阐释旨在朝着过程交替的相互作用实质渊源推进。

认知系统中什么组成成分是稳定不变的？我们不妨先考虑图灵机的基本构想：有一个前后相随的无穷长的内容为 0 或者 1 的信号序列；有一个读写头一次读取一个信号，然后要么写下一个符号，要么或前或后移动一个位置；有一组指令规定读写头在当前状态具体做什么并且随后进入下一个状态。装置有一个首次启动状态，并且在遇到当前状态的非唯一指令的情况下停止。这个简单的装置提出了一个有趣的问题：不考虑装置运行时间的长短，在设定的功能条件下的运算过程可以做到什么以及无法做到什么？显然，采用不同的符号解读方式以及不同的逻辑规则，上述原理可以分别实现数学函数运算、依据一个真值命题产生所有其他相符的真值命题的运算等任务。而且，当状态设置为世界状态，装置还可以达成预期世界变化的运算。故此，虽然争议不断，我们大致可以把数字计算机看作早期的"模块"建筑理论的一个雏形，例如范·纽曼建筑包含中央处理单元、记忆单元、输入单元以及输出单元。其关键的理念就是揭示允许程序和数据同存于一体的功能方式：信息通过输入、存储和转化，按照一定算法衍生相应输出。Newell, Shaw 和 Simon 在此基础上提出了一个"产生系统"[1]，称其为一般问题求解系统（GPS）。这个建筑把心智看作采用几个搜索策略来模拟人类解决复杂问题的过程。Newell[2] 进而阐述了一个叫做 SOAR 的产生系统，功能上纳入了决策机制、面向层级化目标的可以循环应用的操作机制以及产生学习机制。这个建筑同时也扩展了可以解释的认知功能场合，包括简单刺激—反应过程、符号处理和理解过程、技能输出过程、逻辑推理过程等。在接受实验数据的认知建筑理论中，似乎都蕴含了关于心智的某种理解，例如 Newell、Anderson[3] 等认可的心智组件为工作记忆、一组基于条件—操作对应关系的产生性规则以及一组确定产生规则适用优先性的规则（或者算法）。基于这些概括，我们在特定场合可以把内部模块条件支持的面向各种认知过程的容量限制看作具有相互作用意义的认知建筑。

随着认知建筑理论汇入信息流程[4]的理解框架，人们则进入了享有普遍共识的标准理论时期，即信息在认知心理中的代表性信息类型具有规范的时效性行程。Miller[5] 关于短时记忆容量瓶颈限制的认识以及

---

[1] A. Newell, J.C. Shaw and H. A. Simon, "Elements of a Theory of Human Problem Solving", *Psychological Review*, Vol. 65, No. 3, 1958, pp. 151–166.

[2] A. Newell, *Unified Theories of Cognition*, Cambridge, MA: Harvard University Press, 1990.

[3] J. Anderson, *The Architecture of Cognition*, Cambridge, MA: Harvard University Press, 1983.

[4] R. M. Gagne, *The Conditions of Learning*, 3rd ed, New York: Holt, Rinehart & Winston, 1977.

[5] G. A. Miller, "The Magical Number Seven, Plus Or Minus Two", *Psychological Review*, Vol. 63, No. 2, 1956, pp. 81–97.

Broadbent[①] 对于记忆系统的描述等对于形成此种理解无疑有着特殊贡献。来自外部世界的信息作用于人们的感觉系统时,尤其是视觉和听觉,便会出现一个短暂的叫做感觉登录的驻留期,持续时间因刺激强度、类型和心理实体特征而有所差异,大致为 200 毫秒到 1 秒。其中听觉信息的持续优于视觉信息。在此时限内,没有注意到的大量信息自动消退,而注意到的信息则进入下一个叫做短时记忆的行程中。短时记忆又作短时存储,面向视觉信息加工时可以叫做形象记忆,面向听觉信息可叫回声记忆,面向内部认知过程时人们则偏好工作记忆这个指称。人们经常需要即席地保持一组数字或者字符,比如即时记住一个电话号码来拨通电话,这类彼此孤立的项目的临时记忆容量为 7 ± 2 个信息块。正是这个"神秘"的容量的限制作用单独或者与注意资源限制等一道促成了认知的一些重要的系统性特征,例如方便自然处理的语句的后(右)分支结构。新信息因此似乎是按照遗忘曲线[②]揭示的某种转移率或者某种升华形式进入长时记忆。在长时记忆中,实体性成分主要为个人经验,叫做情节记忆。对于此种记忆的吸纳和存储的过程似乎存在一些专门功能化的趋向,例如相对于记忆项及其操作,人们区分出过程记忆与陈述记忆;相对于个体经验及其符合语言要求的存取,人们又区分出情节记忆和语义记忆。其中,情节记忆是关于世界知识的根本性实体来源,也是心理实体性最强的记忆成分。其他现实来源的刺激则主要在于支持操作和控制能力的拓展,而发展型表征满足这个理解方式下的功能。

工作记忆作为一个认知过程的总的交互界面而成为认知科学的工作空间理论现象也就不足为奇了。Baddeley[③] 采用控制—任务、视觉—听觉以及本地资源—中央资源这三组功能域参数来描述工作记忆的机制过程。其控制实施系统是一个以情景注意为功能核心的系统。该注意可用

---

① D. E. Broadbent, *Perception and Communication*, Oxford: Pergamon, 1958.
② H. Ebbinghaus, *Über Das Gedchtnis. Untersuchungen Zur Experimentellen Psychologie*, Leipzig, New York: Duncker & Humblot, 1885.
③ A. D. Baddeley, *Working Memory*, Oxford: Oxford University Press, 1986; A. D. Baddeley, "Is Working Memory Still Working?" *American Psychologist*, Vol. 56, No. 11, 2001, pp. 851–864.

资源被叫做中央资源池。其具体任务是启动控制以及决策、推理和语言理解；这些任务具体细化为听觉再演循环和视觉空间草拟任务。听觉任务为多重听觉过程，尤其是通过循环式再演达成即时记忆。视觉任务含视觉形象任务和空间搜索任务。两种感觉系统任务都是首先使用本地资源，只是在本地资源枯竭时再转而利用中央资源。中央资源代表着更为一般的知识，本地资源代表具体的、特殊的、模块化的知识。中央资源的转化过程则代表了认知技能或者技艺的提升过程。故此，工作记忆的一般容量限制以及各种特殊过程表现出来的能力限制（capacities）便具有认知功能不变式或者认知建筑的蕴含。显然，上述理论建构属于输入处理关注，而并没有真正意义上的产生性输出关注。这是我们目前面临的语言认知现象的一个理论缺陷。

认知功能不变式是方式性的。除了处于一个知识获取和使用的功能整体的关系中的各种认知过程之外，我们尤其重视各种任务或者多元智能条件下的智能构造。鉴于上述分析，在我们看来，其体现于多重交互的并且具有层级意义的认知功能拓展轨迹便是最为具有认知关注内蕴意义的"不变式"。

三　交互性认知功能辖制体

标准理论旨在反映现实，揭示或者提示面向输入处理的心智构造。然而，认知关注不仅仅在于回答认知实际是在做什么，还需要回答一系列其他问题：认知相对于外部经验世界的拓展和主体现状能够做到什么，在特定场合需要做到什么，其中什么容易以及什么困难等。此外，知识来源途径及其使用问题也是需要我们着眼于现实一再反思的问题。自然智能、认知功能、场合条件、认知行为习惯、过程性交互，这些就是标准理论和相互作用论之后回答新的问题需要借重的术语。要言之，认知理论目前还缺少一个具有真理性意义的认知功能建筑。该目标建筑与既有认知建筑的差异主要在于降低认知盲目性。在我们看来，所谓对象表征就"看"这一保持客观真理性的机制功能，在看的功能条件下的认知过程交互达成主观便利和对象范畴知识。我们力图表明，多层级的功能关联及功能价值分布是认知对于理性和经验形实范畴的承袭方式。

第二篇 认知功能

在流程上，工作记忆之前的感觉登录是最为直接的本地反应或者肌体反应过程的最原始功能，同时也承担信道作用。工作记忆自身一是承担作为原始功能的情景化的反应回路，例如看到具体情景的惊跳；二是在识别和再认等需要参考长时记忆的情况下的来回路径；三是理解和预期任务的直行信道。换言之，工作记忆主要是在刺激获得注意之后的多种多样的认知过程发生的内部场合。这些过程分别属于不同"多元智能"[1] 辖制的对象。这些认知过程的实质渊源各不相同，比如语言至少在个体使用者的某个重要语言心理阶段属于高度组块化的过程，数理过程则是高度心灵化的过程，音乐则是高度感受化的过程。所有过程的调用都全面遵守内部和外部场合条件。由此可见，工作记忆既是关于记忆的理论建构，也是关于智能的理论建构。在一些早期的认知科学家眼中，心智的固定结构具有不容分说的神圣性。然而，到了相互作用论框架中，标准理论解释仍有再阐释余地，例如，心智的固定结构可以更加明显地表现为具体场合条件下的认知功能状态中心智性的功能关联方式，而对于认知发展的主体则尤其如此。严格的科学表述应当是：心智结构和认知建筑都是认知功能的相关因子集。这些因子集如果不由内部条件和外部条件获得清晰的定义便很难获得准确地把握。换言之，采用工作记忆平台的大量研究已经发展到了要求更为本质的概括方式的阶段，原因是许多貌似不同的发现在一个功能整体的观照下很可能共享实质渊源。

智能是认知主体为了达成某个目的，按照一组具有真理实质的理性规则作出决定以克服所面临的障碍的能力[2]。这个理解一方面借助于一种轮廓鲜明的情形方便读者理解，另一方面则试图把各种各样的认知过程全面归入智能现象。智能与认知过程的关系也有了相应的表述：单纯的认知过程具有盲目性，例如发展的主体往往谈不上世界观，但因此而缺少有效目的框定的认知过程却仍然发挥着重要的作用；而智能的有形质的部分仍然是这些认知过程，其基本特征则是这些自动化的认知过程

---

[1] H. Gardner, *Frames of Mind: The Theory of Multiple Intelligences*, New York: Basic Books, 1983.

[2] S. Pinker, *How the Mind Works*, New York: W. W. Norton & Company, 1997, pp. 60–62.

的场合敏感性，包括内部因素和外部因素的功能价值分布。尽管如此，社会行为和文化行为本身就是群体性的认知场合化现象，而且人们可以将行为的目的与实际认知能力完全匹合的机会少之又少。在此种缺乏认知"尊重"的环境中，认知过程的调用频率效应便具有了理论预期意义，包括具有知识学意义的过程交替和具有行为模式价值倚重的认知行为习惯。这就意味着存在超越个体自我控制范围的、以场合敏感的方式辖制认知过程的功能系统。这个功能系统因此是真正意义上沟通人或其认知系统与自然的关系的自然智能，而不是作为多元智能之一的面向自然科学领域的"自然智能"。这个系统对于各种认知过程的功能价值分布的机制可以是多重认知过程交互的认知功能干支，尤其是因循认知发展过程的重要的交互节点的功能干支。李耳之所谓"玄之又玄"，就是指跨越认知功能层级的上行交互，构成了一种关于认知发展的相互作用论。李耳之所谓"道冲而用之或不盈"就是指相互作用方式下场合因素的发挥限制作用的状态。中国一位教育家刘中坚曾就此种认知发展过程的因素关系作了一个交互型解释："没有关系找关系，'有'了关系用关系，用了关系'无'关系。"这个解释实际上就是限制原则。同样采用多重相互作用观的连接主义的认知研究在数据统计上贡献了一种卓越而又简单的方法工程，但是在理论解释上则一直没有摆脱过于现实和功利的新行为主义嫌疑。不明示认知自身的"历史"渊源，连接主义建筑中的权值分布便仅仅能够反映一种认知功能状态。场合条件因素的具体作用方式是认知理论解释力拓展的重要途径，也是获得连接主义自身倡导的理论明示度的一种要求。换言之，外部场合与内部场合条件的作用必须具体明示才能真正反映出神经功能系统具体是在做什么，或者说神经认知功能是朝着什么因子功能价值分布收敛。

　　说到自然智能，我们的话题绕不开进化和发展问题。进化作为历史现象，彼时的主体心智与我们今天的心智差异巨大。这个距离使得我们很难避免理论附会。在既有逻辑条件下，进化便非常可能具有不规则的或者出乎意料的进程。但是，这样的推断并不意味着关于进化的讨论没有逻辑化的余地。问题在于我们究竟取得了什么逻辑化的认识体系或者作为演绎形式的真值命题。认知功能观显然是突破既有逻辑体系、达成新的更高水平逻辑体系的必由之路。古希腊哲学关于自动机、自主体等假设至今均属于直接观照的对象律域。我们进而认为，不能排除的一种可能性就是，功能律域是进一步认识推进的一个基本前提。由此观之，较之进化，认知发展是一个更加现实的话题。脱离主客观经验条件的发展过程在表面上似乎根本不会影响到纯形式系统，但在词语的实体渊源承袭方面却不无问题。故此，我们距离语言进化认知史实的研究还非常遥远。以语言为形式的心智进化具有前沿和后沿。直觉地，其前沿进化状态接收目的和包括自由意志的生存意志牵引，其后沿进化为自然智能算法端。按此理解，自然智能就是既有后沿进化关注的终极理论框架。如果此种两端性功能价值分布不明，那么我们便难以从零星的历史证据中建构出当前现实所需要的条理。该分析旨在说明，信息流程上存在颇有探索余地的过程性交互节点。这些节点不仅可以说明记忆容量解释的实质蕴含，甚至还有可能揭示完全出乎既有理论认识意料的知识来源途径。前沿进化要求采用可能世界术语的审慎分析。打个比方，认知关注必须能够从自然智能挥动的有着众多认知功能干支节点的牧鞭的回响中听出肥沃的认知草原所在方位，其中蕴含了认知功能多层级的因子价值分布机制。关于这个因子系统的价值定位失之毫厘，对于现实的介入则会谬以千里。在这个意义上，功能关联型建筑不能脱离功能价值分布。

第二节　语言认知功能

既有研究关注了人们使用词语的认知过程。认知具有虚实两相性，即记忆相和范畴功能相。认知的这一理论意义的另一面良好地体现于面向语言的认知功能方式中。

一　关于语言认知过程

语言与认知具有何种关系？这个问题首先需要从信息流程上获得理解。语言的表观属性属于一般认知现象，即语句的声音形式和作为意义来源的相关视觉形式，如同其他听觉和视觉信息，都是信息流程上的一般现象。这就表明语言有一个一般认知套装：感觉作用于语言的表层信息形式，知觉的一般认知功能则随之作用于形象记忆和回声记忆以及其后的长时记忆。这个套装过程主要为前言语儿童的认知、语言行为情景

第三章 关于语言认知功能

的认知以及经验语言观照过程。这些过程都是以语言的表观特征为作用对象。其次，我们需要采用组块这一术语来作理解。在成人看来，语言就是词和句子的系统，因为他们听辨语流的结果就是一个个词和一个个语句，而说话的难点也就是措辞，比如在寻常情况下选择符合用意的词，在高级运用中则还需要讲究合理承袭词的实体性的创新用法。这说明，认知套装过程不突出其语言意义。那么，一个合乎逻辑的推断就是：在信息流程上，相对于言语输入，语言过程开始于语言形式特征的知觉功能；而相对于言语输出，也只是在能够把握此种形式特征的发声行为中才存在特殊的认知过程。事实上，心理语言学早期的一些重要选题正好切合了这个推断：言语输入过程中的语音感知和言语输出中的音系编码构成了语言认知的对象阈限。换言之，输出是在具体情况下根据语音表征指令达成音系效果，而听话则是要按照音系效果达成蕴含表征功能的理解。按照组块论的理解，语言认知实际凸显出两种关键认知过程：语言理解的句法知识使用过程中同时具有开放性和系统性的端口过程；言语产生中选词这个最不确定的过程。这也恰恰是分别在输入和输出两种方式中体现语法意义（理性实体）的两个过程。换言之，语法意义就是结构功能的开放方式。其他过程具有颇高的自动智能性并且服务于这两个过程，例如高度智能化的音系回路和自主性极强的产生性句法。既有研究在理解的句子分析过程中寻找句法自主体。该"正统"明显需要有一个合理的解释。我们认为，语句的理解和阅读理解最为根本的过程是渗透产生性句法，其次才是基于经验观照的分析句法。两者的交互以及各种价值倚重不能违背语言形式承袭的基本要求。乔姆斯基把语言自身的形式原则和参数看作描写语言的标准理论。我们则不妨把组块论以及对于组块过程的信道容量限制论看作标准语言认知理论。上述交互型语言认知建筑也最为合理地体现了语言形式原则和参数的认知系统。

语言相关理论都需要为语言习得提供解释。我们有必要提供的一个说明就是，语言认知过程虽然满足了语言处理的需要，但是却未必能够单独推动语言发展。早期的语言相关现象主要是内部言语冲动、内部反射和关乎语言的直觉。这三者把多方面的作用协同到言语要求的行为控制功能方式中，包括生理机制、神经通道和意识，因而它们在儿童发展过程中具有里程碑式的意义。其中，内部反射可以说是基因所决定的显性结构中神经系统成长的自然现象，而言语冲动和言语直觉则是在机制发育条件下试图参与语言行为的结果。进而，言语直觉则必须首先表现为对于言语行为的某种意识，我们不妨称之为元语言意识。一般认为，语言直觉或者元语言意识对于语言习得中消除儿童遇到的不确定性具有帮助，即帮助排除一些形式上和意义理解上多余的可能性。元语言意识也有助于提高对于经验语言观照的能力。这个作用又称限制。此外，没有这个意识，言语行为就不容易获得认知自觉性而成为方便使用的工具。除了这些可能的作用外，元语言意识或者直觉也很可能直接参与改善语言系统发展所要求的内部环境，提高支持性机制系统对于认知系统需求的敏感度。

标准语言认知理论同样无法反映创造性等语言认知品质特征。儿童在一个熟悉环境中的语言使用所受压力不大，尤其是文化教育不发达的环境。在这样的环境中，一些基本的功能性语句就满足了日常需要。如此，语言的创造性使用似乎不是语言发展的一个必要条件，但却可以大大影响语言认知系统的发达程度。如前所述，语言的认知过程都是方式化限制的结果，即语言发展过程都是非常确定的或者可预期的现象，理论上最大的不确定性主要是句子部位相关的语法意义，分别影响语言的产生和理解。这样一个系统的质量表现却很可能取决于创造性使用和关于世界的一般知识。创造性使用包括使用和理解新的词和句子结构，但更具实质的创造性却在于表达具有价值的新的经验、思想和见解，也或者为普遍寻常经验提供一种新的概括。我们由此可以给出的一种合理推断就是，创造性使用一是促进语言认知系统的拓展，二是在关于世界知识的基础上提高意念化水平。其本质是语言系统与命题系统之间的相互作用。意念化过程是言语产生过程中在用意之后的语句实质过程。这实际上也是人们关注的语言文化水平。听话人的意念化水平也同样影响对意念化水平高的说话人用意的推断。

标准理论之所以具有不容置疑的理论地位，正是因为它属于最为系统且大量研究结果支持的认识框架。标准理论面向现实可以满足语言智力测定的需要，面向采用任何理论框架下的新选题可以提供基本参照。尽管如此，标准理论几乎在任何方向上都没有给出关于对象所以然的解释。我们无法明确知道儿童的现实语言行为中究竟是什么因素在发挥着实际的作用，也不方便了解一种语言认知功能状态的最为自然的后续功能状态，尤其是其跨越认知功能层次的非线性的影响。我们不妨把标准理论看作各种一般智能化、场合化、功能化的理论的合格的"接生婆"。

二　语言认知交互型功能干支

语言认知交互型功能干支是相互作用论揭示的一种知识学关联原则，其中也透露出语言认知功能建筑、方式和不变式的理解。该干支具体为语言认知过程交互节点构成的序列。在语言行为中，过程交互是普遍的事实，而其中具有效应意义的交互点揭示了语言认知系统及其知识如何由词语的心理实体性发散而来，最后又如何归化于某种简单但是颇具蕴含的语言认知功能方式。所谓心理实体性主要描述词语记忆。实体性强的词范畴度低，而受到注意的程度高。心理实体性强的语句则是语法范畴功能低的语句。交互作为语言知识来源方式的基本特点是：心理实体通过交互性使用获得功能范畴，甚至还通过实体"虚化"获得新的心理操作单位，例如词有经验词形、表征词、功能性词位以及蕴含生成程序的词模。相应的后效满足了多层级的信息组织的需要。语言的基本记忆事实因此仅限于实体性词语。要言之，过程交互就是心理实体之"朴散则为器"的过程。如果我们简单地把语言中的词和句子全盘看作生成现象，那么在理想的情况下，语言就是由一些最为基本的生成现象在有着特殊内涵的语言意识条件下的功能性发散和收敛而来。这个设想也许不符合寻常语言现实，但却可以帮助我们理解过程交互的基本原则。至少，局域相互作用论蕴含了这样一个全域性交互的理论预设或者具有理论意义的参数化模型。

上述理论建构的一种基本的理解就是，我们必须采用发展的视野才能更好地揭示语言的规律。单纯成人语言是一种成品，而利用成品功能结构关系去得出成品本身的方法论缺乏认知意义。具有认知意义的对象应当具有自身的"机床"工作原则和生产"工艺流程"，尽管两者都可能意味着参与因素的功能性关联。最早出现的"爸爸"、"妈妈"等前词形式就是纯心理实体，即仅仅具有行为感知对象的意义。幼儿听到这样的声音和产生这样的声音抑或都牵涉发声模仿，但是就语言实体渊源而言，我们应当将二者看作彼此独立的现象。系统发展主要是较高层替换，但是儿童却明显需要有一个较低层功能的启动期。声音作用于听觉则是言语接收方式下的早期现象，儿童产生此种声音则是言语产生的早期现象。二者在时间上不必同步。由于这个原因，前词都适合作方式限制条件下的理解，即产生和接收两种方式的啮合并不要求相同的词形，而是自然发挥语轮意识的作用。这就意味着，方式之间的交互属于底层通透现象，即在现有物理环境条件下无须内部自动的关联控制。由于言语方式之间的低层通透，高层意识关联和场合关联便具有了意义。这是在语轮意识条件下启动语言发展所需要脑功能的方式。在听觉方式下，儿童听到"爸爸"等声音形式，眼睛看到一种外部情景，因而完成了一次作为心理实体的前词视听间的交互。儿童产生"爸爸"等声音，同时看到外部情景，这是言语产生方式下早期的主动声音与外部情景的交互。虽然既有理论相对忽视此种方式交互，但若没有此种交互却无法启动产生性验证的过程。然而，目前背景理论框架主要支持前一种过程：心理实体启动信息加工的流程；在低层启动面向语言的听觉功能和应对情景的一般认知过程；在高层一是达成声音和对象的经验联想，二是开启心理实体属性相关而非具体词语相关的认知功能化过程。一个比喻就是，前期的过程交互旨在校验"机床"，随后的交互过程才是语言发展自身的"工艺流程"。这个理解不同于普遍语法假设等理论的认识之处在于，我们把语言置于一个世界关系之中来进一步考察场合因素的作用。

  前期校验过程存在产生和接收之间的交互，并且以此种交互的方式贯穿整个语言发展全程。我们于是可以将其看作方式性的干交互。关于这个功能干支，既有基于直接观察的推论，也有实证研究发现的证据。依据观察推断，布洛卡区属于形式化功能中心，威尔尼克区是一个意念化和语义化功能中心。两个区域面向语言的功能啮合必须依赖产生和接收方式在一定意识监控下来实现。这些交互过程不乏明示价值，尤其是有助于合理选题以及加深对于既有发现的相对于因果关系的理解。从基本功能上看，干交互具有两端性和两相性。产生和接收理解是两种彼此独立的方式，通过两个脑区支持达成形式系统和实体系统的交互，例如句子理解过程对于产生句法的使用和言语产生过程对于意念知识的使用。在一定发展期意识型语言知识必要性在于，两种底层通透的方式需要由高层意识来做功能关联和连贯性控制。但是超越此种需要的知识拓展则有可能威胁到交互原则的作用。这可以是一个牵涉后果的问题。我们再从听觉和视觉两种感官功能上看，听觉是接收语句的感官，视觉是词义指称对象及其出现的行为情景、环境和外部世界等场合的感官。两者的交互实质为词的音义交互、音韵与句义的交互等。在知识学上，听觉和视觉的交互属于干交互，在语言认知功能的条件下则接受方式辖制。此外，既有实证研究也认可了在听觉方式下的语句理解的结构性单位层级之间的交互，即各个结构层级上的单位均可因应不同的主体认知条件出现自下而上的加工和自上而下的加工。而肌动论甚至提出了言语产生行为视觉感知与言语处理的交互假设。无疑，相对于语言发展，类似的过程交互节点具有特定的序列，相对于成人语言使用也具有因应场合条件的功能依存序列。进而，在组块功能方式下，内部方式本身也存在场合性的交互，具体为以说为说、以听为说、以听为听以及以说为听这四种内部角色模拟性转换。这些交互提高组块化水平以及组块间知识通用性水平。叶交互则是一种最为简单的现象，即语句的表层单位替换。此种替换的特点主要是产生可以通过渗透方式获取的新知识。叶交互主要是同类语言单位的差异性交互，例如方式内和跨方式的音音交互以及方式内和跨方式的词词交互。此外，叶交互则是语言认知系统最具场合敏感性的过程。总之，如果我们把实体虚化进一步看作资源化的过程，干交互双方一是通过面向语言的各种基础认知功能的逐步介入达成资源啮合，二是通过各自的认知功能层级上的支交互达成方便的资源分布，三是通过叶交互等场合敏感方式达成资源分布的真理性。

第三节　语言发展的场合关联框架

　　如前所述，社会语言过程具有产生和接收理解的两大行为方式，每一方式都各有一定脑功能机制的支持，都有一组在具体场合条件下可能出现的认知过程。语言发展的任务就是按照一般认知功能方式把不同的机制功能啮合到一起发挥作用，交互地达成资源多级分布和语言认知功能的拓展。面对此种认识对象的一个重要任务就是确定场合因素的作用。这就是我们重点分析陈述的内容。既有不同的认知理论客观上都认可了某种性质的场合功能。关于场合的认识需要能够适应此种理解方可成为有效的选题依据。语言发展过程中场合因素的作用是从认知科学的角度形成合理世界观的一种关键依据。我们的讨论试图形成一种相对于语言发展的认知系统的场合条件功能价值分布意识。该分布虽然距离我们仍然较远，但却始终是自古及今所有思想家梦寐以求的目标认知方法论。我们的话题从世界本原问题开始拓展而来，并由此进一步走向该功能价值分布的认知原则。

　　语言作为一个任意性符号的形式系统，表面上与场合因素没有实质关联。换言之，人们似乎可以在任意时间和任意地点以任一句型使用任意一个词。这个理解简单明了，有助于我们将语言从其现实中独立出来加以考察。然而，词语自身作为一个动态场有着严格的变化范围限制，作为一个平衡场有着多因素条件下的涌现机制，作为一个关联场则有着强制性的内部架构。除了词语认知场之外，行为主义把场合设置为感官功能范围内刺激—反应的条件集存在的情景，信息加工论则把场合默认为刺激和反应之间的环境。工作记忆理论把场合设置为感觉、注意和知觉发挥作用的情景。语言组块论则面向语言认知系统把语句中的元素设置为场合。这些均表明认知以其功能拓展方式多层级地将场合条件与认知过程关联起来。我们的第一个理论关注因此就是：语言发展过程如何通过这些机制发挥出场合因素的作用？

一　场合及其边界

　　如果说场合就是认知功能的条件，那么场合边界便是具有进化和发展意义的认知现象。人们可以把一个情景像照片一样拍摄下来并且通过记忆加以关联，不过该电影底片似的关联并非场合因素的关联方式，因为底片之间的关联没有认知意义。具有认知意义的场合因素的关联是一个高度有序的功能系统。人们在自己的家门口一眼望出去，尽管家园有许多东西，但是却会把天空飞过的一行白鹭认定为自己看到的东西。白鹭是环境中的新的元素，是确定的或者已知场合元素和不确定的或者未知元素的边界现象，也是基于家园认知系统内部与外部拓展环境的交互边界，同样也是过去经验和未来经验的边界。场合因此是这三种边界重叠的时空。由于场合的认知特殊性，其时空也具有了认知时空的意义。时间上具体存在一个认知功能拓展序列，空间上依循种种心理连续性表现的相关因素则不断增加。生命体作为一个智能生物整体，无论是在进化、发展或其功能的运用过程，认知功能的实现都要求内部与外部、过去与未来以及已知与未知以特定的方式逢场而合。各种因素伴随主体运动的时间和空间的变化逢场而合的效果是一种由简单体现高级的进化和发展技巧。我们的兴趣在于认知系统如何以非单纯观照的方式将各种场合因素关联起来。

  关于场合的既有相关认识主要是心理场论。最早的心理场论关注人作为场合元素与其他元素之间的关系基于知觉功能原则的模式性。Hartman[1]和Kohler[2]等利用视知觉实验展示出格式塔心理学中的知觉组织原则，从而认可了知觉功能中的某种以经验为本的理性。换言之，世界的各种关系之所以成立，主体方面的原因就是其知觉以特定的方式参与到关于世界的表征，例如知觉按照对象凸显的类型、整体性物理分布的凸显模式、元素之间相对距离等供人们察知其存在的形式。勒温[3]把注意力由知觉场转移到动态场（dynamic field），认为整体的各个部分之间具有动态协同的变化，即一个部分的变化导致其他各个部分随之发生变化。该动态场似乎就是意在反映心理现实的"量子场"。具体言之，场中元素之间具有种种关联[4]，而每一种关联在一定主体与环境的关系范畴中又具有一定的相互作用效力或者"亲和力"[5][6]。主体的需求、

---

[1] G. W. Hartmann, *Gestalt Psychology: A Survey of Facts and Principles*, New York: Ronald Press Company, 1935.

[2] W. Kohler, *Gestalt Psychology: An Introduction to New Concepts in Modern Psychology*, New York: Liveright, 1970.

[3] K. Lewin, *Principles of Topological Psychology*, New York: McGraw-Hill Book Company, 1936.

[4] W. Coutu, *Emergent Human Nature: A Symbolic Field Interpretation*, New York: A. A. Knopf, 1949; J. M. Yinger, *Toward a Field Theory of Behaviour: Personality and Social Structure*, New York: McGraw-Hill, 1965.

[5] A. J. Marrow, *The Practical Theorist: The Life and Work of Kurt Lewin*, New York: Basic Books, 1969.

[6] M. L. Bigge, *Learning Theories for Teachers*, New York: Harper & Row, 1982.

目的和动机等均表现在相应关联的效力上。勒温对此提出了一个描述性公式：B = F（P，E），即行为是个人与环境（互动）的函数。个体行为表现似乎就是各种"力"相互作用的结果。

到了信息论认识框架中，行为科学与认知科学似乎有了一个明确的界限，即信息加工。"力"乃至"能量"主要是行为科学关注的对象因素，而心智、智能和认知关注的对象则主要是信息过程。换言之，行为场中的合理且合法的势力均衡状态就是认知发生的可取的零起点状态。在信息加工理论影响下，认知心理学和心理语言学的研究深刻揭示了场合因素的分布。这一途径暂时放弃心理场论的整体认识论，转而代之以场合的理解。例如在语言心理这一最为典型的情况下，口语的前后环境和书面语的上下文构成了语言理解的场合，其中因素条件的种种分布可以分别作用于语音、词和短语的消歧、新元素的加工、较高层单位意义理解以及各个层级上的预期；处理情景信息的一般认知（尤其是工作记忆）对于这些任务都具有限制或者规定性；既有语言使用带来的特殊认知能力规定了可以自然处理语句的长度、连贯度、流畅度以及影响它们的因子因素。这些因素一部分属于内部因素，例如既有经验过程中出现的工作记忆模块容量和限制各种认知任务的一般容量，一部分属于环境因素，例如经验语言和情景因素。然而新的研究及其发现仍然清楚地表明，当前语言认知过程自如地蕴含了三种边界中实际凸显的任意一种边界的功能范畴。

认知系统对于场合的敏感具有类型化的特点。在认知和语言等发展需求的情况下，场独立者不大依赖环境因素的作用，而场依存者则可能更多地利用社会环境限制。这个特点不无语言发展上的缘由，例如言语方式的启动在认知功能上要求社会经验语言环境的场敏感，而书面语发展则似乎要求相对于社会环境的场独立以及相对于语言文化的场依存。进而，语言作为特定生存方式下的交际工具，生存方式也直接通过场合敏感影响人们利用语言的语义域。例如在狩猎方式下人们的认知凸显场依存的必要性，在自给自足的生产方式则不要求这样一种场敏感，在贸易和产品交换的方式下便至少要求对于某种行为域的敏感。场独立、场依存以及场敏感的维度因此可以表现语言发展的经验限制的具体来源方式。

以上关于心理场的种种理解似乎各有差异，但是都给世界因素关系模式带来了某种蕴含。既有关注本身表明，世界作为场合不仅具有心理实体意义的知觉场的特定表征，而且也体现为作为自主体功能特征的"家""乡""邦""天下"等具有认知、社会和文化意义的心理默契模式或者环境的某种功能归宿。尤其是在信息论的影响下，认知科学的研究大大丰富了场合因素中主体因素的进化和发展型来源以及具有此类蕴含的功能价值分布。

二 场合边界认知的机制过程

由于上述边界理论属性，工作记忆面向应用研究提供了一个通用平台，即工作记忆容量规定人们在各种情景中执行处理未知信息的主体与环境相互作用的条件。工作记忆的典型过程就是自下而上的加工和自上而下的加工的交互[①]。前者可以是依赖特殊资源或者模块的处理过程，后者依赖一般资源或者情景中蕴含关于世界的知识。当特殊资源耗尽或者无力进一步完成当前的识别、再认、理解等任务时，人们便转而借助于一般资源或者知识来完成任务。这个交互因此意味着将一般资源转换为特殊资源的过程，因而在不同的认识框架中分别具有"学习"或"内化"外部刺激并且拓展认知系统自身功能的意义。这样一种简单的交互过程因为不同的内部和外部既有条件而良好地蕴含了场合边界凸显原则，其解释力也因为随之呈现的纷繁复杂的认知能力系统而获得拓展。其具体解释则体现为各种认知模块的处理宽度和情景化的工作记忆信息加工的容量。

在学习的意义上，或者从已知与未知的边界功能看，自下而上的过程属于已有知识的运用过程，比如语句为一个已知的词语构成的且符合处理机制预期的序列。这样的一次语言使用则意味着达成说话人的一个用意。自上而下的加工则包含了寻常的学习内容，即利用已知语句序列达成对于序列中未知词语的理解，或者利用已知的一般的语义知识达成对于新的句子成分的语法意义的理解。两种加工都可能牵涉线性和非线性的信息处理过程。线性处理的认知任务由一个个清晰可辨的单一步骤

---

① A. D. Baddeley, *Working Memory*, Oxford: Oxford University Press, 1986.

去逐次完成，例如要表达"是，笛子，X"这个判断，我们就要逐步使用关于事物的分类知识去找到"乐器"之类的词[1]。然而，对于熟悉事物分类知识的成人，X 是由语义激活扩散的过程来自动选取的，即大脑沿着词汇、句法等多个线路自动运作来实现选词的过程[2]。此即非线性的或者并行处理过程。既有研究认为，大脑对于激活扩散的结果具有自动化的竞争规则和神经网络机制，即词当选的过程具有功能建筑和竞争算法。我们可以将其看作多场合因素同时发挥作用的认知功能方式。

从一般的时间维度上看，特定物理环境的过去与未来主要是对于行为系统有效的时间。包括语言能力在内的认知功能则似乎可以独立于此种时间。狼孩不会因为年龄增大而出现越来越强的语言能力，表明语言等认知系统的相关时间为经验条件下的脑任务行程。相对于个体，既有发展经验便是预期未来种种表现的基础。关于此种行程，一个有趣的争议就是关于言语感知的专门化的神经系统与一般目的的声音感知系统问题。Liberman 与 Whalen[3] 把有关争议按照横向—纵向框架予以组织和梳理：前者认为言语刺激先是接收一般听觉机制处理之后再经过专门的言语机制处理。后者认为言语植根于主要肌体驱动和知觉过程，在其从入耳到听觉皮质的过程接受脑干和丘脑参与下的一般加工[4]。此种争议统一表明语言发展牵涉一般认知与特殊认知以及已知与未知的预期关系。其时间的连续性接受两种连续性的影响：基于经验联想能力的连续性和认知功能拓展的连续性。两次彼此相关的认知任务之间发生的时间间隔似乎就是行为系统的时间施加给认知系统的相当于一个记忆门槛的影响。此外，言语方式还需要区分产生与接收理解。语言发展的主体能够表达什么与能够理解什么在具体语言项目相关的意义上并不同步，尤

---

[1] D. Fay and A. Cutler, "Malapropisms and the Structure of the Mental Lexicon", *Linguistic Inquiry*, Vol. 8, No. 2, 1977, pp. 505–520.

[2] G. S. Dell, "A Spreading-Activation Theory of Retrieval in Sentence Production", *Psychological Review*, Vol. 93, No. 3, 1986, pp. 283–321.

[3] A. M. Liberman and D. H. Whalen, "On the Relation of Speech to Language", *Trends in Cognitive Sciences*, Vol. 4, No. 5, 2000, pp. 187–96.

[4] 参见 L. E. Bernstein, "Phonetic Processing by the Speech Perceiving Brain", in D. B. Pisoni and R. E. Remez, D. B. Pisoni and R. E. Remez (eds.), *The Handbook of Speech Perception.*, Malden, M. A.: Blackwell Publishing, 2005, pp. 79–98.

其是前者很可能是语言认知系统时间表现的基础。

信息加工过程的内部与外部的关系当然地表现为刺激模式与刺激加工的关系。如果说自下而上的加工主要是在工作记忆的一般认知容量限制条件下的一种内部的认知场合，那么自上而下的加工则是由环境中抓取信息来解决当前认知任务面临的困难，包括新词的理解或者生成。两种加工似乎表明：我们在不同的经验刺激条件下以及内部认知条件下应该执行什么过程，这类决定都可以转化为自动算法的作用域。认知功能和语言认知功能关注不仅在于按照一定的场合条件启动不同的认知过程，该条件—过程算法明显还需要接受心理经济性和效能性之间的权衡（interplay）。该权衡从理论上可以叫做对于基本算法的限制。例如面向学习型的认知场合，虽然并行处理可以一次性满足当前任务的要求，但是我们仍然调用线性处理的步骤来达成学习面向资源配置的效能，旨在方便今后的非线性处理心理经济性（时间上快速）和效能性（任务难度大）。故此，第二种限制则是认知负荷或者难易度算法，即通过在较少场合对一定难度的认知过程的合理调用达成使尽可能多的场合的认知任务变得更加容易的目的。这些算法限制是学习的根本目的所在。正是这些大脑功能算法帮助我们把世界建构成为一个合理的场合关联整体，并使得社会、文化和各类实践领域获得特定的行为模式和关系原则。

以上分析似乎支持一种看法：场合边界认知的机制过程就是自下而上和自上而下的加工的交互。在语言的情况下，这些交互的核心蕴含就是认知功能拓展，即通过条件调用过程的基本算法的作用域。

三 一些既有理论关联

认知功能及场合的这一理解是否天然成立，除了在自上而下和自下而上的加工、线性处理与并行处理等分析框架下展示了良好贴切性之外，还需要经过一些试金石关系的检验。这些相关方面包括先天与后天的争议、局域解释的全域参照问题、习得与运用的一体性问题以及多元智能关系问题。以下注重相应理解带来的不同以往的实质意义。

先天与后天的争议主要涉及一般知识和语言。既有研究表明，表征范畴并非人类独有。例如 Pepperberg[1] 采用竞争性学习行为观察的方法训练一只鹦鹉，13 年后使之获得了为 40 种物件进行归类的能力。然而，人类对于视觉信息的加工有着多个高层级的认知过程交互，这是动物界缺少的进化进程，例如猩猩与人类的差异主要在于理解视觉景象中各种行为所蕴含的关系。猩猩的知识缺陷也同样影响到语言训练的效果。Kellog 和 Kellog[2] 等人对猩猩进行了大量口语和手势语训练，结果表明猩猩们可以实现一些超越条件反射的关系理解，但是语言进一步功能化所需要理解力则仅仅停留于人类两岁儿童的水平。关于这一结果的一个生物学解释就是，FoxP2 基因[3]能够大大延长信息处理神经元的树突的长度以及更多下游基因表现，拥有该基因的人类儿童因此能够对于语言信息进行更多层级的运算，尤其是具有交互渊源关系的运算。这是语言较之动物信息手段能够进一步工具化的一个重要条件，与人类语言认知对于场合因素达成随机依存的本领密切相关。

知识和语言的后天来源也不容忽视。狼孩早期野外环境条件对于遗传成果的利用方式可以导致后来掌握各类知识和语言的困难。这说明动物界行为模式可以通过多元化智能之一强制大脑功能，导致人类自然的信息回路启动的困难。因此，后天经验对于认知发展和语言发展的作用在于，对于刺激信息的理智的分理、表征、处理和多元智能共效同样至关重要。人类行为模式有意迎合语言使用和发展，从而使语言发展成为了在用意推断的前提下的自然语言信息处理的结果。但是，此种可能性并不能否认认知努力具有的重要功能价值。其具体作用需要我们进一步

---

[1] I. M. Pepperberg, "Functional Vocalizations by an African Grey Parrot (Psittacus Erithacus)", *Zeitschrift für Tierpsychologie*, Vol. 55, No. 2, 1981, pp. 139–160; I. M. Pepperberg, "Cognition in the African Grey Parrot: Preliminary Evidence for Auditory/Vocal Comprehension of the Class Concept", *Animal Learning & Behavior*, Vol. 11, No. 11, 1983, pp. 179–185; I. M. Pepperberg, "Acquisition of the Same/Different Concept by an African Grey Parrot (Psittacus Erithacus): Learning with Respect to Categories of Color, Shape, and Material", *Animal Learning & Behavior*, Vol. 15, No. 4, 1987, pp. 423–432.

[2] W. N. Kellog and L. A. Kellog, *The Ape and the Child*, New York: McGraw-Hill, 1933.

[3] W. Enard, M. Przeworski, S. E. Fisher, C. S. Lai, V. Wiebe, T. Kitano, A. p. Monaco, and S. Paabo, "Molecular Evolution of FOXP2, a Gene Involved in Speech and Language", *Nature*, Vol. 418, No. 6900, 2002, pp. 869–872.

到高层级的认知功能端获得验证。后文介绍的 Elman 小成论[①]研究实际证明了相互作用理论条件下语言发展作为语言信息处理后效的可行性。就语言而言，普遍语法假设揭示了语言习得的基本程序，然而这些程序是如何驱动的？这是语言认知和语言智能关注需要给出答案的问题。

先天与后天的争议牵涉先天遗传和后天经验在知识过程和语言过程中发挥的作用。该话题进而开启了关于进化作用的争议：进化是否是一个必然的过程？进化过程有无偶然性与或然性？进化过程究竟哪些环节具有关键的意义？这就是突变与渐变的分歧。进化心理学试图寻找这类问题的答案。显然，既有进化关注试图还原进化过程的努力无疑有着特殊价值，然而该关注的既有理论目标未必合理。人类过去之与现在及未来的认知差异很难由任何功能原则或者决定论原则获得有效预期。相反，一个更加现实的理论目标就是功能原则体系预期的进化主体的认知事件发生的种种可能性。与进化决定论不同的是，我们的相关阐述认可了人类认知发展和认知过程对于场合条件的敏感度以及适应水平。换言之，进化程度越高的物种对于新的一组场合条件的适应时间更短，而同一物种在同一组场合条件下的跨代认知发展周期和语言发展周期则更短。此种可能性如果成立，则会要求我们进一步考虑这样一个问题：认知和语言发展过程中的场合限制需要如何发挥作用以及各种限制作用方式具有何种综合后效？在这个认识中，除了推断部分之外，一个有效的理论认识框架就是，进化和发展过程统一适用认知过程的场合化调用这一理解。换言之，对于发展过程认知功能拓展方式的了解至少可以为进化关注带来重要的启示。我们是以预期场合因素的功能价值分布具有两种表现，即同一组场合条件下的时间节律与不同场合条件下的适应时间。

局域解释与全域解释问题主要指向本地局域功能解释与整体功能关联的差异。由于整体需要应对场合条件的变化，局域解释和全域解释各自的场合普适性成为了一个大的理论问题。依据前文的阐述，局域解释

[①] J. L. Elman, "The Emergence of Language: A Conspiracy Theory", in B. MacWhinney, B. MacWhinney (eds.), *The Emergence of Language*, Mahwah, N. J. : Lawrence Erlbaum Associates, 1999, pp. 1 – 27.

局限于直接元素环境（context），而全域解释的最高层面就是世界中同存一体的形物关系的承袭性解释。另外一个与之形异而实同的全域解释就是自然智能。其理论形式差异在于，世界本原问题框架采用初始原则达成解释度，故而可以叫做原则驱动的解释。自然智能框架采用场合化原则达成充分解释。所谓场合化原则就是功能价值分布和倚重趋向，故而可以看作数据驱动的解释。就认知和语言而言，在局域发挥作用的场合因素在全域中则由组块化的相互作用论获得再表征。由此可见，局域和全域解释问题也同样融入了认知过程的场合化调用的理解方式中。其真实启示就是要求我们进一步认定可能的内部认知场合以及各种条件下可以凸显的认知过程。一个比方就是，合理的场合辨认就是选择具有前沿进化意义的认知牧场，自然智能原则化则得到由序列原则节点组成的牧鞭，语言发展者的认知功能的每一次拓展就是对牧喝或者特定牧鞭节点声音的响应。如果对于场合的认定没有回应牧鞭上限制原则节点之响，那么所带来的心智后果则可能走向我们无法认同的"旱涝之境"。这一点在语言相关的心智上尤其重要，关乎心智健全和进化大要！在自主体的理解方式中①，自然智能原则就是从整体上解释或者分析人类心智的参数，因此是认知发展的源自后沿进化的终极参照。语言发展之所以是整个认知科学需要伺服的关键关注，原因正是在于其每一个发展阶段都必须回应自然智能之牧喝。

人类可以具有多种能力，包括面向自然界、语言、数理逻辑和音乐的能力。其中任何一种能力均可以使得个体被认可为某种类型的社会卓越分子。Gardner②认为，这些能力均属于方式（modalities），亦称多元智能。数据表明，这些智能均与某个一般因子相关。关于这一问题，我们首先感兴趣的是它们彼此之间互斥互容、互抑互彰的内部组块性。如果多元智能或者其中一些具有模块化的资源，那么互斥性主要在于模块之间要么不能共享内部认知场合，要么不能共享外部行为场合。其互容性则指这些组块同存于大脑一体。它们的互抑性表现为在大脑资源有限

---

① 邵俊宗：《言语心理引论》，中国社会科学出版社2013年版。
② H. Gardner, *Frames of Mind: The Theory of Multiple Intelligences*, New York: Basic Books, 1983.

条件下一种智能的发展可能降低另外一种智能成就的机会。其互彰性是在既有组块化水平的条件下两两之间可能存在的相得益彰的关系。前两者主要是机制性场合条件之间的关系，后两者主要是机制功能与发展性场合条件的关系。既有研究表明语言与音乐和数理都具有相对于上述关系的认识价值。然而，多元智能是否具有某种进化共效？甚至在场合化技能水平不共效的情况下是否仍然可能出现进化共效？相对于认知发展和语言发展是否具有此种或者彼种场合条件意义？这些都是亟待全面权衡并予以明确的问题。不过，多元智能作为由一个更为一般的自然智能辖制的整体所接受的限制便构成了人类心智的可用资源。

本章小结

整体定性的理论未必有利于促进科学发展，然而某种整体性假设却可以是思想和灵感的来源。尽可能穷尽既有理论启示来面向假设达成某种整体参照，至少会使科学认识的发展少走一些弯路。面向语言发展，通过分析陈述，我们获得了心理实体性和功能性这一具有重要理论意义的认知两相性认识论条件。我们的认知系统一方面需要实体性表征，另一方面又需要功能性运用机制。此种虚实两相性便是相互作用过程或交互机制的一种指引，旨在面向选题达成更加具有系统性的理论关联，同时也有助于对选题和既有研究的自觉评估。这将预期下文对于主体条件的关注以及对于既有发现和解释的评估。

第四章 关于语言发展的主体因素

相对于认知发展和语言发展，脑提供了源自进化的一组场合因素；相对于认知功能和语言认知功能，这些主体因素则具有了特殊原则的意义。在局域与全域、现实域与可能域以及自主域与相互作用域中，这些进化成果均可以有不同的解释，尤其脑功能部位内部的一些连接同时具有一般认知和特殊认知的意义。鉴于此种情形，在相互作用框架中，已经发现的系列机制功能被再次阐释为新的场合因素。早期的局域模型预期了语言缺陷与脑部位损伤的关联，相应的研究包括语言缺陷描写、语言功能部位、联系各个功能部位的神经纤维等。就语言发展关注而言，本章的分析陈述旨在表明，既有观察和研究结果相对于场合化的语言认知功能方式可以获得统一的功能关联或解释，诸如语言实体性认知、创造性使用、经验语言表征、多层级的自上而下的加工过程等。成人脑机制功能作为潜在主体因素在理论上接受不断拓展的语言认知功能的启动。

第一节 脑基本功能架构

法国医生布洛卡[①]发现他的一个失语症患者仅仅能够发出/tan/这个音节，而其语言理解能力却完好无损。当患者试图为发出一个完整句子而努力时，最终人们听到的仅仅是有着句子音韵模式的但各个音节均为/tan/的声音。在患者去世后，布洛卡检查发现其大脑中左侧前部偏

---

① p. Broca, "Sur Le Siège De La Faculté Du Langage Articulé", *Bulletins de la Société d'Anthropologie*, Vol. 6, No. 1, 1865, pp. 337–393.

下的脑回（left Inferior Frontal Gyrus，IFG）出现了断裂。此即布洛卡区（图 4.1）。继而，德国神经学家威尔尼克①描述了一些由颞上回（Superior Temporal Gyrus，STG）裂伤引发的失语症患者的语言缺陷模式，从而实际区分出源自该区域后部损伤的失语症与布洛卡区失语症。威尔尼克区损伤主要造成内容性语言缺陷，布洛卡区损伤主要带来形式性缺陷。此外，他还推断感知和产生之间存在传导性失语症，例如无法重复出刚刚听到的词。Lichtheim②循此阐释了一个蕴含了正常和异常以及在发展中形成的基于脑机制的语言模型。模型预期，人脑相关部位的损伤会导致一定的语言缺陷症状。由脑损伤与语言缺陷项建立的理解构成了对于后来产生了巨大影响的经典模型。人们通常称之为 Wernicke – Lichtheim 模型（图 4.2）。

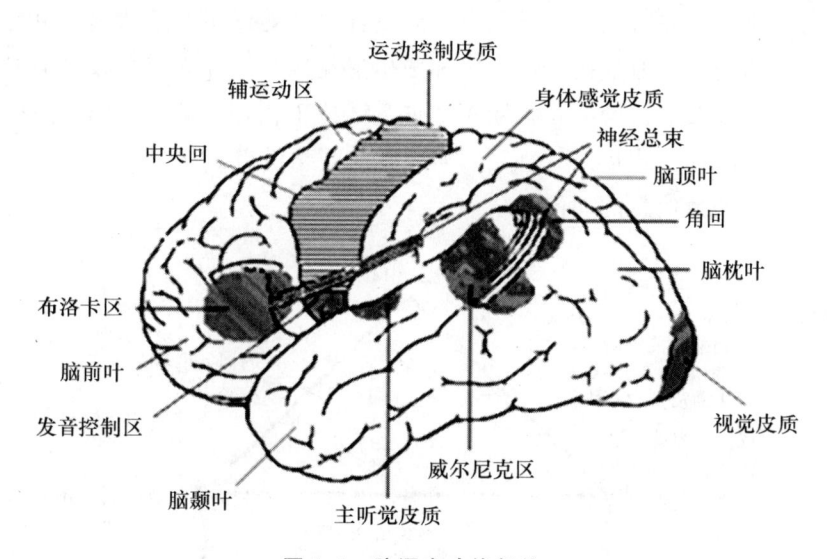

图 4.1　脑语言功能部位

该模型给出了一个比较详尽的阐释，含听觉词形、概念和言语计划三个中心，也含向听觉词形中心输入的听觉通道和由言语计划输出的驱动通道。失语症共分中心损伤失语症以及通道和传导中断失语

---

① C. Wernicke, *Der Aphasische Symptomencomplex*, Breslau: Max Cohn und Weigert, 1874.
② L. Lichtheim, "On Aphasia", *Brain*, Vol. 7, No. 4, 1885, pp. 433 – 484.

症。Geschwind[①] 据此还为威尔尼克模型进一步阐述了一个大脑语言处理流程：当我们听到一个词时，声音振动耳膜以后进入听觉信息加工区，然后被传递到威尔尼克区；如果我们再把听到的词说出来，那么信息则进而流向布洛卡区，该区激活面向言语输出的产生信息，并且把信息发送到产生相关的各机制部位。

早期模型系基于失语症的症状模式得出的概括，对于后来的理解和研究发挥了路标的作用。既有证据似乎支持一种流行理解：与语言的听说读写过程相关的区域主要分布于脑左半球（图 4.1）。布洛卡区位于左半球脑前叶下侧，与中央前回末端相邻，与语言理解和输出相关。威尔尼克区位于左半球顶叶下侧，与中央后回相邻，主要响应来自听觉区和视觉区的语言刺激。角回位于顶叶威尔尼克区后方的由视觉区传递信息的来路上，在听觉和视觉信息之间发挥缓冲的作用。弓状神经束为一种纤维结构，疑似连接布洛卡区和威尔尼克区。中央前回接收布洛卡区的指令，激发和协调语音机制等。视觉区位于枕叶脑梢部，属于阅读过程的语言视觉形式信息处理区。听觉区位于颞叶邻近中央沟末端处，为响应语音处理信息的功能部位。

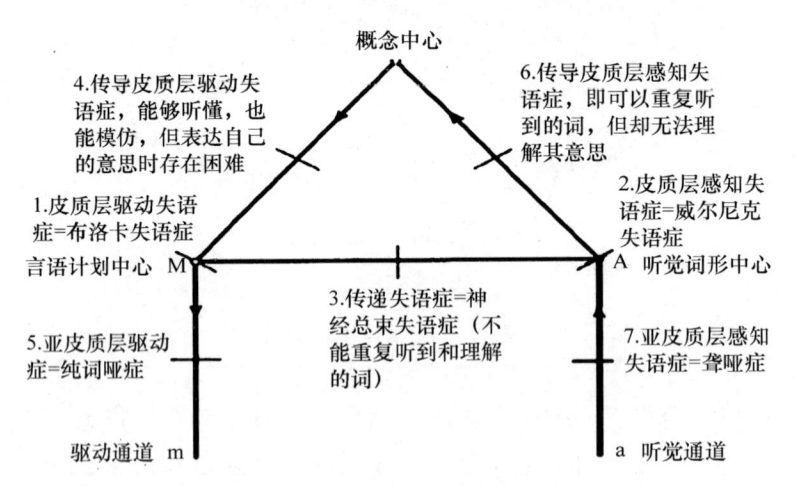

图 4.2 失语症综合性经验模型

---

① N. Geschwind, "Language and the Brain", *Scientific American*, Vol. 226, No. 4, 1972, pp. 76 – 83.

但是，模型所蕴含的理解也需要有更多的考虑：神经证据似乎并不支持高度统一的大脑功能分布，例如 Goodglass[1] 采用从颈动脉注入麻醉剂的方法发现 69% 的失语症由左脑引起，然而还有 13% 的失语症则是由右脑引起。语言功能左侧化虽然是足以认定某种现成而敏感的脑功能方式的一种突出的趋势，但大脑可以以不同的方式响应语言行为过程中的高层加工和支持低层处理。后一种现象恰恰是认识推进上需要一再考虑的问题。这些发现表明，发展地看，大脑功能架构具有一定的场合变化适应范围。这个适应性的来源除了自我部位拓展之外便是左右功能分布中的原则储备。

第二节　功能部位

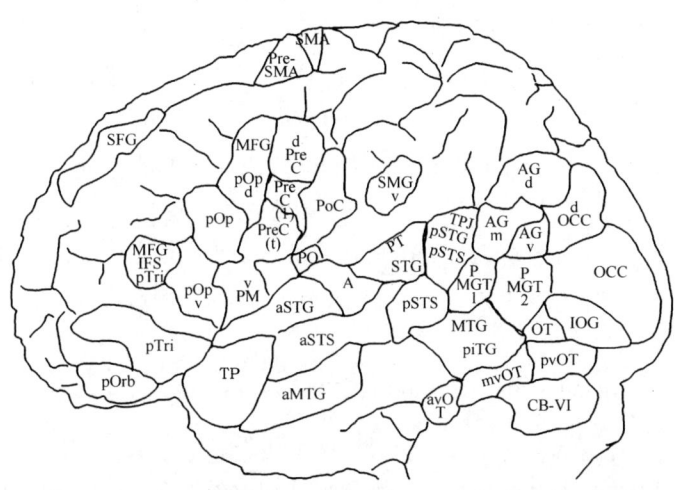

图 4.3　口语和书面语认知任务的激活扩散型功能分布[2]

A = 前部；A = 听觉皮质；AG = 角回；CB = 小脑；d = 背侧；IOG = 枕叶下回；ITG = 颞下回；IFS = 额下沟；I = 咽喉；m = 中部；MTG = 颞中回；OCC = 脑枕叶；OT = 枕颞联合部；p = 后部；PO = 顶叶岛盖部；pOp = 额下回岛盖部；pOrb = 额下回前部腹侧皮质；pTri = 额下回三角区；PT = 颞平面；poC = 中央沟中部后侧；preC = 中央沟中部前侧；PM = 前运动区；STG = 颞上回；STS = 颞上回间沟；SMG = 缘上回；t = 舌；v = 腹侧；VI = 小叶中部前区。

---

[1] H. Goodglass, *Understanding Aphasia*, San Diego, CA: Academic Press, 1993.
[2] C. J. Price, "A Review and Synthesis of the First 20 Years of PET and FMRI Studies of Heard Speech, Spoken Language and Reading", *Neuroimage*, Vol. 62, No. 2, 2012, pp. 816–847.

脑损伤部位为静态的结构部位。一些新的技术手段允许研究者观察活体脑内语言过程的活动部位。其中不少研究似乎印证了早期理解[1]。这些技术包括事件相关电位（ERP）、脑电波（EEG）、正电子发射显像（PET）以及磁共振成像（MRI）或者功能磁共振成像（fMRI）等。这些技术支持人们发现脑区接受语言相关任务的激活情况。Petersen[2]及其同事采用正电子发射断层显像技术（PET）对语言的主要过程获得了一个概貌：听觉词在大脑左侧颞顶皮质获得加工；视觉词在左侧外纹皮质获得加工，语义联想在左脑前额叶腹侧皮质获得加工；词的生成牵涉前额叶背外侧皮质；一般反应性选择牵涉前扣带回（anterior cingulate）；产生性编码和肌动编码牵涉左脑前运动皮质腹侧（left ventral promotor cortex）、左侧前脑岛以及补充运动皮质（supplementary motor cortex，SMA）；肌体运动执行则牵涉邻近中央沟的中央前回的后部。

　　Price 对他自己以及其他研究者采用功能磁共振成像技术（fMRI）所得数据进行仔细的数据叠摞，给出了一个综述：听觉刺激先是激活听觉皮质（Auditory cortex，A），然后在一个方向上向着颞上回（Planum Temporale，PT；Superior Temporal Gyrus，STG）扩散，此前也有研究结果表明该区参与声音—音系分析和音素处理[3]；在另一个方向上，听觉刺激向着颞上回前部扩散（Superior Temporal Gyrus-anterior，aSTG），而此前也有研究具体表明该区参与建构短语结构的过程[4]。视觉刺激激活

---

[1] D. Poeppel and G. Hickok, "Towards a New Functional Anatomy of Language", *Cognition*, Vol. 92, No. 1 - 2, 2004, pp. 1 - 12.

[2] S. E. Petersen, P. T. Fox, M. I. Posner, M. E. Mintun, & J. Raichle, "Positron Emission Tomographic Studies of the Processing of Single Words", *Journal of Cognitive Neuroscience*, Vol. 1, No. 2, 1989, pp. 153 - 170.

[3] G. Hickok, & D. Poeppel, "Dorsal and Ventral Streams: a Framework for Understanding Aspects of the Functional Anatomy of Language", *Cognition*, Vol. 92, No. 1 - 2, 2004, pp. 67 - 99; G. Hickok, & D. Poeppel, "The Cortical Organization of Speech Processing", *Nature Reviews Neuroscience*, Vol. 8, No. 5, 2007, pp. 393 - 402.

[4] A. D. Friederici, S. A. Ruschemeyer, A. Hahne, and C. J. Fiebach, "The Role of Left Inferior Frontal and Superior Temporal Cortex in Sentence Comprehension: Localizing Syntactic and Semantic Processes", *Cerebral Cortex*, Vol. 13, No. 2, 2003, pp. 170 - 177; J. Brennan, Y. Nir, U. Hasson, R. Malach, D. J. Heeger, and L. Pylkkänen, "Syntactic Structure Building in the Anterior Temporal Lobe During Natural Story Listening", *Brain and Language*, Vol. 120, No. 2, 2012, pp. 163 - 173.

脑枕叶皮质（Occipital，OCC）、脑枕叶下回（Inferior Occipital Gyrus，IOG）和枕颞联合区（Occipital-Temporal，OT）。手与言语的一般动作选择功能出现于枕颞联合区腹部中间部分（ventral occipital-temporal-middle part，mvOT）。视觉刺激的扩散区域为脑枕叶背侧（Occipital-dorsal，dOCC）和枕颞联合区后腹侧（ventral occipital-temporal-posterior，pv-OT）。此外，该部位亚皮质层结构双侧也分布有视觉刺激激活扩散敏感区域。

语义和句法的各个处理层级均处于听觉区之下从颞叶极到威尔尼克区的处理带。a. 词处理部位：词在颞叶上回脑间沟前部（superior Temporal Sulcus—anterior，aSTS）获得处理；b. 语句处理和书面句子的处理：位于颞叶的听觉活动区域之下，除了在词处理区有激活之外，语义和句法正常的句子可以最大限度激活颞极部（Temporal Pole，TP）和颞叶中回后部（middle temporal gyrus—posterior，pMTG）。c. 语义性的处理是主导过程，直接位于由听觉刺激激活的主听觉区及其双侧扩散区域之下的颞叶上回前部（superior temporal gyrus-anterior，aSTG）。语义处理的协同区域分布广泛：a）颞叶中回前部（middle temporal gyrus-anterior，aMTG）；b）角回的腹部（ventral angular gyrus，AGv）、背部（angular gyrus-dorsal，AGd）和中间部位（angular gyrus-middle part，AGm）以及小脑右侧的后部侧叶（lobule VII，又作 lateral posterior，VII）；c）前脑回上缘（Superior Frontal Gyrus，SFG）；d）布洛卡区前部腹侧（又称额下回后部腹侧（pars opercularis-ventral，pOpv））、额下回三角区（pars Triangularis，pTri）以及额下回前部腹侧（pars orbitalis，又称 ventral anterior inferior frontal cortex，pOrb）。这些区域主要参与语义上的判断和决策，对于音系判断决策功能的支持则不是同样明显。

言语生成和再演的区域分布于小脑、布洛卡区和言语产生运动区多个联动区域：a. 牵涉运动控制的部位：a）小脑（cerebellum）的中前部（lobule VI，CB-VI）；b）主口腔动作的前运动区腹侧（ventral premotor area，vPM）；c）中央沟中部前侧主口腔舌头动作的部分（precentral (tongue)，preC (t)）。b. 词提取功能：a）位于布罗卡区前侧的脑前回中部（Middle Frontal Gyrus，MFG）、额下沟（inferior frontal sulcus，IFS）和额下回三角区（pars triangularis，pTri）；b）额中回（Middle

Frontal Gyrus，MFG）和额下回后部背侧（pars opercularis-dorsal，pOpd）；c. 与词提取紧密相关的不出声的音系判断决策功能：a）缘上回腹侧（supramarginal gyrus-ventral，SMGv）邻近神经总束后端区域；b）中央沟前侧主咽喉动作的部分［precentral（larynx），preC（1）］；c）主产生动作控制的中央沟前中部背侧（precentral-dorsal，preCd）。

　　以上发现表明，上述功能区域具有共同的中枢型整合功能。利用熟悉的刺激所引发的感知和产生任务的激活区域对应于布洛卡区和威尔尼克区。这两个区域实现功能汇集，负责向其他部位发送和接收信号。然而，既有结论也存在诸多不确定性，功能部位似乎仅仅表明了不同语言认知任务中的共同模块参数。例如采用MEG来源分析的方法研究发现，最早的词识别效应获得左侧裂周围（perisylvian）来源的支持[1]，而早期的词范畴效应则在双侧的aSTG均有登记[2]，特别是说话的自然声音特征在双侧均有加工[3]。这也有可能说明左侧偏向于自下而上的加工，右侧偏向于自上而下的加工。换言之，在面向语言的脑功能部位仍然需要在各种语言认知功能场合条件下获得更具体的关联。显然，随着实验任务的细化，关于场合化的脑功能凸显方式还会有新的发现。

第三节　脑神经纤维及功能连接

　　从威尔尼克起，对于脑面向语言的功能部位的兴趣也同时蕴含了对于这些功能部位之间连接的兴趣。这一兴趣体现为两种连接：一种是生理解剖意义上的机制连接，另一种是对于功能部位在具体任务条件下的功能联系，包括由猴脑等与人脑的进化型功能拓扑以及认知任务积累后效中的处理功能拓扑。神经纤维是神经细胞的突出部分，在脑白质中形

---

[1] L. J. MacGregor, F. Pulvermuller, M. van Casteren, and Y. Shtyrov, "Ultra-Rapid Access to Words in the Brain", *Nature Communications*, Vol. 3, No. 2, 2012, pp. 711–711.

[2] B. Herrmann, B. Maess, A. Hahne, E. Schröger, and A. D. Friederici, "Syntactic and Auditory Spatial Processing in the Human Temporal Cortex: An MEG Study", *NeuroImage*, Vol. 57, No. 2, 2011, pp. 624–633.

[3] G. Hickok, & D. Poeppel, "The cortical organization of speech processing", *Nature Reviews Neuroscience*, Vol. 8, No. 5, 2007, pp. 393–402.

第四章　关于语言发展的主体因素

成集束来连接各个部位的脑皮质区域。人们将集束行进线路称作纤维带，负责在脑区之间传递信息。不过，关于心理学家和语言学家共同关注的信息传递系统，神经纤维具体的起讫点仍然存在着重大悬疑，尤其是纤维束沿途可能多处停靠通达。传导性失语症似乎表明，这些神经纤维的具体连接具有重要的语言意义，尤其是相对于听觉语言处理的过程。神经纤维或者神经元突触的连接及其伺服语言认知过程的功能，无疑是语言过程以及认知过程生物制约的一个宝库。

早期的解剖学描述呈现出一个经典理解中的语言带[1]，即连接布洛卡区、威尔尼克区以及角回中的一个视觉形象中心的上纵向纤维束／神经总束（superior longitudinal fasciculus/arcuate fasciculus，SLF/AF）。另外，根据 Krestel、Annoni 和 Jagella 综述[2]，Dejerine 夫妇[3]还进一步发现枕—额纤维束（Fasciculi Occipito-Frontalis，FOF）、下纵向纤维束（Inferior Longitudinal Fasciculus，ILF）及其面向语言的功能以及钩状束（Uncinated Fasciculus，UF）。这一超越古典理解范围的描述大致确立了当今的解剖学原则，揭示了位于脑语言带背侧和腹侧的语言处理信息通道。

传统解剖学方法一般只能确定非活体中神经纤维的基本走向和大致的连接。新的技术条件采用测量激活的方法，分别以重复为内容的任务和听觉理解任务来考察正常人语言理解的背侧通道以及一度受到忽视的腹侧通道[4]。其具体目标就是了解活体神经纤维连接。一个办法是在磁

---

[1] J. C. Reil, "Die Sylvische Grube Oder Das Thal, Das Gestreifte Grosse Hirnganglium, Dessen Kapsel Und Die Seitentheile Des Grossen Gehirns", *Archiv für die Physiologie*, Vol. 9, No. 1809, pp. 195–208; K. F. Burdach, *Vom Baue Und Leben Des Gehirns*, Leipzig: Dykschen Buchgandlung, 1822; J. J. Dejerine, *Anatomie Des Centres Nerveux*, Paris: Rueff et Cie, 1895; N. Geschwind, "Language and the Brain", *Scientific American*, Vol. 226, No. 4, 1972, pp. 76–83.

[2] H. Krestel, J. Annoni and C. Jagella, "White Matter in Aphasia: A Historical Review of the Dejerines' Studies", *Brain and Language*, Vol. 127, No. 3, 2013, pp. 526–532.

[3] J. Dejerine and A. Dejerine-Klumpke, *Anatomie Des Centres Nerveux*, Paris: Rueff et Cie, 1901.

[4] D. Saur, B. W. Kreher, S. Schnell, D. Kümmerer, p. Kellmeyer, M. Vry, R. Umarova, M. Musso, V. Glauche, S. Abel, W. Huber, M. Rijntjes, J. Hennig, and C. Weiller, "Ventral and Dorsal Pathways for Language", *Proceedings of the National Academy of Sciences of the United States of America*, Vol. 105, No. 46, 2008, pp. 18035–18040.

共振扫描仪中采用扩散加权序列来测量局部水分子扩散方向。这个动向本身是多方向的,但是最明显的扩散方向则与神经束的走向平行[1]。该局部扩散方向性因此可以用特定算法来呈现纤维带图像。既有研究[2]通过水分子动向原理来推断神经束取得了一定进展。

连接威尔尼克区(即颞叶上回和颞叶中回)与位于前脑回下侧(IFG)的布洛卡区的神经总束的纤维起讫点也牵涉进一步的功能分区。Brodmann 按照脑皮质细胞相似性标记脑区,将布洛卡区区分为 44 区(BA 44,又称 Pars opercularis)和 45 区(BA 45,又称 Pars triangularis),将威尔尼克区区分为 22 区(BA 22)和 42 区(BA 42)。此外,Anwander 等[3]进一步提出了 BA 44、BA 45 和邻近的前盖(frontal operculum)的区分,也有人发现 42 区中至少还存在两个功能分域,例如 Upadhyay 等[4]发现主听觉皮质一是与侧颞面(lateral planium)和颞上回前部(aSTG)存在有效连接,二是与侧颞面和颞上回后部(pSTG)也有有效连接。与此相应,采用 DTI 方法的研究表明 AF 不是唯一的连接布洛卡区和威尔尼克区的白质带。背侧通道是其中的通联途径之一,起自布洛卡区(尤其是 44 区),经由上纵向纤维束,达到与 40 区、STG 侧部和 MTG 连接的后颞叶。腹侧通道则为两条起自布洛卡区(尤其是 45 区)的通联途径,分别经由腹侧鞘部和钩状束到达前颞上回(aSTG)。

---

[1] P. J. Basser, J. Mattiello and D. LeBihan, "MR Diffusion Tensor Spectroscopy and Imaging", *Biophysical Journal*, Vol. 66, No. 1, 1994, pp. 259 – 267.

[2] M. Catani, R. J. Howard, S. Pajevic, and D. K. Jones, "Virtual in Vivo Interactive Dissection of White Matter Fasciculi in the Human Brain. Neuroimage", *NeuroImage*, Vol. 17, No. 1, 2002, pp. 77 – 94; M. Catani and D. S. M. Thiebaut, "A Diffusion Tensor Imaging Tractography Atlas for Virtual in Vivo Dissections", *Cortex*, Vol. 44, No. 8, 2008, pp. 1105 – 1132;参见 S. M. E. Gierhan, "Connections for Auditory Language in the Human Brain", *Brain and Language*, Vol. 127, No. 2, 2013, pp. 205 – 221.

[3] A. Anwander, M. Tittgemeyer, D. Y. von Cramon, A. D. Friederici, and T. R. Knosche, "Connectivity-Based Parcellation of Broca's Area", *Cereb Cortex*, Vol. 17, No. 4, 2007, pp. 816 – 825.

[4] J. Upadhyay, A. Silver, T. A. Knaus, K. A. Lindgren, M. Ducros, D. S. Kim, and H. Tager-Flusberg, "Effective and Structural Connectivity in the Human Auditory Cortex", *Journal of Neuroscience*, Vol. 28, No. 13, 2008, pp. 3341 – 3349.

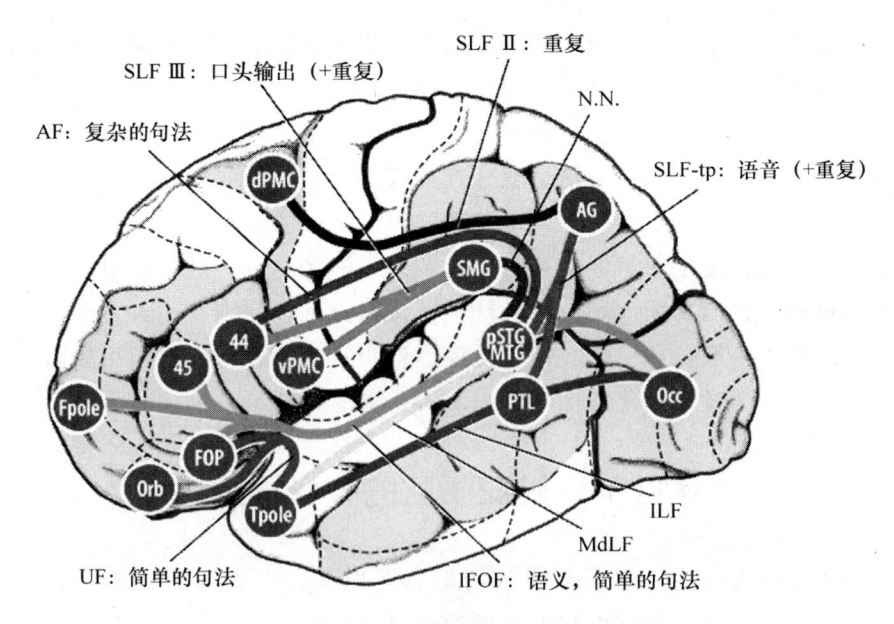

图 4.4 脑语言功能部位之间纤维连接

依据 Gierhan① 综合结果：音系处理和口头输出（articulation）单纯由背侧纤维带支持。其中，SLF-tp 伺服音系处理，SLF Ⅲ 参与伺服口头输出。言语重复外加 SLF Ⅱ，也单纯由背侧纤维带支持，包括音系处理和口头输出。语义处理或者至少是单个单词处理则是由一个腹侧纤维带支持（IFOF）。句法处理需要背侧 AF 和腹侧纤维带（IFOF 或者 UF），具体视句子结构的复杂程度。图中，数字为 Brodmann 分区，AF = 弓状神经束（arcuate fascicle）；AG = 角回（angular gyrus），dPMC = 背侧前运动皮质（dorsal premotor cortex）；FOP = 前顶叶盖（frontal operculum）；Fpole = 额叶极（frontal pole）；ILF = 下纵向神经束（inferior longitudinal fascicle）；IFOF = 下额叶—枕叶神经束（inferior fronto-occipital fascicle），MdLF = 中纵向神经束（middle longitudinal fascicle）；N. N. = 未命名神经束（nomen nescio）；Occ = 枕叶皮质（occipital cortex）；Orb = 眼窝额叶皮质（orbitofrontal cortex）；pSTG/MTG = 颞上回后部/颞中回（posterior superior temporal gyrus/middle temporal gyrus）；PTL = 后颞叶（posterior temporal lobe）；SLF Ⅱ/Ⅲ/-tp = 上纵向神经束的第二/第三/颞叶顶叶部分（second/ third/ temporoparietal component of superior longitudinal fascicle）；SMG = 缘上回（supramarginal gyrus）；Tpole = 颞极（temporal pole）；UF = 钩状神经束（uncinate fascicle）；vPMC = 前运动皮质腹侧（ventral premotor cortex）。

---

① S. M. E. Gierhan, "Connections for Auditory Language in the Human Brain", *Brain and Language*, Vol. 127, No. 2, 2013, pp. 205–221.

第二篇　认知功能

　　以上源自不同方法范式的发现确立了相关研究的基本原则。持续推进该路径的研究，我们无疑可以大幅度提高预期概率和分析水平。然而，当前不仅面临诸多技术限制，而且不同技术之间的相互印证能力也颇为有限。这些问题在理论上意味着局域解释的全域参照的必要性。我们逐步意识到，满足于一种技术呈现的对象特征的局域解读终究不够细致，而是应该力求在解释上及时上升至知识学渊源点，例如脑架构和功能部位属于机制功能原则，神经纤维连接属于生理原则。二者支持的认知功能属于一般认知原则。相互作用论说明：这些原则由认知功能循次启用，并且通过原则化降低功能触发所要求的认知努力。

第四节　脑灰质层的神经细胞

　　传导性失语症无法重复听到的词，但却可以不影响语言理解和产生。这说明大脑灰质层中脑细胞或者神经元及其结构对于语言具有独立的认识意义，例如听觉信息与丘脑的层次型连接满足了一般的言语处理和产生的自动控制的某种需要[①]。据估计，人脑具有超过 $10^{12}-10^{14}$ 个神经元分布于大脑最近进化的皮质层以及各个信息接收和控制端。这个人类系统中存在着人们可以料想的终极智能版本。一个早期的神经智能版本为神经结构性组件和生理功能组件之间的动态平衡（图4.5）。随着认知科学和生物学的发展，神经系统似乎成为了人类应对场合变化的全部可能脑功能方式的蕴含体，尤其是面向语言和心智进化的众多有序呈列的可能性。这个系统的变化具有心智后沿进化的意义。

　　大脑有着整体性的功能结构来执行各种动作和语言这样的宏观过程。这些过程得以实现均依赖神经元或其功能已经专门化了的脑细胞。在纵向灰质层中，不同类型的神经元首尾互连，形成复杂的脑神经回路。神经元由细胞体、细胞核、树突、轴突、带球状终端的神经末梢等

---

　　① J. H. Lee, "Age-Related Deficits in the Processing of Fundamental Frequency Differences for the Intelligibility of Competing Voices", *Korean J Audiol*, Vol. 17, No. 17, 2013, pp. 1 – 8; A. A. Bohsali, W. Triplett, A. Sudhyadhom, J. M. Gullett, K. McGregor, D. B. FitzGerald, T. Mareci, K. White, and B. Crosson, "Broca's Area-Thalamic Connectivity", *Brain and Language*, Vol. 141, 2015, pp. 80 – 88.

第一级系统　　　　　第二级系统　　　　　第三级系统
全域投射神经元　　　点对点神经网络　　　适应性动态平衡

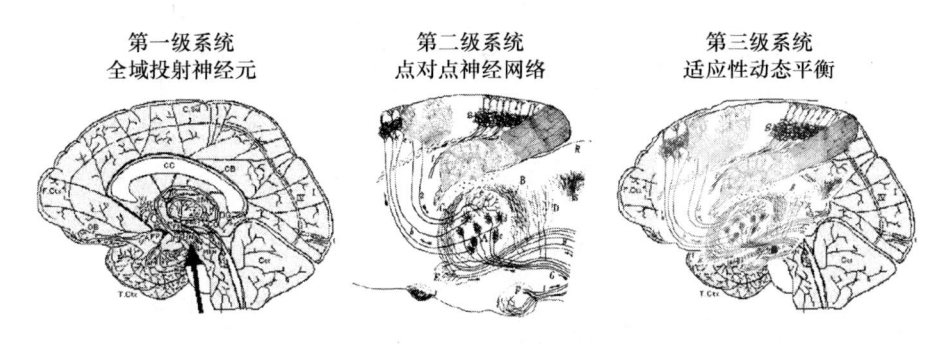

图 4.5　脑神经系统的三级次功能态

基于 Cajal 对于神经可塑性的理解，一个早期关于心智的神经版本可含三个级次的系统：全域投射神经元的原始单一细胞体形态主要牵涉单胺分子化合物，而人体中的这类化合物则主要以规模化的运动的方式发挥信息传输的作用，同时还调节细胞有丝分裂、迁移和成长。点对点神经网络通过神经节点发送即时而准确的具体信息。其主体为锥状神经元。第三级系统则在第一级和第二级系统之间维持适应性平衡①。

组成，负责收集、运输和传递以电脉冲方式编码的信息。由细胞核和细胞膜组成的细胞体支持和维护神经元的生命过程。树突主采集和接收信息，具有多级髓磷脂层外鞘的轴突负责传输和加速电脉冲，神经末梢的末球则负责将信息传递给其他的神经元或者细胞。主要智力相关特征为其连接方式和信息传递过程的生化和电位表现。这些特征构成大脑智力的基本来源，对于学习、推理等心理现象具有直接的过程意义，因而也构成了智能模拟的主要对象。一个神经元的树突可以与别的神经元的末梢首尾连接，这样一个连接叫做神经结（synapse）。由于一个神经元可以具有许多树突和神经末梢，人们通过大脑发育和认知学习所不断产生的神经结就像是一个个逻辑开关形成了一个高级的神经网络，具有仿佛是遵守着某种至为高级的算法规则一样的严密的运作方式。当我们接收到一个可感觉的外部刺激时，神经元树突的接收器便感受到相应的脉冲"信号"。过去存在的一种理解方式是，神经结就像一个电子门路一样让特定的脉冲通过或者不通过。但其信息传递的功能实际上要比此种理解高级得多。

---

①　参见 E. C. Azmitia, "Cajal and Brain Plasticity: Insights Relevant to Emerging Concepts of Mind", *Brain Research Reviews*, Vol. 55, No. 2, 2007, pp. 395–405.

第二篇　认知功能

单极神经元
（感觉神经元，
Sensory neuron）

双极神经元
（中间神经元，
Interneuron）

多极神经元
（运动神经元，
Motoneuron）

锥体神经元

图 4.6　神经元的基本类型

　　神经元组成的神经网络同时显现诸多特征。第一，神经元具有多种类型，例如感觉神经元的功能是把来自各种感官的信息传递到神经中枢；运动神经元或多极神经元具有起源于细胞体的多种过程；中间神经元则是形成神经网络的主体脑细胞；锥体神经元主要发现于前脑，属于树突繁茂的信息周转成分。第二，神经元点火需要一定的膜电位，当膜电位未达一定要求时不能被激活，而且此种电位门槛要求随着激活的频率的增加和减少而有某种变化。第三，神经元具有不同的信息转送器，在功能上有兴奋型和抑制型。第四，在组织结构上，神经元构成的神经网络具有多个层级、一定的分布密度、可重复性质以及基础的（重复性）皮层回路。此外，大脑的具体部位具有确定的连接，感觉和运动神经元均具有传入和传出定位。第五，在时间控制方面，神经发生过程中细胞分裂数量方式受发育时间的影响，结点生长和衰退也有时间和空间上的限制，感觉神经系统的发展接受时间的制约[①]。另外也有实验表明，具有与语言相关的 FoxP2 基因的老鼠的脑神经元轴突增长，树突增多，而在人类系统中则影响家族言语产生[②]。类似特征对理解语言涌现

[①] J. L. Elman, "The Emergence of Language: A Conspiracy Theory", in B. MacWhinney, B. MacWhinney (eds.), *The Emergence of Language*, Mahwah, N. J.: Lawrence Erlbaum Associates, 1999, pp. 1 – 27.

[②] C. S. Lai, S. E. Fisher, J. A. Hurst, F. Vargha-Khadem, and A. p. Monaco, "A Forkhead-Domain Gene is Mutated in a Severe Speech and Language Disorder", *Nature*, Vol. 413, No. 6855, 2001, pp. 519 – 523.

具有十分重要的价值。认知发展和语言发展过程中的智力成长性主要来源于神经元的功能表现。

存储和提取词的过程涉及神经元及其网络的功能状态。模拟研究采用人工神经网络,其建筑成分含输入神经元层、隐含神经元层和输出神经元层以及一个象征记忆的环境神经元层。输入神经元接受代表要区分的对象矢量化的数值,经过网络运算由输出神经元输出达到一定区分度要求的数值模式。这类模拟结果倾向于表明,该法不仅可以模拟各种主体条件和环境条件,给出区分词等功能机制,也可以预期语言形式发展和变化。采用 MRI 方法的研究力图揭示特定主体条件下和语言任务条件下真实的神经系统功能状态中的网络构造。不过,我们距离后一目标还甚为遥远。两者之间表面上存在认识阶段的差异,实质上则可以看作体现了语言认知中心观和神经认知中心观的差异。两者的分与合的研究都有必要性,尤其是新近采用人工神经网络来处理连续输入的大脑言语处理的 MRI 数据取得了不错的效果。既有研究足以表明语言和语言发展的各种认知功能形态要求场合化的解释参照系统,即脑神经系统在不同场合条件下的功能凸显的可能性分布。理论和技术的推进旨在达成一种面向认知关注的脑现实描写。

以上也附带说明,短期内科学理论还不宜直接发挥实践原则的作用,而是为精细诊断和越来越完善地解决现实障碍及困难提供依据。

第五节 基因及其生化过程

20 世纪 90 年代,人们似乎有条件审视基因与语言的关系。当时的一种看法要求考虑基因与句法范畴的关系[1]。这就意味着我们需要从基因的作用方式中抽取面向语言发展的原则。纯粹的内在论者似乎倾向于关注语言系统的一些明显且重要的认知属性,但在这些属性获得研究之后的持续理论后效便似乎就是把语言形式与其实体全面割裂开来,其系

---

[1] M. D. S. Braine, "What Sort of Innate Structure is Needed to 'Bootstrap' into Syntax?" *Cognition*, Vol. 45, 1992, pp. 77 – 100; H. K. van der Lely and L. Stollwerck, "A Grammatical Specific Language Impairment in Children: An Autosomal Dominant Inheritance?" *Brain and Language*, Vol. 52, No. 3, 1996, pp. 484 – 504.

统的基础仅仅许可元素结合和心理操作的特殊智能或者官能。生物学取得的显赫成就已经使得基因论成为了目前人类最为拓展的知识系统之一,因而认知和语言相关研究难以直接忽视这样一种理论系统的参照价值。我们为此可以采用的另外一种看法是,基因面向语言带来了行为、认知和机制的一系列成长条件,可以随机地但又是非常确定地支持语言的各个观照面的发展过程。其中包括生理结构因素、生化因素、认知因素和行为系统中参与相互作用过程的因素。既有观照将其中一些作用明显的认知因素看作认知前提条件(cognitive precursors),例如知觉、注意和工作记忆。显然,基因的理解还允许其他一些功能框架,例如作为制约因素的成长条件从主体功能前提上规定语言系统实现的一些选择的发生方式,作为限制因素则为剩余选择提供了成长条件,作为共效因素则至少为语言认知系统敏感度和语言发展难易度提供了隐性的成长条件。这样一种新增背景可以有效提高研究者直觉的作用,比如在认识推进道路上避免明显不合时宜的选题。

源自基因的直接生理显性制约可见于特型语言缺陷(Specific Language Impairments,SLI),而且往往与诵读困难(dyslexia)、自我专注孤独症谱系化紊乱、注意缺陷以及过度敏感等语言紊乱共享显型和基因型特点。英国医生 Down 于 1866 年描述了唐氏症候群①,而 20 世纪 50 年代和 60 年代人们调查了大量的家族式语言障碍。人们从这些描述中感觉到语言障碍与遗传的相关性,尤其是染色体配对的失序。FoxP2 在染色体 7q 上编码录制因子,因而可以控制许多其他基因,其影响范围与一个大家族的 SLI 肌动紊乱症候颇为吻合。人类的 FoxP2 基因序列与动物的序列不同,因而被看作一个进化点②。Varghakhadem、Gadian、Copp 和 Mishkin③ 在一个 15 人的家族的成员中,发现约半数携带杂合的

---

① J. L. H. Down, "Observations On an Ethnic Classification of Idiots", *London Hospital Reports*, Vol. 3, No. 1866, pp. 259 – 262.

② W. Enard, M. Przeworski, S. E. Fisher, C. S. Lai, V. Wiebe, T. Kitano, A. p. Monaco, and S. Paabo, "Molecular Evolution of FOXP2, a Gene Involved in Speech and Language", *Nature*, Vol. 418, No. 6900, 2002, pp. 869 – 872.

③ F. Varghakhadem, D. G. Gadian, A. Copp, and M. Mishkin, "FOXP2 and the Neurontomy of Speech and Language", *Nature Reiview Neuroscience*, Vol. 6, No. 2, 2005, pp. 131 – 138.

FoxP2基因突变，导致一个氨基酸被替代，并且因而干扰被编码的蛋白质控制其他目标基因的能力[1]。在FoxP2下游，CNTNAP2基因通过染色体7q形成的影响似乎可以解释复杂的SLI表现[2]，可以经由孤独症等发展型紊乱进一步影响语言，比如要求语音分析和记忆的非词重复任务。CNTNAP2的与SLI和孤独症有关的等位基因增加了对应于BA44的右侧部以及颞叶中回BA21的激活量，表明该影响伺服语言的脑功能部位[3]。染色体16q上的ATP2C2和CMIP这两个基因似乎也影响音系功能和记忆。关于另外一些类似个体的研究也同样证实了存在相关基因突变、染色体重新配对乃至删除。基因的这类影响主要发生于早期胚胎发育过程[4]。

沿着FoxP2这个进化点，人们进一步采用小鼠FoxP2及其操纵与人类对比来寻找语言相关基因。也有研究通过语言侧化这类突出的脑语言功能以及大脑侧化与左右手使用偏好、语言与手势等关系来推断语言相关基因。我们认为这些研究十分重要，甚至可以最终建立起以基因作为预期因素的语言发展和运用的某种理论体系以及相应的价值欣赏和评估系统。然而，基因决定论似乎受到基因与语言相互作用论或者共同进化论的质疑。这在一定意义上表明，语言及其发展的有关选题沿着上述颇

---

[1] C. S. Lai, S. E. Fisher, J. A. Hurst, F. Vargha-Khadem, and A. p. Monaco, "A Forkhead-Domain Gene is Mutated in a Severe Speech and Language Disorder", *Nature*, Vol. 413, No. 6855, 2001, pp. 519 – 523; S. C. Vernes, J. Nicod, F. M. Elahi, J. A. Coventry, N. Kenny, A. M. Coupe, L. E. Bird, K. E. Davies, and S. E. Fisher, "Functional Genetic Analysis of Mutations Implicated in a Human Speech and Language Disorder", *Human Molecular Genetics*, Vol. 15, No. 21, 2006, pp. 3154 – 3167.

[2] D. F. Newbury, P. C. Warburton, N. Wilson, E. Bacchelli, Simona Carone, IMGSAC, J. A. Lamb, E. Maestrini, E. V. Volpi, S. Mohammed, G. Baird, and A. p. Monaco, "Mapping of Partially Overlapping De Novo Deletions Across an Autism Susceptibility Region (AUTS5) in Two Unrelated Individuals Affected by Developmental Delays with Communication Impairment", *American Journal of Medical Genetics* Part A, Vol. 149A, No. 4, 2009, pp. 588 – 597.

[3] H. C. Whalley, J. E. Sussmann, G. Chakirova, p. Mukerjee, A. Peel, J. McKirdy, J. Hall, E. C. Johnstone, S. M. Lawrie, and A. M. McIntosh, "The Neural Basis of Familial Risk and Temperamental Variation in Individuals at High Risk of Bipolar Disorder", *Biological Psychiatry*, Vol. 70, No. 4, 2011, pp. 343 – 349.

[4] 参见 K. J. Heather, van der Lely and S. Pinker, "The Biological Basis of Language: Insight From Developmental Grammatical Impairments", *Trends in Cognitive Sciences*, Vol. 18, No. 11, 2014, pp. 586 – 595.

具远景的途径以及相应种系发生和个体发育解释框架推进的同时，我们明显还需要借助于一个面向未来的可能性的理解框架，即源自遗传的相关生理机制及其生化过程作为制约和限制因素的场合化的凸显方式。这便是后文的一个认识基础。

本章小结

上文回顾了既有认识和实证研究揭示的场合因素中的主体因素。这些因素在语言使用和语言发展过程中分别以不同的原则化水平在恰当时机发挥作用。语言发展者乃至成人语言使用者显然难以有意识地启动这类限制。一种可能的解释就是场合的交替或者语言认知功能的交替无形中去达成语言使用和发展的限制条件。这便预期了下文的内容。此外，前文多次提及和论证发展的主体对于场合条件随机依存性，表明生物决定论也需要面对生存玄域中的功能价值分布这一问题。

第五章　关于经验环境因素

　　环境作为认知科学主题之一则是我们抽取相关经验原则的重要考虑，例如面向语言发展的语言知识使用方式。从世界本原问题开始，我们便无一刻脱离过该主题。依据经验主义，环境就是世界中物质的动态分布。认知科学的答案则重视认知功能面向此种物理世界所做的选择：简单地说，尤其是着眼于认知发展和语言发展，环境就是主体生存所处的外部世界；往复杂里说，尤其是着眼于主观认知便利，环境在理论上适合是人们的生存与外部世界的一种相互作用方式。该方式包括：1）认知功能方式；2）与认知功能方式相适应的自然个体行为方式；3）由个体行为共项作为原则或者参数的群体行为和社会行为方式；4）由长期积累而成并且旨在维持生存模式和支持个体发展以达成卓越贡献的文化模式。这个以认知功能为世界中各种关系归宿的"巴别塔"式的层级既不像古巴别塔那么多，也不像权威知识表征的单一逻辑层级那么少，因而不失为认知关注的一个参考。就其一般特征而言，认知功能越是凸显，对于外部视界意识表征功能的要求也相应较低，或者也好像越是对于外部事件熟视无睹和充耳不闻，此即环境的功能化；如果认知功能不那么凸显，对于外部视界的意识度或者意识知识的要求也就相应较高，此即环境意识化。儿童、成人和老人各自处于不同的认知发展期，因此对于环境的功能化和意识化水平各不相同。但是，他们却有一个共同的应对环境变化的认知过程，即在各自的认知自主体机制的支持下，由各自功能范畴化水平的注意和知觉去抓取当前经历中的凸显特征。所以，在这一理解方式下，认知科学需要回答的问题就是：人们是如何解读当前抓取到的视知觉特征的？认知科学关注的环境因此适合是人们自我"解困释惑"的提示来源。就语言发展者而言，主要的困惑就是在言语产生过程不知道需要使用的词，在接收处理和理解过程不知道别人使用的新词或者已知词的新义，在语流听辨时没有切割出词形的边界或者没有听清某个音。其解困释惑的提示来源不外乎视觉情景提示凸显方式和听到的经验语言自身工具性提示凸显方式（或者限制）。换言之，相对于语言发展，环境因素就是有效经验刺激中的提示特征。这个依循既有知识状态的入题方式虽然复杂了一些，但却允许我们把环境看作包括情景提示和经验语言的前后环境提示的来源。

第一节　情景提示

从反映与被反映的关系的角度看，在发展的起始点，主观世界包括每一个语音特征的认知功能潜在区分机制，客观世界包括每一粒沙石。具有认知意义的场合就是主体因素与环境因素的逢场而合。如前所述，理性主义的问题就是通过认知发展如何正确预期环境的变化。经验主义的问题就是局域事实观察和概括如何达成主观便利。两者的争议在逻辑上指向经由一个发展过程的主客观之间的相互作用。从语言的特殊认知过程看，认知科学研究的可取选题就是语言生成，从一般认知过程看则是情景信息的处理过程。

一　情景的蕴含

输入差在哪里？或者说情景是否具有良好认知功能基础以及多重世界关系蕴含？这是输入贫乏或者刺激之少问题的实质所在，表明存在一种基于自主体功能方式的认识论。从特殊语言认知或者内在论的角度看，语言的形式系统必须具有生成规则和转换规则的拓展。这便是可学习性问题需要照顾的一个基本原则。从语言文化经验主义的角度看，语言发展必须实现经过社会约定的一个词语集。这是认知关注中必须考虑的又一个可学习性原则。相互作用论的解决方案存在于情景化的语言认知功能拓展过程。语言发展的相互作用过程存在词语的形式和意义的交互，而在语句层面则有句词之间的形实交互。交互及其功能方式便是相互作用论对于输入贫乏问题和可学习性问题的答案。换言之，发展地看，一般的知识系统其实缺乏新鲜输入性知识成分，而是仅仅由输入启动了功能方式。具体言之，经验刺激仅仅激活了先天自主体。这是既有理性主义关于情景的一个认识。

相对于语言发展，环境因素包括全部经验对象，含自然环境、社会环境和文化环境。环境也蕴含了经验语言自身的全部组成单位和基本元素。情景蕴含的第一个解读方面就是主体认知或者主体对于环境因素的表征和利用方式。缺乏了此种主体相对性，我们便无法谈及环境因素的作用。认知功能包括感觉、注意和知觉。这些功能使外部刺激分化为特定的形式。就具有语言控制意义的相关形式而言，理论明示可以侧重听觉和视觉刺激。其中听觉刺激的作用主要贡献于语言的工具性方面，语言系统中的听觉组成较之视觉组成既更加现成，也更加自主化和自动化。语言系统中的视觉组成在更大程度上涉及词义和语法意义。其中语法意义是基于句法的对于词义的概括方式，而词义则牵涉原型、图示、心理模型以及关于世界的一般经验知识。这是语言发展过程中最为"啰唆"的语言习得任务。对于外部世界的知识性表征从能力上看则是内在的，从环境发挥作用的实体性方式看则是经验的。基础性的认知功能是无可改变的一般认知现象。然而对于这些认知"工具"使用的结果所得到的心智构造却可以有天壤之别，表明场合认定的重要性。人类可以像上帝或者像天使那样认定情景中的社会蕴含和文化蕴含。人们害怕一些猛兽的一种解释就是，我们不确定动物是否像人类社会关系和文化关系蕴含行为互益还是像森林法则那样蕴含行为互害。这个事实说明，场合认定虽然在理论上不需要考虑跨越物种间的差异，但是人际之间的场合认定的默契显然事关文明的前程。场合认定牵涉认知功能与外部因素的关系，因而在理论上不由任何单一领域的研究定论。不过，认知科学有责任和义务主动提出建议。其中认知功能对于场合因素的功能价值分布便是其可以给出的一个参考建议。

关于语言的自主体假设的一个默认原则就是，语言与自然物理环境中的因素关系已经因为进化而可以自动通过语言发展达成形实关系承袭。这也意味着儿童已经具有了自然的语言系统的基本功能方式。换言之，自然语言是语言认知理论的一个参照性范本。既有关于二语的可学习性问题的认识都体现了这个理解。与此相比，社会环境则微妙得多，并且不大容易获得恰当的辨认。言语行为构成的社会行为中蕴含了事件角色、注意角色、社会角色等,是儿童形成语法意义相互作用的来源。如果没有语法意义这个基础,言语也就会像"鹦鹉学舌"那样缺乏新意。这就是说,注意到特定事件功能框架的儿童才可能体会言语者是在干什么,也才可以明了语句具体需要满足其中的什么条件才能发挥交际工具的作用。言语行为中蕴含的社会角色首先表现为儿童环境中不同的人物以不同的方式满足儿童的需求,例如在父母之间以及父母与其他玩伴之间,一个差异可以是儿童自己饿了对父母说才管用。这个角色因此构成了语言使用的一个重要限制。随着关于世界的表征和认知功能层级的拓展,这个限制在形式选择上也有了更加细致的表现,可以随着听话人的角色的典型变化而变化。这可能意味着社会角色类型与语言发展有着密切的联系。在语言发展过程中,关于社会环境因素的凸显方式的一个问题就是:某个场合因素应该对应于什么认知功能层级予以认可?如果把自动化默认的因素当作有意识地严格遵守的因素,或者把严格遵守的因素当作自动化默认的因素,语言发展会出现何种群体特点乃至个体异常?对于这些问题的答案有助于寻找社会行为规范域,尤其是符合语言发展与社会环境相互作用的典型的、高频随机的限制来源。社会关系的内涵无疑与此有着明显的相关性,良好的社会关系模式可以允许语言发展拥有良好的社会形实渊源。

相对于语言发展,如果说行为环境和社会环境通过视觉语义限制和语言使用促进语言认知功能拓展,并且因此确立了世界中的一层关系,文化环境则具有确立语言发展方式的内蕴,甚至还有定性其他行为的多重限制。依据萨丕尔—沃尔夫假设[1],语义范畴相对于特定的文化而成立。人们甚至于认为,作为具有文化属性的语言使用者的思维是按照词语规定的意义范畴来认识世界。这个说法虽然颇有揭示意义,但是文化疆域并不等同于语言疆域。我们将其看作一种限制,则可以表明此种语义系统仅仅是一种知识操作系统。在稳定的环境中,此种限制强度大,可以表现出萨丕尔—沃尔夫假设的那种习惯性。但是由

---

[1] E. Sapir, *Culture, Language and Personality*: *Selected Essays by Edward Sapir*, Berkeley: University of California Press, 1985; B. L. Whorf, *Language, Thought, and Reality*, Cambridge, MA: MIT Press, 1956.

于知识系统并不等于语义系统,真理不需要依赖于言说的知识,而是知识借助于语义生成来达成言说。真理性篇章因此也需要利用产生过程倚重的生成性语义系统来理解,尽管一般社交场合并无此要求。因此具体的语言与文化和思维的关系首先是交互拓展型关系,相对于发展则对应于语言认知功能方式拓展层级而接受彼此的特定限制。如此看来,定性理论不是"定"命题意义,而是辨认认知功能场合。中国文化中的"天"、"心"这类一词多义的现象都是特定主体条件和文化环境因素多种共现关系限制的结果。

如同文化与语言理解的关系通过自上而下的交互获得实现,经验语言环境与语言发展者既有语义和句法知识(或者模块)也需要交互达成功能拓展。我们不妨把经验语言环境看作两个层次:面向实体性认知的声音形式和面向经验观照的组织模式。统一地看,两者互为表里,属于文化经验主义传统关注的现象。既有认知心理学和心理语言学或其标准理论则关注此种经验的处理机制。我们是以认为,只有到了相互作用论,认知科学才开始了超越"自我中心"的"成年"阶段。我们在此不妨仍然按照经验主义术语来分析语言环境。儿童听到的语句的声音形式具有多级切割单位,含语音、音节、词形、短语单位和整个语句的音韵模式。这些提法都是既有语音学及其分支研究为我们带来的便利。语句的任何一个切割片段都有振幅、频率、音长、音强、音质、音色等对应于不同知觉功能的特征项。这类实体的心理存在当然有助于语言发展,例如同一个语句由陌生人和父母说出来的理解效果无疑有所差异。虽然迄今语言学并不关注实体信息,但是母亲话(motherese)等环境因素仍然可以提供一个使得语言发展容易一些的"跳板"。后者则包括上述各级单位的组织模式,例如一个语音项在经过经验化大脑的整体功能条件下可以把所有的变体以某种形式关联起来发挥作用。具有了此种表现的语音项也就达成了音位的功能。音节具有特定的语音组合模式,词形又进一步展现音节的组合模式,语音功能不是单一功能,而是始终具有内部范畴和经验范畴的双重作用,例如句子具有形式结构和音韵模式的双重表征。

二 情景提示

如上所述，环境因素通过与主体既有机制的相互作用影响语言发展，而且人们面向经验语言有一个高度功能化的表征机制。然而，相应的知识是如何取用的？这是一个具有语言认知方法论意义的问题。既有研究采用"提示"或者"线索"的说法来避免不当理解。由于环境具有多个关系层，如社会环境和文化环境，提示因此理论上具有行为提示、蕴含了社会关系的提示和蕴含了文化关系的提示的区分。相对于儿童的特定语言发展水平，这些提示都通过抓取环境刺激的知觉特征或者知觉模式来发挥作用。在既有研究中，这一类提示没有受到足够重视。

语言是方式化的行为，特定的知识有特定的用场。相对于产生，情景提示影响说话人现实用意的方式的选择，因而可以作用于新词的生成和提取；相对于理解，情景提示则主要用来理解新词和词的生成意义，并且还用以应对语言异常。在一般情况下，新词语的使用牵涉特定的语言认知策略，旨在方便自然解释。在视觉功能方式下，据称儿童天生地能够明白食指的指向是给出提示，表明语言发展在早期对于提示具有依赖性。儿童可以自己看或者指向某个玩具来表示要，也可以接受他人指向来理解意思。这是词汇输入和生成的一个重要途径。不过，儿童很快就不大需要食指提示了，他们可以在此基础上进一步形成具有语言认知系统意义的一套结构性策略，即词义生成性提示，例如听到"水果"一词，便会向着盛装水果的篮子看去，尽管水果是不能直接看到的。再如"注意花瓶"，三四岁的儿童均能够自动小心避免触碰到花瓶中伸展的花枝。英语中的"He is fond of the bottle"因而可以被解释为喜欢喝瓶子装的酒。对于这样的具有语义功能结构意义的提示，我们不妨叫做（解释）线索。既有认知语义学对此进行了颇多探索，努力给出语义生成的认知基础，也或者说给出理性词法的经验基础。这类研究表明，原型、图示、事件型式、注意模式等均可以提供词义生成线索和解释线索。所谓原型，就是一类事物的典型特征的内在的综合表征。所谓图示，就是不同类型的事物的典型组合的表征，尤其是功能性互补所要求的组合特征，例如"花瓶"由两个部分组成。所谓事件型式表达世界中事件不是任意发生的,例如老鼠不大可能抓猫,而玻璃杯也不可能把铁锤砸碎。

在听觉功能方式下,我们可以沿此发现,语句的声音形式中的实体信息也同样具有情景提示意义。人们对于语言的经验观照往往采用结构主义式的分析方法。实体成分都被排斥在关注范围之外。然而经验中的实体成分对于语言发展却非常重要,例如在儿童早期的母亲话和父亲话(fatherese)都是实体性极强的环境语言刺激。尽管此种经验不大具有长远效果,但是对于启动机制功能规则至少是一种具有作为随机或然经验提示之一的作用。继而,在社会和文化环境条件下,语句的实体信息也在语言运用的意义上具有强制性,例如关系密切的朋友需要尽可能降低发音清晰度,因为这样发音可以降低所要求的努力。实体信息还有意义策略的价值,例如语句的重音(又称句子重音)可以负载否定句义的信息,也可以凸显一个不处于句子重心部位的词作为句子重心的信息。此外,方音的形成也许与此不无关系,即方音可以是降低发音要求的一种结果。这就意味着,我们可以采用一组社交参数来解释方音,包括情感、态度、价值和相互关系的认定。换言之,合理考虑语言的实体相关性或者情景提示,便可以具有更为经济的和更为透彻统一的语言描写系统。

第二节 前后环境提示

如果情景提示为一般认知现象,或者是儿童早期语言发展阶段可以利用的提示,那么前后环境提示作为又一类场合因素则是源自语句自身的知觉特征的凸显,因而可以作为语言结构功能性的一种表现从语言系统内部揭示语言认知功能方式。在语言发展过程中,语言认知功能需要进一步拓展,情景提示属于语言通过一般认知或者工作记忆与外部的相互作用关系,而前后环境提示则是跨越表征层级的相互作用方式。与此同时的情景提示使用机制也更为细致。经验语言表征是语言使用效应的前提条件,因而可以面向语言发展促进语言使用效应面。与情景提示一样,其相对合理价值主要在于利用语言系统化成分来加工新词、新的词义和各类异常。两者都统一符合自下而上的加工

第二篇 认知功能

和自上而下的加工理解框架。前后环境含具有语音、词汇、语法、音韵和命题意义的结构，或者说各级切割单位的经验组合规则。语言的经验结构因此限定了前后环境提示的分布范围。既有研究对象主要为成人语言使用。由于语言的观照性结构相对稳定，成人语言相关的发现不仅对于儿童语言发展具有预期价值，对于儿童语言认知功能拓展这也具有预期价值。

　　语音单位分为音素、音节、词形、短语和语句。同时符合语句元素序列驱动的自动加工和自下而上加工两个条件的处理过程不存在提示的作用。前后环境提示的作用因此包括了前面的信息通过回忆的使用过程以及利用后面的信息解决前面出现的疑难的两种情形。语音疑难主要是没有听清的语音片段。儿童语音发展要求的听觉功能自动化程度高，自主性强，功能性无法改变。语言发展过程中的主要任务就是提高此种知觉面向语言的区分功能的层级，即能够利用一个细微的差异激活词的各种相关经验的记忆，达成"四两拨千斤"的触发效果。在由语流中取词方面，音节和词的首音及尾音作用较大，而重读音节又比非重读音节的作用大，因而也是听辨过程需要消除的模糊音所在。由此而带来的第一个问题就是：当一个音就近消除其发音模糊时是否具有提示的作用？如果有，其提示如何分析？此种情况分两种情形：一是说话人主动提供提示，即强化可能存在听辨困难的词的发音提示，例如延长发音和加重发音；二是在语言知觉系统功能发达的情况下可以利用语音配列关系消除模糊音。第二个问题是，语音听辨是否牵涉语音组合规则之外的其他语言功能层级，例如词义、句式和句子音韵？基于交股模型的一些实证研究表明，词识别到唯一点之前，语义是不会介入的。这个概括也包括了句式，因为在当前话题下的句式主要是意义运算习惯。语义介入显然有助于消除本地模糊音，但其作用是通过词义来发挥。对于儿童，这个任务似乎也有经济且可取的场合价值，但是通过数据模拟，这类运算量颇大，需要更多的研究和更为高级的解释来合理地"自圆其说"。这就是说消除模糊音的任务需要区分本地、本地局域和全域的多级理论区分。例如在语音方面，整个语句的语速有助于我们分别把"xian"听辨成"先"或者"西安"。此种提示可以以不同的语言发展水平的语言认知功能为前提。再如在语义方面，

· 100 ·

第五章 关于经验环境因素

非中国北方的普通话使用者首次听到"甭说",便可能会将其切割为"不用说"来理解。

在出现新词或者没有听清词的情况下,同时符合语句单位序列自动加工和自下而上加工条件的过程在语流取词环节的词义提取失败,有时甚至夹杂着模糊音。我们在此不再重复讨论模糊音的问题。新词理解的前后环境提示首先牵涉前面的词和后面的词,句式的意义运算(或语法意义)利用这些词规定的命题意义来限定新词的词义变化的可能性范围。有助于满足该过程条件提高新词词义的确定性的提示因此具有多重来源,包括前文的情景提示。自上而下的加工从记忆中提取相关的一般知识来作为判断依据。但是在语言结构性环境中,此种语言系统是否满足相应自上而下的加工则涉及说话人的词句交互的原则。具体又存在三种情形:普通情形、弱提示情形和强提示情形。普通情形的前后环境相对缺乏提示,例如"他了解张三"。当我们不知道"张三"这个位置上的词时,前面的信息对于我们的推断没有多大帮助。弱提示情形的前后环境使得新词的词义范围有所限定,例如"他教英语",如果我们没有听清"英语",那么我们通过前面的词可以把没有听清的词限定为课程名称,进而可以利用听到的大致印象来匹配课程名称,或利用场合限定说话人指称的课程的可能范围。强提示的前后环境信息允许我们忽略至少一个音节而可以直接猜到该词是什么,例如"他把钓到的鱼拖上岸"或者"他把钓到的鱼拖到岸边",我们听到"上"和"到"的时候就不需要听后面的词了。示例过程的提示类型不仅是作为结构上凸显的特征,也有基于隐含记忆的词语搭配概率特征,另外还有场合因素共效条件下的线性处理和非线性处理的模型。此种理论与语言发展的现实预期的问题与语音提示一样,一直是认知科学尚未及真正面对的问题。

据此,我们是以主张新的选题首先着眼于儿童语言发展的场合认定或者语言认知功能场合的认定。前者具有语言发展的认识意义,后者具有成人语言运用的分析意义。两者合起来则具有揭示语言的认知功能原则和参数的意义,有助于我们达成语言认知功能价值分布的一般认知方法论。

第三节　词形边界相关提示

当我们听到不熟悉的一门语言使用者说话的时候，在一般情况下模仿某个语句似乎并不困难，而真正的困难在于认定语句中有哪些词或词形片段。这个显豁的事实说明，词形边界才是各种提示发挥作用的典型场合，因而理清这个边界辨认的过程有助于选择其他提示功能的解释框架。

一　句子/语义环境限制

在自下而上的过程甚至更为方便的音响提示难以发挥时，一种主要的前后环境信息就是来自处理早于当前词的语句成分过程中的句法和语义整合所得信息[1]。为了验证这一看法是否成立，Mattys 等人采用决词任务（lexical decision task）考察音响提示（acoustic cues）与前后环境提示面向消除词边界模糊的相互关系。实验让被试听"An alternative to traditional burial is to cremate the dead"，语句中说话人在 cremate 的两个音节之间插入一个停顿以便呈现一个偏向 mate 的提示。之后要求被试从给出的被择词 cremate 和 mate 中选择自己听到的词，结果 cremate 获得了具有显著意义的启动（priming）。该发现表明，前后环境提示一旦出现便可能隐没音响提示的作用，带来不同的边界切分。

随后的研究似乎不那么支持如此强式的跨层环境论。Mattys 和 Melhorn[2] 将可以有"plump eye"和"plum pie"两种解释的发音/plʌmpai/置于独立环境以及句子或具有词义偏向的环境中，所用句子和音响提示又含有以强和弱的方式分别支持两种边界切分。词汇偏向环境则支持第

---

[1] W. D. Marslen-Wilson, "Linguistic Structure and Speech Shadowing at Very Short Latencies", *Nature*, Vol. 244, No. 5417, 1973, pp. 522 – 523; W. D. Marslen-Wilson, "Sentence perception as an interactive parallel process", *Science*, Vol. 189, No. 4198, 1975, pp. 226 – 228; W. D. Marslen-Wilson and A. Welsh, "Processing Interactions and Lexical Access During Word-Recognition in Continuous Speech", *Cognitive Psychology*, Vol. 10, No. 1, 1978, pp. 29 – 63.

[2] S. L. Mattys and J. F. Melhorn, "Sentential, Lexical, and Acoustic Effects on the Perception of Word Boundaries", *Journal of the Acoustical Society of America*, Vol. 122, No. 1, 2007, pp. 554 – 67.

一或者第二解释,如/skʌmpai/支持"scum pie"或者"scump eye",而后一短语词义上不匹配。被试的任务为选择一个他们认为自己听到的词,如 pie 或者 eye。该实验发现不同信息来源之间存在补偿性的机制联系:当音响提示偏弱,句子和词义环境的效应较大,反之则较小。此外,词环境效应伴随有对于音响提示的敏感性的降低,而句子环境则仅仅影响被试判断标准(response criterion)。Mattys、Melhorn、White[①] 的研究专门考察了基于主谓一致的句子结构预期是否会对 take spins 和 takes pins 带来词边界切分差异,发现在复数环境中被试对句法合理的边界反应较快。而在单数环境的情况下的判断与无偏向句子没有差异。这个差别被进一步涉及的实验归结为句子结构预期和音响提示的相对时间进程的问题。换言之,句法限制在完全实现之前一旦受到音响提示干扰,限制效果就会大打折扣。

上述研究分别产生了支持强式的和弱式有条件的较高层限制(higher order constraints)的证据。这些结果综合表明:句子环境和词环境可以以各自的不同的方式限制边界解释的可能性,但是其限制作用也都是各有需要我们进一步探测的功能条件及其功能价值分布。跨越层次的信息补偿机制就是此种条件适用的一种表现。

二 音响提示

本地音响提示(acoustic cues)是基于言语的自然声音特征的提示,因而是最低层、最方便利用的提示。然而声音特征含有作为分析系统工具成分的语音的(phonetic)特征,而一门具体语言的语音也本身具有确定的或者不因个人经验而变化的语音配列关系特征。说话人可以加强正在发出的音,从而使得听话人的处理和对提示的感知过程发生于同一个音上。我们把音响提示看作自上而下的信息,原因是该过程具有处理对象之外的额外附加,而任何语音附加都要求相对于处理的介入性知觉的参与。此种介入与后文将涉及的远距离提示的知觉介入具有方便统一

[①] S. L. Mattys, J. F. Melhorn and L. White, "Effects of Syntactic Expectations On Speech Segmentation", *Journal of Experimental Psychology Human Perception & Performance*, Vol. 33, No. 4, 2007, pp. 960–977.

第二篇　认知功能

言说的基本界定。

　　本地音响提示可以直接解破就近的部位的边界成分[1]。构成这些提示特征的语音变化可以有多个参数的表现，含延续时间（或者音长）和音强。Klatt[2]指出了语音长度具有发音机制的内在规定性，例如低元音长于高元音，声带不振动的摩擦音长于声带振动的摩擦音，双唇爆破音长于齿槽和软腭爆破音。参照这一组内建特征的延长和缩短都具有音响提示的意义。Turk 和 Shattuck-Hufnagel[3]则将其表述为音韵组织上的表现（参见"词形音韵"）。声音成阻的时间（VOT）则是既有关注的一个重点对象。Andruski 等[4]在一项决定词的任务中操纵启动项（prime）首音的 VOT，例如把"king"中/k/的 VOT 分别设置为 50 毫秒和 250 毫秒两种情形，发现两者中只有 50 毫秒这一条件降低了对于"queen"的语义启动水平。该结果表明，刺激词在亚语音（sub-phonetic 或者 acoustic）层面的变化可以为心理词汇中的词语带来程度各异的激活。Utman、Blumstein、Burton[5]重复出这一实验结果，并且还在 time

---

[1] E. Janse and M. Ernestus, "The Roles of Bottom-Up and Top-Down Information in the Recognition of Reduced Speech: Evidence From Listeners with Normal and Impaired Hearing", *Journal of Phonetics*, Vol. 39, No. 3, 2011, pp. 330 – 343; L. Ellis and W. J. Hardcastle, "Categorical and Gradient Properties of Assimilation in Alveolar to Velar Sequences: Evidence From EPG and EMA Data", *Journal of Phonetics*, Vol. 30, No. 3, 2002, pp. 373 – 396; M. G. Gaskell and W. D. Marslen-Wilson, "Mechanisms of Phonological Inference in Speech Perception", *Journal of Experimental Psychology Human Perception & Performance*, Vol. 24, No. 2, 1998, pp. 380 – 396; D. W. Gow, "Assimilation and Anticipation in Continuous Spoken Word Recognition", *Journal of Memory and Language*, Vol. 45, No. 1, 2001, pp. 133 – 159; D. W. Gow, "Does English Coronal Place Assimilation Create Lexical Ambiguity?" *Journal of Experimental Psychology: Human Perception & Performance*, Vol. 28, No. 1, 2002, pp. 163 – 179; F. Nolan, "The Descriptive Role of Segments: Evidence From Assimilation. ", in G. J. Docherty and D. R. Ladd, G. J. Docherty and D. R. Ladd (eds.), *Papers in laboratory phonology II: Gesture, segment, prosody*, New York: Cambridge University Press, 1992, pp. 261 – 280.

[2] D. H. Klatt, "Linguistic Uses of Segmental Duration in English: Acoustic and Perceptual Evidence", *Journal of the Acoustical Society of America*, Vol. 59, No. 5, 1976, pp. 1208 – 1221.

[3] A. E. Turk and S. Shattuck-Hufnagel, "Word-Boundary-Related Duration Patterns in English", *Journal of Phonetics*, Vol. 28, No. 4, 2000, pp. 397 – 440.

[4] J. E. Andruski, S. E. Blumstein and M. Burton, "The Effect of Subphonetic Differences On Lexical Access", *Cognition*, Vol. 52, No. 3, 1994, pp. 163 – 187.

[5] J. A. Utman, S. E. Blumstein and M. W. Burton, "Effects of Subphonetic and Syllable Structure Variation On Word Recognition", *Perception & Psychophysics*, Vol. 62, No. 6, 2000, pp. 1297 – 1311.

(启动项)和 dime(目标项)这类相互竞争的词之间发现了更强的启动效应。作为提示,其具体音响表现通常是通过延长来区分清音和浊音[1]。

既有研究表明,构成音响提示的变化接受多种来源的影响,包括共同发音(co-articulation)、同化和音韵因素。例如,声音成阻时间接受音韵强度(prosodic strength)[2]、语速(speaking rate)[3]、发音部位(place of articulation)[4]等因素的影响。然而,语言的各个部位和不同类型的语音面向提示可以接纳(accommodate)的变化方式和部位仍然存在大量悬疑,例如发音延长通常是词首提示,但也有人发现其在词末的提示作用[5]。产生悬疑和表述差异的主要原因似乎在于,本地音响性的变化特征在不同的认知功能场合则具有不同的理论和对象属性。进一步理清各种认知过程发生的认知功能场合,这是对认知建筑意义深远的问题。

三 音韵提示

如上所述,音韵是导致音响特征变化的具有系统意义的根本来源。音韵一般被表述为超音段信息来源,即以横向整体特征的方式辖制具有纵向替换意义的音节、词和短语黏着部位的信息[6]。相对于音响处理,音韵自身的变化特征或者提示作用于听话人的注意和知觉来凸显词形边

---

[1] D. H. Klatt, "Linguistic Uses of Segmental Duration in English: Acoustic and Perceptual Evidence", *Journal of the Acoustical Society of America*, Vol. 59, No. 5, 1976, pp. 1208-1221.

[2] C. Fougeron and P. A. Keating, "Articulatory Strengthening at Edges of Prosodic Domains", *Journal of the Acoustical Society of America*, Vol. 101, No. 6, 1997, pp. 3728-3740.

[3] J. L. Miller, K. p. Green and A. Reeves, "Speaking Rate and Segments: A Look at the Relation between Speech Production and Speech Perception for the Voicing Contrast", *Phonetica*, Vol. 43, No. 1986, pp. 1-3.

[4] L. Lisker and A. S. Abramson, "A Cross Language Study of Voicing in Initial Stops: Acoustical Measurements", *World*, Vol. 20, No. 3, 1964, pp. 384-422.

[5] M. E. Beckman and J. Edwards, "The Articulatory Kinematics of Accent", *Journal of the AcousticalSociety of America*, Vol. 87, No. Suppl 1, 1990, pp. S65-S65.

[6] B. Hayes, "The Prosodic Hierarchy in Meter", in p. Kiparsky and G. Youmans, p. Kiparsky and G. Youmans (eds.), *Rhythm and Meter*, New York: Academic Press, 1989, pp. 201-260. M. Nespor and I. Vogel, *Prosodic Phonology*, Dordrecht: Foris., 1986; E. O. Selkirk, *Phonology and Syntax: The Relation Between Sound and Structure*, Cambridge, MA: MIT Press, 1984.

界。既有研究关注了词形层面音韵提示[1]、短语层面和语句层面的音韵提示[2]。不少研究涉及音节层面的音韵[3],但是关于这些提示的作用远未定论。

(一) 词形层面的音韵

相对于认知功能拓展,词形音韵(word prosody)不仅给本地边界音带来新的经验变化形式,而且也是较早成熟的一个音韵功能域,即由特定的延长、缩短和强调给出特定提示信息的并且可以进一步功能化的一整套策略。一些研究为此提供了证据,例如英语的辅音在词首位置要比在词尾的更长[4],表明词形音韵就是各种语音组合发音方式化的限制。

Turk 和 Shattuck-Hufnagel[5] 面向英语提供了一项重要的概括性研究。该研究通过具体的证据分析给出了英语条件下的四种词形提示策略:(1) 词首延长(word-initial lengthening),即词首的音要比它们位于词尾更长;(2) 多音节压缩(polysyllabic shortening),即多音节词中的音节要短于较少音节的词;(3) 重音延长(accentual lengthening),

---

[1] S. Soto-Faraco, N. Sebastián-Gallés and A. Cutler, "Segmental and Suprasegmental Mismatch in Lexical Access", *Journal of Memory and Language*, Vol. 45, No. 3, 2001, pp. 412 - 432; W. van Donselaar, M. Koster and A. Cutler, "Exploring the Role of Lexical Stress in Lexical Recognition", *The Quarterly Journal of Experimental Psychology A*, Vol. 58, No. 2, 2005, pp. 251 - 273.

[2] A. Christophe, A. Gout, S. Peperkamp, and J. Morgan, "Discovering Words in the Continuous Speech Stream: The Role of Prosody", *Journal of Phonetics*, Vol. 31, No. 3 - 4, 2003, pp. 585 - 598; M. H. Davis, W. D. Marslen-Wilson and M. G. Gaskell, "Leading Up the Lexical Garden Path: Segmentation and Ambiguity in Spoken Word Recognition", *Journal of Experimental Psychology: Human*, Vol. 28, No. 1, 2002, pp. 218 - 244; A. p. Salverda, D. Dahan and J. M. McQueen, "The Role of Prosodic Boundaries in the Resolution of Lexical Embedding in Speech Comprehension", *Cognition*, Vol. 90, No. 1, 2003, pp. 51 - 89.

[3] W. Li and Y. Yang, "Perception of Prosodic Hierarchical Boundaries in Mandarin Chinese Sentences", *Neuroscience*, Vol. 158, No. 4, 2009, pp. 1416 - 1425; A. Langus, E. Marchetto, R. A. H. Bion, and M. Nespor, "Can Prosody be Used to Discover Hierarchical Structure in Continuous Speech?" *Journal of Memory and Language*, Vol. 66, No. 1, 2012, pp. 285 - 306.

[4] D. H. Klatt, "The Duration of (S) in English Words", *Journal of Speech & Hearing Research*, Vol. 17, No. 1, 1974, pp. 51 - 63; D. K. Oller, "The Effect of Position in Utterance On Speech Segment Duration in English", *Journal of the Acoustical Society of America*, Vol. 54, No. 5, 1973, pp. 1235 - 1247.

[5] A. E. Turk and S. Shattuck-Hufnagel, "Word-Boundary-Related Duration Patterns in English", *Journal of Phonetics*, Vol. 28, No. 4, 2000, pp. 397 - 440.

即一个音处于词的重读音节时要比处于非重读音节更长;(4)"音节比率匀化"(syllable ratio equalization),即不同音节数量的词的整体发音延续时间的变化趋向为某个长度均值。这项研究没有能够找到其他一些研究提出的词尾音延长的证据,可能说明具体语言适合采用的提示策略不一致。其中,词首延长的策略可能因为具体部位而在不同语言中具有普遍性,例如荷兰语[1]和意大利语[2]。

一个词形也同样会表现高一级音韵,例如作为短语中心词的实义词便构成了一个"音韵词(the prosodic word)",可以因为短语音韵而表现出边界前延长和语调模式上的不连续特征[3]。关于词形本身的音韵与高层音韵的关系目前尚无定见。与音响提示一样,要合理认可词形音韵提示,我们也需要考虑这一特殊场合的具有普遍意义的认知功能原则。

(二)短语层面的音韵

既有研究发现,人们因循更高一级音韵,在一个音韵边界之后,在不同的程度上延长始发成分的现象[4]。此外,也有证据表明短语开始音节的延长直接影响听话人对于边界模糊的短语结构的解释[5]。此类证据

---

[1] H. Quené, "Durational Cues for Word Segmentation in Dutch", *Journal of Phonetics*, Vol. 20, No. 1992, pp. 331 – 350.

[2] L. Tagliapietra and J. M. Mcqueen, "What and Where in Speech Recognition: Geminates and Singletons in Spoken Italian", *Journal of Memory & Language*, Vol. 63, No. 3, 2010, pp. 306 – 323.

[3] A. E. Turk and J. R. Sawusch, "The Domain of Accentual Lengthening in American English" Journal of Phonetics, Vol. 25, No. 1, 1997, pp. 25 – 41; A. Christophe, A. Gout, S. Peperkamp, and J. Morgan, "Discovering Words in the Continuous Speech Stream: The Role of Prosody", *Journal of Phonetics*, Vol. 31, No. 3 – 4, 2003, pp. 585 – 598; W. Li and Y. Yang, "Perception of Prosodic Hierarchical Boundaries in Mandarin Chinese Sentences", *Neuroscience*, Vol. 158, No. 4, 2009, pp. 1416 – 1425; B. Wang, S. Lü and Y. Yang, "Acoustic Analysis On Prosodic Hierarchical Boundaries of Chinese", *Acta Acustica*, Vol. 29, No. 1, 2004, pp. 29 – 36;林茂灿:《普通话语句中间断和语句韵律短语》,《当代语言学》2000年第4期。

[4] C. Fougeron and P. A. Keating, "Articulatory Strengthening at Edges of Prosodic Domains", *Journal of the Acoustical Society of America*, Vol. 101, No. 6, 1997, pp. 3728 – 3740; D. Byrd, S. Lee, D. Riggs, and J. Adams, "Interacting Effects of Syllable and Phrase Position On Consonant Articulation", *Journal of the Acoustical Society of America*, Vol. 118, No. 6, 2005, pp. 3860 – 3873.

[5] T. Cho, J. McQueen, & E. A. Cox, "Prosodically Driven Phonetic Detail in Speech Processing: The Case of Domain-initial Strengthening in English", *Journal of Phonetics*, Vol. 35, No. 2, 2007, pp. 210 – 243.

似乎可以支持音韵性短语（phonological phrase）这一理论建构[1]，即体现基本句法信息的亚句子的成分音韵单位。这些音韵性短语的边界具有自然停顿，或者说不再存在备选词交股[2]，因此属于音系处理域现象。基于不同语型，该音韵单位具体又含中心词首置（head-first）和尾置（head-last）两种成分分布。

在句法短语基础上的音韵提示的首尾表现规范，即音调的高低、音节延续时间的长短和停顿[3]。此种提示则是对相应特征的直接利用或者牵涉说话人有针对性的夸张性利用。既有研究确立了跨边界停顿[4]、结尾成分的延长[5]、音调渐降线上的音调重置和选择性停顿[6]的提示意义。然而关于这些提示的研究需要揭示出一种功能分布原则。Langus 等人[7]为此特别采用音调（pitch）、音节延续（syllable duration）、一组长距离

---

[1] A. Christophe, S. Peperkamp, C. Pallier, E. Block, and J. Mehler, "Phonological Phrase Boundaries Constrain Lexical Access I. Adult Data", *Journal of Memory and Language*, Vol. 51, No. 4, 2004, pp. 523 – 547; A. Langus, E. Marchetto, R. A. H. Bion, and M. Nespor, "Can Prosody be Used to Discover Hierarchical Structure in Continuous Speech?" *Journal of Memory and Language*, Vol. 66, No. 1, 2012, pp. 285 – 306.

[2] 参见 W. D. Marslen-Wilson and L. K. Tyler, "The Temporal Structure of Spoken Language Understanding", *Cognition*, Vol. 8, No. 1, 1980, pp. 1 – 71.

[3] E. Couper-Kuhlen, *English Speech Rhyme: Form and Function in Everyday Verbal Interaction*, Amsterdam: John Benjamins, 1993; J. Pierrehumbert, "Tonal Elements and Their Alignment", in M. Horne, M. Horne (eds.), *Prosody: Theory and Experiment*, Dordrecht: Kluwer Academic Publishers, 2000, pp. 11 – 36.

[4] C. Fougeron and P. A. Keating, "Articulatory Strengthening at Edges of Prosodic Domains", *Journal of the Acoustical Society of America*, Vol. 101, No. 6, 1997, pp. 3728 – 3740; M. Shukla, M. Nespor and J. Mehler, "An Interaction Between Prosody and Statistics in the Segmentation of Fluent Speech", *Cognitive Psychology*, Vol. 54, No. 1, 2007, pp. 1 – 32.

[5] B. Wang and Y. Yang, "Acoustic Correlates of Hierarchical Prosodic Boundary in Mandarin", in *Proceedings of Speech Prosody*, Aix en Provence, 11 – 13. 2002. pp. 11 – 13; B. Wang, S. Lü and Y. Yang, "Acoustic Analysis On Prosodic Hierarchical Boundaries of Chinese", *Acta Acustica*, Vol. 29, No. 1, 2004, pp. 29 – 36.

[6] J. R. de Pijper and A. Sanderman, "On the Perceptual Strength of Prosodic Boundaries and its Relation to Suprasegmental Cues", *Journal of the Acoustical Society of America*, Vol. 96, No. 4, 1994, pp. 2037 – 2047; B. Wang, S. Lü and Y. Yang, "Acoustic Analysis On Prosodic Hierarchical Boundaries of Chinese", *Acta Acustica*, Vol. 29, No. 1, 2004, pp. 29 – 36.

[7] A. Langus, E. Marchetto, R. A. H. Bion, and M. Nespor, "Can Prosody be Used to Discover Hierarchical Structure in Continuous Speech?" *Journal of Memory and Language*, Vol. 66, No. 1, 2012, pp. 285 – 306.

依存规则等参数，按照一个层级结构，设计出实验材料中的系列提示，发现被试在按照层级方式切割语流的同时，还学习到相应的语法规则。研究结果表明，在层级化组织的各种提示中，音调下降和音韵短语结尾音节的延长这两者的提示性较强。然而，另外许多研究表明音韵组成和句法组成却并不完全对应[1]，从而暗示音调渐降线的中间部分的提示性抑或不大可靠。

（三）语句层面的音韵

如果说音韵短语缘起于侧重反映句法结构信息的音系处理并以此提供词形边界信息，那么语调短语（Intonational Phrase，IP）则是侧重反映语义/命题信息的音系处理并且以此提供词形边界信息的理论建构[2]。例如，在"Lions, as you know, are dangerous"这一英语语句中，音韵上背离了简单的句子的层级结构，逗号和末尾停顿统一对应于意群的语调性短语停顿，尽管句首和句末回归于音韵性短语的语音特征。语调性短语的提示范围对应于整个语句这一言语音韵单位层面。关于二者关系的一种推断是语调性短语完全涵盖了音韵性短语[3]。如同音韵性短语，关于语调性短语的既有研究也因循一定分析范围，含域首和域尾音调的高低、音节延续时间的长短和停顿，例如边界前语音单位的延长、停顿、音调跨越边界重置和音调渐降[4]。其关键特征则是至少

---

[1] 参见 M. Steedmna, "Syntax and Intonational Structure in a Combinatory Grammar", in G. T. M. Altmann, G. T. M. Altmann (eds.), *Cognitive models of speech processing: Psycholinguistic and computational perspectives*, Cambridge, MA: MIT Press., 1990, pp. 457 – 482.

[2] 例如 M. Nespor and I. Vogel, *Prosodic Phonology*, Dordrecht: Foris Publications, 1986; W. Li and Y. Yang, "Perception of Prosodic Hierarchical Boundaries in Mandarin Chinese Sentences", *Neuroscience*, Vol. 158, No. 4, 2009, pp. 1416 – 1425.

[3] 例如 A. Langus, E. Marchetto, R. A. H. Bion, and M. Nespor, "Can Prosody be Used to Discover Hierarchical Structure in Continuous Speech?" *Journal of Memory and Language*, Vol. 66, No. 1, 2012, pp. 285 – 306.

[4] J. R. de Pijper and A. Sanderman, "On the Perceptual Strength of Prosodic Boundaries and its Relation to Suprasegmental Cues", *Journal of the Acoustical Society of America*, Vol. 96, No. 4, 1994, pp. 2037 – 2047; S. Shattuck-Hufnagel and A. E. Turk, "a Prosody Tutorial for Investigators of Auditory Sentence Processing", *Journal of Psycholinguistic Research*, Vol. 25, No. 2, 1996, pp. 193 – 247; B. Wang, S. Lü and Y. Yang, "Acoustic Analysis On Prosodic Hierarchical Boundaries of Chinese", *Acta Acustica*, Vol. 29, No. 1, 2004, pp. 29 – 36; C. W. Wightman, S. Shattuck-Hufnagel, M. Ostendorf, and P. J. Price, "Segmental Durations in the Vicinity of Prosodic Phrase Boundaries", *Journal of the Acoustical Society of America*, Vol. 91, No. 3, 1992, pp. 1707 – 1717.

有一个重音和尾调①。这一层面的音韵提示带来了新的问题：词形边界处理高层信息和低层信息的凸显具有何种相对关系？目前无疑已经具备了解答条件。答案中可能存在的提示交替条件和方式则具有面向语言发展的直接认知功能拓展意义。

（四）词形边界提示的环境距离限制

如果说音响和音韵提示的运用在资源上是由低层向高层诉求的过程，那么词形边界处理还可能由本地向非本地实现资源诉求。非本地的影响来源甚广，包括音调（含各种重音）、时间控制（节奏、延续、语速）、音韵（含模式和特征）乃至振幅，也包括句法和词汇等，而且非本地音韵提示也可以有近和远距离差异②。

为了探测远距离音韵特征对于词形边界处理的影响，Dilley 和 McAuley 的实验所用材料为 8 个音节的语音序列（例如 channel dizzy foot note book worm）。其中的操纵对象为前 5 个音节的音韵特征；序列后部音节为词边界模糊音节（如上例中后部可以出现的 note bookworm, note-book worm 两种解释）。通过分析被试报告听到的后部音节的词，发现变化环境音韵特征会影响末尾双音节词的出现率。继而研究者去掉实验材料中音韵环境中的前 4 个音节，远距离（即距离末尾边界远的前 4 个音节）的音韵效果也随之降低。Dilley、Mattys、Vinke 为了进一步比较远近音韵和语义环境对于词形边界处理的影响，仍然采用 8 音节的实验材料，但后 4 音节均为词边界模糊成分（例如可以 crisis turnip 与 cry sister nip 两种解释），而前 5 个音节的音韵特征需要经过再次合成，使之分别偏向于支持末尾的两种解释之一，即将之识别为末尾的单音节或者双音节的词。材料中的最后的 3 个音节则保持不变。一系列实验发现，所有这些因素都介入听辨结果，但是远距离音韵却始终维持了极强

---

① 参见 M. Shukla, M. Nespor and J. Mehler, "An Interaction Between Prosody and Statistics in the Segmentation of Fluent Speech", *Cognitive Psychology*, Vol. 54, No. 1, 2007, pp. 1 – 32.

② 例如 I. Lehiste, "Isochrony Reconsidered", *Journal of Phonetics*, Vol. 5, No. 1977, pp. 253 – 263; L. C. Dilley, & J. D. McAuley, "Distal Prosodic Context Affects Word Segmentation and Lexical Processing", *Journal of Memory and Language*, Vol. 59, No. 3, 2008, pp. 294 – 311; L. Dilley, S. Mattys and L. Vinke, "Potent Prosody: Comparing the Effects of Distal Prosody, Proximal Prosody, and Semantic Context On Word Segmentation", *Journal of Memory and Language*, Vol. 63, No. 3, 2010, pp. 274 – 294.

的影响力。

本章小结

　　综合以上实验结果以及前文陈述的跨层提示的相关发现，似乎可以表明，在感觉功能范畴的基础上，知觉特征凸显不仅仅遵守知觉分组假设，还似乎可以提出相对于特定场合的一般知觉与模块化知觉的优先性问题。然而，这个问题牵涉表层和深层现实，尤其是需要我们检视词形边界处理和判断的场合性。不合理认定场合，任何结论都会直接受到某种质疑而难以长期乃至短期成立。显然，提示的适用明显是认知系统对于环境最为敏感的"前沿哨卡"，其对于外部刺激的把关水平无疑需要倚重交互性渊源。这一点对于视觉情景提示亦然。

第三篇

交　互

苏格拉底、柏拉图等古今中外的思想家无不把知识学问题的要害指向感知。亚里士多德则把我们的注意力引导到这个系统的功能原则。李耳的玄论天然地表现为以感觉和知觉功能为基础的"玄之又玄"的交互干支。面向认知发展和语言发展，我们为此提供一个突出其知识学原则意义的表述。

第六章为面向语言发展的相互作用论原理阐释，给出了在相应理解方式下新的选题面向语言发展需要回答的系列问题。第七章具体给出了基于相互作用的选题研究，尤其是体现语言认知功能价值分布的基于神经网络和概率预期方法范式的研究。第八章采用一语和二语对比的方法将上述相互作用论理解系统地运用于二语习得，把二语习得现象系统定位为一个具有重要的心智进化意义的语言认知功能拓展域。此种关联可以提高二语习得相关研究的选题和结论水平。第九章按照后相互作用论时期的基本要求系统分析陈述了研究者在选题、审题、入题、破题、文献工作和数据工作中的基本要领以及科学研究所要求的研究者认知渊源，旨在帮助有志者卓有成效地参与到认知科学的进程中，促进认知科学以及认知方法论的繁荣。

本篇表明：感知功能交互干支以虚实和动静两相性方式响应着勤勉的人类自然智能牧鞭末节之响。认知科学适合聆听此响中的因效，并循声追随场合因素的功能价值分布的变化。

第六章　关于语言发展的相互作用论

我们的一个基本知识学观点就是，语言发展是一种简繁有序的认识对象，即沿着适当的认识推进路径可以有序揭开其中奥秘。要接近语言发展的现实，前文把各种认识框架均看作研究者认知经由或者说可以丰富研究者语义框架的经历。前文也一再表明，我们需要通过相互作用过程进一步揭开语言认知功能承袭形物关系的途径，了解场合因素的凸显，达成相应的认知方法论。显然，一元论观照尚不足以揭开这类深蕴。认知科学的既有努力旨在探索成人和儿童关于世界和语言的知识来源途径及使用方式。具体到语言发展方面，该问题则表现为儿童如何习得和使用语言。考虑到句法自主体和频率效应，且有鉴于成人句法和词法对于形实关系的自动承袭，问题可以进一步简化为词是如何习得和使用的。正是到了这一具体情形，相互作用论作为天然二元论解释可能赋予这些问题不同于以往的答案。不过，迄今除了连接主义在相互作用阐述上有所建树外，其他研究大多满足于给出了相关启示和局部相互作用效应。依循前文分析陈述，我们关注跨越方式、观照域、系统内各级环境和系统外各级环境的知识使用方式，包括用跨域的已知解决本域的未知以及以本域的已知解决跨域的未知的情形。

第一节　基本理论问题

既有关注不乏事实依据和实验证据来形成关于实体认知和经验语言的理论。然而，语言发展就像是认知科学的一个理论"黑洞"，种种理论至此似乎都会变形失效，或者说无法有效说明其真实内蕴。那么，在任意一个时刻，我们能够做的就是从中获取当前可取的认识，不断解读新观察到的现象中的奥秘。然而,该理论"黑洞"并非语言的灾源地,而是不断焕发出认知生机的生活之源。有关认识可以不断丰富语言智能、语言自主体、关于世界的表征以及生存的本来内涵。因为"当前可取"的这一科学的探索态度,一种理论"黑洞"也就有了存在的价值。语言发展作为认知发展最具形实组件的基本理论问题首先牵涉"当前可取"的对象性质表征,包括局域解释的全域参照以及各种争议框架的真实理论蕴含。如前所述,这些诉求均要求相互作用的思维,足以影响前沿选题的对象、目的、方法、解释取向和科学信念。其集中表现就是研究的破题框架或者说关于对象事实的关联。该问题牵涉极广,比如如何选题,如何积淀和发挥既有研究成果,领域后来者可以如何调适两种关联以便不断推动领域认识深化。

一 对象事实关联问题

不同理论也意味着对于对象事实的不同关联。关于语言发展,人们大致采用过语言中心观和认知中心观。行为主义和内在论都延续了经验主义的语言观照。正是因为语言的感性这一面,词、短语、句子等术语均有了明确指称。理论之间的差异在于对于凸显于感知系统的事实不同的关联方式或者不同的内部范畴。生成语言学之所谓描写充分性和解释充分性实则意味着内部范畴规范,解释统一,表述经济,没有遗漏。从这些理论特征判断,较之经验结构的对比分析,转换—生成规则则更加接近语言的系统性。一个比喻就是,一棵树的叶片最为适合由叶枝的节点来关联,而不是基于叶片异同的归纳概括。理论上,基于数理集合概念操作的对象事实关联本质上都没有脱离观照型关联。

然而,语言关注是人类的整个反思过程的重要部分。相对于这个意图,语言知识使用便具有了特殊意义,因为语言系统运作方式以及此种方式的功能拓展全面体现了各类原则的作用。相应听觉信息和视觉信息处理任务便体现了脑相关功能部位及其相对分布的原则,句子的长度和结构信息运算序列体现了相关工作记忆或能力的一般认知原则,各种认知任务所用内部模块和心理运算框架体现了自然智能原则。虽然说这些原则大致相当于树状的干支机制,但是相对于可以观照到的经验语言系统则是蕴藏的规定性因素,并且作为理论解释则对于对象事实形成功能性的关联。与语言发展相关的功能原则甚多,含身体动作功能、脑功能、语言认知功能和社会交际功能,而且这些功能不能仅仅以现实为依据。例如脑内布洛卡区辖制言语产生的内部功能范畴,威尔尼克区辖制言语理解的内部功能范畴。这些功能有如领域中的路标,面向前沿研究发挥着理论参照和破题依凭的作用。显然,在所有的功能系统中,认知功能及其功能价值分布才是认知科学的核心诉求。

相对于人类科学总的反思历程,如果说经验主义要求人们看世界,心灵主义要求人们用心看世界,那么相互作用论则要求我们为直接看到的和用心看到的再次赋予一种更为客观的、动态的且主观上方便的功能关联。到了一定认识拓展阶段,基于"看"的解释和结论都难免显得捉襟见肘,尤其是无法排除既有认知背景的影响。功能关联对于物理世界或者场合便随之拥有了更高的敏感性,其对于对象的解释也具有了更高的自觉性。

二 理论目的问题

语言关注的既有目的就是描写语言和反映语言现实。经验主义语言观和行为主义语言观在整个反思历程上仅仅是反思的起点。两者启动的反思历程在认知意义上均偏向物理科学,而内在论启动的反思历程在认知意义上检查主体主观的客观性,因而偏向认知科学。较之后者,相互作用论既考虑经验主义语言学和行为主义揭示的外部场合条件,也考虑内在论揭示的主体内部条件,因而不是独立于场合的主体。这是相互作用论与标准认知理论的一个关键差异,表明标准理论揭示的主体因素需要接受相互作用的功能价值再分布。当然,这个观点不排除我们接受作为玄牝论因素之外的主体。具体目的就是再次反思现实,揭示场合因素的更具真理性的功能价值分布,达成对于现实更进一步的珍惜、欣赏和分析,维护寻常现实,为解决认知的和语言的困难及障碍探索可以精细适用的原则序列。

达成以上目的的一个重要的途径就是原则的抽取。在渊源承袭关系的意义上,所谓原则,就是经过了内化的场合因素或者主体对其影响已经获得自动适应能力的场合因素,尤其是可以激发主体乃至更多功能层级反应的场合因素。如果我们发现大脑有着组织词汇信息的功能,于是就给出词汇需要有组织地体现于语言教学中的一个原则，那么，该原则抽取过程的主要问题在于忽视了场合或者诸多已经原则化的场合因素的作用，因为心理词汇不过是表现了词语运用的内部模块条件。此外，原则也是与场合相关的，即有了相应的场合条件就会自动发挥作用，例如句子分析的各类限制。一类限制就是工作记忆容量和注意对于主语从句的长度和句子节点追加方式的限制。因此，关于原则抽取的主要困难就是建立参照点。在蕴含全部可能性的蕴涵场中，统一的发生概率模型或者统一的限制模型都不方便反映形实渊源。理性主义和经验主义把问题直接指向感觉系统的有效功能方式问题，而既有标准认知理论揭示了自上而下的资源转换过程[1]。这个资源转换正是由感觉功能对象的处理过程促成的。我们是以认为，基于感知功能的交互能够较好地抓取形实渊源关系。亚里士多德的工作确立了感知在建立实体范畴过程中的作用，相互作用论则确立对于经验实体的交互使用的认知意义或知识学意义。

　　语言发展的场合因素和原则的作用都不是独立的，而是以一定组合方式在不同的认知场合化条件下发挥作用。我们称场合因素和原则的此种功能状态为语言认知功能价值分布。该分布描写语言产生的认知功能状态和差异类型。其中词语对于形实关系承袭程度上的差异决定对于语言经验、自然物理经验、认知经验和社会经验的敏感玄域，因而在很大程度上影响人们认知上做什么容易以及做什么困难。有鉴于此，语言认知功能的价值分布是相应的研究可以带来的一个重要的一般认知原则。

　　相互作用论从认知的角度把经验表征和组织的知识看作分析型的工具知识，把社会角色的知识看作认定场合并且作出相应决定和反应的知识系统。其自身关于认知的场合因素和原则的研究成果的积累主要按照一个认知功能干支嵌入既有成果系统供后来者查询。后来者的研究因此是一套按照话题不断形成新的创造性的破题框架并且取得相应数据关系的过程。面向传统学术的一个启示就是，在这一背景下具体表现为对于此种创造过程中的文献常规和数据常规的自体积累；面向传统理论的一个启示就是，理论认识表现为对于话题分布以及话题兴趣的具有实质

---

[1] A. D. Baddeley, *Working memory*, Oxford: Oxford University Press, 1986.

蕴含的拓展度。当然，这个表述从前提上默认了自主体的参照意义和直觉的作用。

三　当前领域问题

鉴于以上多层级的理论目的，心理语言学诸话题下的一些重要问题都需要我们一再反思。什么是句法？这是一个亟待明确的问题。首先，言语产生和言语接收理解明显是语言的两种方式。前者以布洛卡区为脑机制，后者以威尔尼克区为脑机制。两者的相对分布以及信号传导纤维表明，两种语言任务各自具有一套完整的伺服程序。既有句法研究往往借重于用作屏幕刺激的文字材料、语料库数据等，如果解释不当，其研究结果的启示必然是"前不靠村后不靠店"。例如语言的心灵规则或者普遍语法，如果不牵涉某种相互作用的过程，我们便很难意会其形实渊源。再如花园路径以及其他一些消除可能解释的句子结构中，正是因为其处理过程出现由自下而上的加工向着自上而下加工的转换，我们才能够对于句法系统做出一个判断。前文的讨论已经支持的一个相关概括就是，此种转换恰恰说明了存在场合化的认知功能。经验语言刺激是重要的场合因素。这就提出了一种可能性，即场合因素与认知功能的关系便是具有进一步探索的理论意义的对象表征。

大脑是如何检索词语的？这是第二个关于语言的关键问题。正如双轨三角模型[1]所揭示的那样，大脑的词语检索功能似乎是全域性映射。这个理解无疑可以帮助我们进一步寻找开启词语奥秘的钥匙，但是模型本身却似乎建立了外部线索和检索结果的对应性。作为一种理论概括，模型显然没有明示词语检索的跨词、跨命题以及跨语义框架的过程性。由此可知，词语映射关系的内蕴可能是极其丰富的，因而至少在短期内不支持"理论守成"的科学性。这对于一般认知原则的抽取具有重要的意义，尤其是表明了超越系统内相互作用论的必要性。

语言发展过程具有何种连续性？采用功能观，我们不妨把话题限制到"功能不变式"的问题。面向语言发展这样一种不断变化的现象，

---

[1] M. S. Seidenberg and J. L. Mcclelland, "A Distributed, Developmental Model of Word Recognition and Naming", *Psychological Review*, Vol. 96, No. 4, 1989, pp. 523–568.

这是我们很容易产生的一种关切。有助于领悟语言相关方式的认知表现甚多，含说与听的言语行为方式、语言表征和处理两者相对而构成一个功能整体的方式、面向语言处理的各种认知容量对于语言各级处理任务的难易度的规定性、大脑特定功能部位和纤维连接等。当然，人们还可以把反思立场提高到极端可能性阈限而把各级词语元素组合关系看作方式。前文将此种拓扑功能体称为语言认知功能方式成分。然而，这些方式化表现同样也在短期内不支持"功能守成"的理解。连接主义的研究给出了相互作用原理，但没有阐释具体建筑所蕴含的心理现实原则。不过，我们仍然足以看到，结构与功能不单纯是观照型对应关系，也有一种体现多级次功能关系的认知本领。故此，既有关于自上而下的加工和自下而上的加工、线性处理与并行处理等两相性和两端性表述的真实蕴涵中，无疑存在挫败不同时期领域活跃的语义逻辑的律域，比如任何一个语言加工过程除了记忆存取任务之外，还将多重频率后效加入到语言运作系统。正如神秘的 7 ± 2 指向人类行为与认知习惯性张弛，该黏滞连带的认知本领要求我们从交互的门径去揭开其真实的面目以及各个相关认知功能面向语言发展的协作方式。

当然，当前领域问题甚多，比如关于感觉信道研究便要求某种物理心理语言学破题框架，关于布洛卡区和威尔尼克区脑白质细胞、连接这些区域以及它们与其他相关功能区域的脑神经纤维的研究则要求生物的、生理的和生化的破题框架。然而，澄清上述问题有助于明示既有理论和模型的真实蕴含，也有利于了解新的选题所在，同时还可能支持我们从全新的角度去分析寻常现实，尤其是语言发展所蕴含的丰富的一般和特殊认知原则及其为相关问题求解带来的知识资源。这些问题均表明，我们已经面临一个透彻的相互作用论认识阶段，要求全面采用相互作用的术语解释语言进化、发展和使用的认识框架，而不是把注意力全面局限在前后环境效应范围。前后环境效应无疑具有良好的反应能力，但无超越该范围的参照便会重蹈"黑箱"覆辙。这是新时期选题的一种要求。要言之，相互作用论追求更高的理论明示度以及由局域拓展到智能原则化类型的且更为客观和系统化的解释能力。

第二节 语言发展中的相互作用认知事件

我们不妨先采用最为简单的事件框架来接近相互作用过程，旨在具体描述相互作用过程中的交互、交替、替换以及基于此种过程而在继后的语言发展相关数据中出现的相互作用效应。成人语言中的相互作用过程具有高度轨道化的发生方式。儿童语言处于一个发展过程，其中的相互作用过程更为不确定，但也具有特定方式归宿。故此，相互作用的过程只有与语言使用效应联系起来才会展示其理论意义，否则就会显得像是"交"而无"互"的智能遮蔽。

一 相互作用的认知事件

英语中"interact"一词及其派生词在学术篇章中的具体意义大多取决于具体语境。其中牵涉对象过程性质的用法主要出现于成人语言心理具体话题下的研究。具有相互作用论理论水准的用法为句子分析过程中句法知识和语义知识在各种场合条件下的使用、词的识别中语音知识与环境语义知识在各种场合条件的使用等。使用此种不同信息的过程可以区分为自下而上的加工和自上而下的加工。在有效场合，相互作用的问题框架主要牵涉语言认知过程的一个基本特性，即对于相关信息的使用是自主的、特殊单一信息使用过程还是多重信息使用过程[1]。出于良好且有序的理论解释的需要，"多重"信息的使用实际上通常仅仅涉及两种信息的使用。当然，一个例外就是，连接主义的神经网络模型均为多重信息同时使用的过程，而前馈和回馈本身也是具有进化和发展意义的多重信息使用的两个相互作用过程[2]。面对这样一种领域现实，我们显然需要按照某种宏观上当前有效的理解来框定相互作用的认知事件。一个认知事件主要牵涉一个或者两个认知过程以及过程中对于相关信息

---

[1] 参见 T. A. Harley, *The Psychology of Language: From Data to Theory*, 2th ed., Hove: Psychology Press, 2001. pp. 20 – 21.

[2] J. L. Elman, E. A. Bates, M. H. Johnson, A. Karmiloff-Smith, D. Parisi, and K. Plunkett, *Rethinking Innateness: A Connectionist Perspective On Development*, Cambridge, M. A.: Bradford Books, 1996.

使用的过程。我们沿袭使用自下而上和自上而下的加工过程来概括各个分支话题下的具体过程。我们的讨论目的主要在于解释两种过程所用信息资源的分布是否可以用简单交互过程中的解释参数来做预期。一项具体的研究要求提炼到渊源明晰的变量关系，但是研究者知识则不然。在这一意义上，原则功能的罗叠也具有理论意义。在理论原理上可采用的一个认识就是，如果在语言心理的发展或者语言认知功能的拓展中，自下而上的加工和自上而下的加工所形成的资源分布可以由交互的解释参数来预期，那么此种更为简单而规范的交互（例如替换）本身就是一种更为合理的理论解释。这是前沿研究的解释和领域理论体系解释的差异。显然，局域解释中的相互作用论旨在预期人们的认知面向语言实际是在做什么，而对于人们的认知可以做什么以及做什么容易或者困难的预期则需要全域性的依据。这实质上意味着：交互带来的解释参数是否有助于我们适用此类判断的依据？

语言发展的相互作用认知事件主要存在于儿童语言使用中。儿童的语言使用过程不外乎听和说。这两个方式中的最为基本的现象就是元素替换，无论替换的元素究竟是全息短语、词还是语句层面的成分。我们的问题是：儿童听和说的方式使用一个词、短语或者语句过程中出现的替换现象，其作用究竟有哪些？或者面向语言的进一步发展可以在哪些方面具有促进意义？既有观察主要涉及儿童掌握了哪些词，甚至对于这些词究竟是听得懂还是能够使用于产生的语句中均未作分辨。这样一种关注似乎主要在于解释儿童记住了哪些词，仿佛儿童记住了某个词就能够听懂和使用该词。这样一种知识状况几乎无助于预期儿童语言心理系统的发展水平。与此种单纯的记忆使用观不同，我们认为儿童的每一次语言使用都具有多重发展矢量，并且允许我们从中有序抽取具有多种不同理论意义的认知原则。内在论认可了语言官能带来的循环智能的制约和儿童自身创造性的语言使用。证据之一就是能够听懂和产生从来没有听到过的语句，证据之二就是儿童不大理睬成人对其言语的纠正。这也说明乔姆斯基关注的语法是产生句法。关于这个过程的另外一个说法就是语言习得装置或者普遍语法假设：（1）儿童作出假设，例如"我可以这样说吗"；（2）检验相应假设，例如"我不妨这样说说看"；（3）修改假设，例如"既然这样说不好，

第六章　关于语言发展的相互作用论

我换个说法试试看"。这个过程具有设置语言参数的意义。由此可知，产生语法、心灵规则、官能、自主体等既有阐释均属于在相互作用理论条件下才可能透彻明了的理论关系。

　　有鉴于儿童凸显的语音知识、词汇—语义知识以及句法知识的来源途径和使用问题，我们不妨从这些元素中寻找相互作用的机制，并且以此建立机制与接受其影响的因素的关系。这个理解是否可取，还需要看早期与语言相关的发展现象所可能提供的解释。令研究者们难以割舍的2岁以前儿童发展经历对于后来发展的规范作用似乎毋庸置疑。不少研究者对这个时期作出了细致的观察，给出了儿童语言描写。也有人注重这个时期面向语言发展的前期条件，开始了理论关联的尝试。相对而言，采用神经网络技术的模拟研究则取得了更进一步的成就，展示了矢量特征多层级多模块交互所拥有的心智运算功能。如何把相关方面的似有律域协同起来考虑并且形成一个有效的预期模型？我们适合从儿童该时期的相关发展表现中分析出一个从无到有、从低功能范畴到较高功能范畴、从自发反应到自控反应的维相。这是相互作用论可以进一步推进有关答案的一个具体环节。此外，神经元等是否可以提供一个更好的预期模型？我们虽然知道神经元数目和突触的发展变化与儿童信息加工的深度的关系，但因探测技术的限制这一想法一时难以成形。一个较好的选择于是就是以感知功能为观照中心的相互作用论。如前所述，这一相互作用论有能够较为方便地保持形实渊源的独特优势。如此，我们便拥有了一种机会，即从具有替换发生的相互作用过程中寻找我们需要的前缘和后效表现来形成预期模型。相互作用论对于知识来源途径的预期因而成为了可以检验的理论框架，并且可以揭示保持交互渊源的一批满足语言发展的原则。

　　相互作用论从根本上认为语言官能是离散的功能。带来语义发展的视觉系统与接收声音形式的听觉系统是彼此分离的感觉系统，二者之间的相互作用表现为经验联想记忆，视觉经验和听觉经验的交互的后效在经验联想的前提条件下得到词；另外，听和说是言语的两个独立的方式或者方式化的功能，前者依赖耳朵，后者依赖口鼻腔和肺部气流。儿童关于语言的假设只有在这两个方式的交互前提下才得以发挥作用。除此之外，语言使用既倚重侧化的左脑，也牵涉右脑。在左侧化功能区域中也存在布洛卡区和威尔尼克区的分离。这一分离的证据就是两者之间的连接的断裂不影响彼此的功能，但却会出现不能重复出听到的词的失语症症状。当然，交互的理解并不意味着推翻语言习得装置的说法，而是允许我们从相应认知事件中抽取具有不同的理论意义的对象性质，尤其是关于语言知识来源途径和使用过程的交互组件。

相互作用事件的矢量特征甚多。依据理论上的相互作用性质，词汇网络采用了语义特征作为其矢量特征，轨迹模型则采用了语音特征作为矢量特征。认知功能特征虽然未被采用，但也显然有着无须验证的矢量意义。鉴于此处的分析陈述目的，我们需要关注足以统领相互作用事件全局的基本事件项目，比如元素或者某个单位事实的替换，因为既有相互作用启示来源事件发生的一个必不可少的条件就是替换。我们将被替换的先前的场合中的元素记为 a，把替换元素记为 b，把 a 的各级场合 C 记为 C $\{C_0, C_1, C_2, \cdots, C_i, \cdots, C_n\}$，故而可以将第 i 级场合的元素替换记为 C_i（b→a）。鉴于以上分析，语言中的场合 C_i 的条件包括音节、词、短语和句子，进而还包括基础认知功能特征，如感觉、含显性/隐性注意方式、范畴/模式/样式知觉方式；进而再包括信息实体性感觉登记、实体性回声短语记忆和形象短语记忆、注重各种任务内容且具有认知建筑意义的各种工作记忆容量、以情节记忆为基本内容的长时记忆、具有长时记忆信息使用方式意义的语义/陈述记忆及程序性记忆。此外，经验语言分析和概括的规则知识最起码也是语言形式系统的一个限制来源。最后，产生和接收两种方式中还可以抽取上文没有提到的矢量，尤其是产生过程中的发音难易度特征。总之，我们把相互作用的认知事件发生的全部可能的场合条件都看作可以当选的理论解释参数。这个选择范围的基本考虑就是相对于基本替换项的有序性和可取性，尤其是需要满足有序地、衍生地解释出语言认知功能的拓展轨迹。无序的、缺乏参照的、没有权衡的相互作用论便不大拥有理论价值。

相互作用的可观察的认知事件 C_i（b→a）故此可以表现为：

(1) $C_{音节}$（语音$_2$→语音$_1$）

(2) $C_{词}$（音节$_2$→音节$_1$）

(3) $C_{短语}$（词$_2$→词$_1$）

(4) $C_{句}$（短语$_2$→短语$_1$）

二 语言认知交互与使用（频率）效应

进一步的问题就是：以上事件过程究竟可有哪些变化以便与尽可能多的其他矢量关联起来并且形成具有预期模型意义的认识框架？对此，我们面临面向语言发展的学习场合和使用场合这样两个选择项。从认知意义的角度出发，我们不难做出这一选择：学习是在输入与输出之间可以更加直接地实现预期的一种行为。因此，使用并且基于使用自身的语言发展是具有更为基础的认知科学意义的对象。乔姆斯基[1]为认知科学对象选择提供的一种依据就是，能够由较少的数据产生大量知识的系统属于优先关注的对象。这似乎就是普遍语法假设的理论价值所在。从相互作用论的角度看，使用则是在由较少的数据产生大量知识的心智过程中的内核和具体实现。语言发展中的具有认知过程意义的使用效应到了产物层面又可以叫做频率效应，例如音系处理中的语音配列频率效应[2]和言语感知词频效应[3]。这类效应本质上支持心理经济性和心理效能性规定的认知策略。心理经济性原则的意思是，因为注意的重新调整会耗费大量心理资源，所以语言使用过程需要合理使用注意资源。词语的提取使用需要在认知上拥有便利的路径，经常使用的词语容易从记忆中提取，不经常使用的词一是不可占据最为方便的位置，二是也要能够被语义框架"打捞"出来在需要的时候获得选择。效能性原则指发挥出资源的最大效益。比如语句中的异常元素既要能够反馈给自己的产生系统，也要能够反馈给经验语言的认知系统加以分析。因为产生系统的分析虽然高效而且直接，但是其能力是有限的。听话人需要听懂语言环境中任意说话人的语句。为此，必要的经验语言概括知识有时可以获得事半功倍的效果。心理经济性和效能性两者因此互抑互彰。语言进化储备

---

[1] 参见 J. Campbell, *Grammatical Man. Information, entropy, language and life.* New York: Penguin, 1982, p. 167.

[2] S. E. Gathercole, C. R. Frankish, S. J. Pickering, & S. Peaker. "Phonotactic influences on short-term memory", *Journal of Experimental Psychology: Learning Memory and Cognition*, Vol. 25, No. 1, 1999, pp. 84–95.

[3] H. B. Savin, "Word-frequency Efect and Errors in the Perception of Speech", *Journal of the Acoustical Society of America*, Vol. 35, No. 2, 1963, pp. 200–206.

第三篇 交互

可能使得语言发展过程中的某些相互作用环节不再需要注意监控,尤其是说与听的基本方式的激活,但语言知识的来源途径相关的表现仍然接受相互作用模型的预期。

话题回到使用频率问题上,尽管其各种表现本质相同,但是理论版本可以不同。第一个版本是词语虚化。在既有研究中,人们注意到词语的虚化①,即冠词、动词等形式意义强的词的记忆形式属于心理实体,但是随着使用频率的提高就会虚化为语法意义运算程序。这个理解对于儿童习得母语的情形也同样适用,因为两者在词语输入处理的信息加工过程并无二致。第二个版本就是自动处理模块化②,即经常化的程序步骤因应被操作的项目而出现模块,模块因此主要对应于认知功能与语言形式中的大类,而非语言具体项目。也就是说,词自身不直接构成模块,或者说不会以神经纤维信号的方式直接选词。神经纤维连接直接支持的是基础性的认知功能。神经语言学的发现貌似提示了由脑细胞及其突触提取词,但是大脑功能结构作为进化上最为谨慎的主体属性不会支持此种冒失的选择。词仍然只是接受基础认知功能的操纵。第三个版本就是认知建筑化或者认知功能化。认知建筑可以表现为所有认知任务中的主要成分、因子条件或者一系列认知容量(capacities)。这些容量依据人们实际遇到的认知场合和任务而呈特定分布。工作记忆容量相对于语言的编码和解码的系统就是信道容量,具有由容量探测结果判断语言发展水平的预期能力。认知建筑的作用具体到语言结构上则表现为短时记忆对于句子结构延伸的方式化的限制③,决定了人们处理不同的句子结构的难易度。再就是语言认知功能的发散和收敛问题,我们不妨将其称作语言认知功能干支化,即随着人们对于越来越多的语言认知场合的认定,语言的认知过程也越来越多,例如各种元素和单位结构的消歧。但尽管如此,随着反复的使用,各种认知过程会在自动建筑上趋近于某种功能归宿。此种变化趋势的结果便会使得语言认知系统的内部机制联

---

① 桂诗春:《不确定性判断和中国英语学习者的虚化动词习得》,《外语教学与研究》2007年第1期。

② J. A. Fodor, *The modularity of mind*, Cambridge, M. A. : MIT Press , 1983.

③ J. Kimball, "Seven Principles of Surface Structure Parsing in Natural Language", *Cognition*, Vol. 2, 1973, pp. 15 – 47.

系更加规范。换言之,语言认知系统所认定的语言使用场合更加符合认知系统与形物玄域中各种关系的实质渊源。从语言学的角度看,此种趋向的结果必然是一个具有心智构造意义的层级结构,而从语言认知功能角度看,也必然是基于相互作用之间依存关系的特定干支功能结构。该干支结构的运作就是依据场合条件调用语言认知功能。为了方便理解,我们也可以将其表述为因为场合化的相互作用而出现的语言认知功能建筑。进而,我们还可以为使用频率效应添加一个词形化版本,即随着词的功能范畴不断增加而仍然保持其向认知监控系统反馈能力的一种自动变化。一个与词形化过程相伴随的变化因此是实体功能范畴化。高频词随着使用次数的增加而在识别过程需要的注意力越来越少,在信息处理过程中的记忆实体性越来越低,然而透过实体域对于一般世界经验的运用的水平也会不断提高。词形化之所以值得特别一提,原因是功能性的词形漂浮不单纯是功能范畴化深度加大,还可能包括因为新的提取线索不断增多而主动上浮。客观上,语言认知系统因为效率要求而无法在工作记忆中同时管辖这类词的心理实体特征和功能范畴特征,例如词到唇边的现象。当然,我们也并不认为词语输入过程的心理实体性记忆因此而消失。当词语孤立呈现时又会激活实体性记忆。这抑或可以是词语频率高低换位的一个支持基础,即曾经的低频词成为高频词,而曾经的高频词成为了低频词或者退出使用。使用频率效应的诸种表现因此拓展了相互作用的认知事件的影响范围。

综上所述,大脑功能结构是心智进化的谨慎后沿进化机制,属于自然智能原则化为各种场合中有效的认知任务提供的求解结果。这个机制必须通过所有的认知功能层级对语言使用的频率和场合变化保持敏感。其与控制系统的关系则由资源杠杆来达成。相对于人类的认知任务的总体,资源节约效果最突出的相互作用过程担任基础性的交互或者干交互,其基本过程具有方式意义,而具体过程则为听与说;一批高频词语的使用相对于资源节约要求便是语言心智构造中重点关照的对象,需要达成模块功能,例如语音模块、句法模块和词法—语义模块。模块是自动化处理过程的知识使用方式,可以大大降低语言心理负担。换言之,最为重要的基础性的交互应当是无须注意投入的方式性交互。次重要的交互作为注意要求低(或者转换方便)、效率高的模块过程来实现。低频词语则由注意和语义框架来操纵。词语相对频率的变化则仅仅涉及语义框架机制的调整，因而可以尽量避免引发全域性重构。综合起来，从心智构造上看，面向一种技能或者技艺的习得，干交互层级显然不能太多。语言在技能域中功能形态的发展便是如此。

第三节 语言认知事件的交互功能

语言发展具有何种律域？行为主义给出的答案就是模仿和习惯性连接；内在论答案是创造性使用，尤其是体现句法的内在规定性的伺服装置；连接主义给出的答案是交互预期的频率效应或者多重相互作用效应。我们进一步指出，在多重相互作用的前提下，有一组确定的语言认知过程来匹配语言行为的输出产生和输入处理两种方式；任意一个场合都有一个包括主体和环境条件的功能价值分布；随着语言发展，场合条件的所有的功能价值分布中存在一个体现功能依存性的因子型干支拓展轨道。儿童在任意一个时刻，都有可能执行诸多语言任务或者在认知功能上允许的任意一个可能任务。单纯由表面事实看上去，此种现象几乎是凌乱无章，但在功能上却有着内在的规定性。其中"交"而有"互"的方式适合采用认知两相性来做说明，并且在理论上可以对其他相关理论达成内涵性取舍、价值权衡和认识综合。我们借此明了交互对于认知系统发展的无可阻挡的驱动力和规范力。

一 认知交互中的两相性

讲究相互作用论或者该认识框架下的交互，无非是利用交互事件过程可能发生方式赋予的各相关事实的关联来揭示对象规律，而且是在既有认识的参照或者蕴含参照的基础上来实现进一步认识推进。既有一般认知关注得出了丰富的认识成果，前文将其中最为显著且彼此相容的成果系列的基本认识概括为标准认知理论。这个理论把历来的关注点分解为话题呈现于世人和课堂。交互过程的种种相关方式则有助于丰富标准理论之下话题间的联系或者真实蕴含。我们的问题是：交互过程可以呈现何种一般认知理论原则？或者说，贯穿起来看，在理性与经验的知识学玄域中，相互作用理论可以如何通过分析而对于现实问题精细求解？

语言习得者的认知系统需要通过当前词创造性地使用出"下一个"词，而非仅仅在下一次使用出当前词。一般认知关注重在揭示再次提取到当前词的实体性记忆，而类似心理语言学的关注则明显需要侧重预期"下一个"词或者其他功能单位的认知功能系统。在相互作用论的框架下，交互便是基于既有认识，按照最为简单有效的心智运作的两相性来逐步拓展理论对于对象事实的关联解释。基于既有认识，尤其是标准认知理论，我们依照交互过程的特点采用虚实两相性、动静两相性、因效两相性等来揭示语言认知功能系统的参数。所谓认知功能参数，就是能够具有贯通整个语言认知系统运作表现的认知功能条件。

首先，交互过程本身就是人通过认知系统与环境的相互作用的要害过程。其具体发生方式取决于场合或者认知主体对于场合的认定。场合条件众多，尤其是考虑进化和发展所面临的各种主体条件和环境条件。采用经验认知关注的认识框架，一个交互的认知事件可以表征为两个方面：对一个项目处理的记忆后效一是获得一个记忆项，二是属于此项的一种操作，记为 C_i（b→a）。换言之，交互过程涉及一个前后环境、一个被替换的经验记忆项以及一个新替换项。这个交互表述适应了经验层面的心理实体性概括。其中替换过程就是操作，蕴含了一个变化条件的新的操作。然而，相对于上述过程中的心理实体经验，交互事件可以提供的一种事实关联方式就是在于进一步为 C_i（b→a）这一交互事件赋予功能虚体意义。心理实体接受注意、记忆表征和回忆使用的操作，而一个元素序列无可注意的规定性属于实体性认知的操作过程达成的功能效果。该虚体便是李耳之所谓"无之以为用"之虚。此种交互效应或者语言使用效应一方面影响事件后续的认知表现，另一方面则构成了一种自然智能的新现实，即其功能辖制范围内增加了一个场合条件。例如范畴听辨就是知觉的不操作语音边界，这个当前认知上的不操作的边界却具有重要的发展意义。不仅知觉功能范畴如此，感觉功能范畴和记忆功能范畴亦然。寻常使用者都难以达到能够觉察语言相关的自然智能这个深层底蕴，即所有功能层级都活跃地参与当前产生或者接收理解任务。因此，所谓自然智能具有超然一面，即不是所有主体都予以自我控制的认知能力。在这个层次上，认知必须依据条件选择什么操作或者不操作而获得操作之功，什么表征或者不表征而获得表征之效。总之，此

第三篇　交互

种选择涉及"无之以为用"和"无为而无不为"的认知后效，因此构成一个重要的认知赖以成为事实的主体策略。认知的虚实两相性可以显现出因效交互原则，例如语言认知功能拓展的矢量方向，包括词交互的音系后效、语义后效和语法意义后效。此种关联有助于确定内在语法、类比语法和经验表征语法等的功能价值。

其次，除了虚实两相性之外，一个交互过程还具有动静两相性，而且适合拟设一个使得动静组件在功能上协同的中轴。这个两相性的意义显而易见，例如一个磨子需要有固件、动件和确定二者配合方式的旋转中心轴，三者缺一不可。C_i（b→a）这一认知事件中的功能建筑因素就好比是"固件"，b来自外部刺激或者作为心智过程的内部生成（归根到底亦属一种经验概括方式）的刺激特征就好比是动件。前缘交互和后缘交互与当前交互的渊源项贯通三者的认知过程，因而具有功能范畴化中轴的意义。数据上则可以由已知元素、新元素等各种处理和操作的反应时及频率来体现。当然，此类数据属于理论表征数据，相应选题研究当然可以采用磁共振成像等技术手段。但是，表征数据的重要性不言而喻，这就像医生并不需要采用研究时所用的解剖学数据来诊断病症或利用新的研究成果一样。不过，虽然动静两相性具有普遍意义，但具体"动件"和"固件"却是局域性的。贯通性的功能原则主要在于维持不同交互之间的依存性渊源。动静两相性因此进一步延伸了理论解释力。尤其是恰当赋予了语言认知过程的参与因素的实际功能价值表现，因而方便我们在理解上突破局域解释的局限性。这个比喻还只不过是沿用前文的比喻。一个更为恰当甚至更具理论意义的比喻就是陀螺。正如人们在一个稳定的环境中的例行反复一样，儿童发展也在其可及环境中循环经历发展型环境因素。儿童的认知功能在其内部因素和外部因素综合环境中也同样具有陀螺运动的动静两相性。无论现实诊断分析结果如何，这个方便的理解或者理论关联无疑具有深刻的玄因。

进而，交互也具有因效两相性。输入项为因，或者说相对而言趋近因果关系的相对因。除了输入项的记忆及其操作之外，交互过程还有既有理论忽视的面向进一步语言发展的条件项出现，例如音系功能要求利用多重资源的多重交互来完善其功能，而不是直接利用语音学习来实现。我们不妨将此种基于功能使用经验的知识来源方式叫做"派生"，可以看作是"内渗"和经验观照等知识过程的一个运作环节。前者为知识反馈的途径,后者重在经验层的确认。故此,一种交互往往是一因多效的过程,例如产生和接收理解的方式交互似乎可以促动整个语言心理系统的发展性变化,包括各种模块功能的形成和完善。再如花园路径句的拆解作为场合交互的解释也牵涉众多资源的使用。知识派生因此是保持主体认知渊源的知识来源途径。其中,最早的心理实体性强的词交互是一因多效的,包括逆向作用于脑神经机制的诸多功能部位和正向作用于一般认知和特殊认知的多重认知功能层级。多因一效的交互则是在因素场中与一因多效反向关联的场合化的认知功能,例如贝叶斯信念网络决定词的句子成分的模型和连接主义的下一个词的预期模型均支持多因一效的理解。

以上讨论的交互解释的有效延伸维度无疑是我们选题和解释相关发现时需要的考虑,尤其是对于场合因子条件的考察。故此,在相互作用条件下,虚实两相性、动静两相性和因效两相性均在于延伸理论解释力,对一种交互关系提供确切的判定,并且在新的认识条件下达成类似形而上和形而下的理论效果。我们认为,认知两相性是一个有着主体认知渊源的强制性的认知理论原则,故而也是今后理论认识发展并且部分地取代模型理论价值地位的一个重要的明示路径。

二 语言认知交互与认知功能

如此,语言认知交互与认知功能模型便是我们此处的当然话题。关于认知基于局域发现的解释理论的权衡性框架显然就是场合化的认知功能框架,即具体认知过程的凸显都有一定的场合条件。所谓权衡就是各种有效解释的综合、折中或者侧重,旨在解释某种对象性质,尤其是功能性或者同一个认知过程的因子缘由。这是采用双因子设计的研究普遍面临的一种情况。我们将这种权衡结果阐释出来可以方便选题和降低理论困惑,从而有利于各种理论在认识推进过程中发挥合适的功能价值。换言之,因为语言发展中具有话题和主题意义的对象均具有功能价值分布,没有考虑到此种分布的既有理论便需要经过权衡才能合理发挥认识框架的作用。科学的进步一方面依赖前沿研究,另一方面则要求理论权衡。当前认知科学分支领域众多,一个选题点究竟适合采用哪一个破题

第三篇 交互

框架，这往往就是理论权衡的结果。如果背离良好权衡结果，一项研究的结果作为认识成果则有可能一时不方便获得归纳概括。如果说权衡至少涉及两种理论解释，那么基于折中所得的第三种说法也就自然具有了有效性和合法性。目前的认知科学领域中的相互作用论恰值这样一个权衡关口。我们在第一章和第二章中分析陈述了相互作用论的历史渊源和认知渊源。继后各章面向语言发展逐步将认识推进到相互作用论的交互实质点。至此，我们有条件再次阐释认知科学中一些相关且重要的理论建构面向新的选题的理论共效。总之，通过前面的分析陈述，我们可以采用四个具有知识学意义的原则或者系统的分析工具：（1）承袭理性主义的内在形式；（2）承袭经验主义的外部经验；（3）讲究主观便利的理性实体或倚重内部系统性渊源的概念；（4）讲究感知准确性的经验实体或倚重外部渊源和预期准确性的概念。我们对于环境采用了讲究输入贫乏和可学习性的经验提示这一理解。我们在此处的问题是：就认知过程关注而言，我们采用相互作用的理解对于当前的领域现状究竟可以带来什么特别的理论方法？

　　首先，交互的理解默认认知功能相对于场合条件或其组合的对应性。认知理论的一个着眼点就是什么是可变的以及什么是不变的，理论就是要赋予可变性和不变性一种附带解释，从而纯净当前关注的焦点或者在另外一些情况下将二者置于当前关注焦点外的蕴含之中。认知功能交替的观点因此认为变化的是场合。每一个不同的场合都有其自身的条件组合，包括主体条件和环境条件。认知功能的交替并不是主体需要控制的过程，虽然主体在某些情况下可以自我控制。自然发展的认知系统在能力上崇尚随机应对场合变化，而一般只有全面有效的自我反思系统才崇尚自我控制"巧夺天工"。具有自然智能意义的交互效应因此是在不同场合认知功能运作的后效。这在语言发展领域就是语言使用效应。通过前面的探讨，交互效应的第一个解释就是语言知识和模块能力分布于交互项的区分性边界，认知功能自动产生模块，而对于模块功能特征的渗透则产生主体自我明示的知识。这个来源方式并不推翻既有知识学探讨和认知探索的结果，而是使得我们进一步明确了知识过程的内部环境和外部环境的关系。这个解释也可以看作是各种语言事实所蕴含的认知渊源。第二个解释当然就是知识的使用了。具体的认知过程系由场合

第六章　关于语言发展的相互作用论

因素调用。这是典型的相互作用理解，也是心理语言学的各个话题之下没有例外的一种概括。这个解释也使得一些局域关联的认知意义不那么重要，例如"The horse raced past the barn fell"这个花园路径句的分析理解，在过程上牵涉由自然处理的内部认知功能场合向自上而下加工的内部认知功能场合的一次转换。在该转换过程中，前一种处理过程强制性地要求第二次句子分析必须是自上而下的。不过，这个附带的强制虽然也可有理论建构意义，但是其场合的典型性则不如"The horse raced past the barn"以及"The horse fell"。换言之，花园路径句可以主要牵涉一个额外的句子拆分。从场合的角度看，该句的拆解展示了在语言条件下的场合因素符合预期的分布与不符合预期的意外分布。我们不妨将其看作由意内向意外的形式拓展。在句法知识和语义知识的使用上不出两种典型情形的操纵意义。尽管如此，认知功能的理解也可以把场合的关联型转换看作第一个解释范围内的现象。由此可见，句法的理论意义之一就是描写语言，之二就是语言认知功能；句法的现实意义在于人们有时需要"找"意义以及有时因为意义特别需要为听话人提供寻找意义的线索。因此，语言知识的使用首先应当经过交互使用，然后就是心理实体性词语的"研磨"使用效应，再后是语言形式层面的依赖于认知两级干交互的支交互。因此语法意义就是一个意义探索的相互作用律域，而意义探索也是语言发展过程既适用于言语产生也适用于言语理解的心智过程。第三个解释就是交互智能。交互层级越多，其智能构造水平也越高，参与交互的干支层级越少，智能构造水平也就越低。自然智能多线条地跟踪记录由交互布局出来的模块过程的频率，同时也多层次地为下一个语言单位做预期性的概率排序。要言之，在后相互作用论时期，语法意义才是当前关乎认知之要的语言关注的着眼点。相应的理论方法由语法意义这一具有认知和语言发展意义的认知功能交互原则而定，而非既有语言经验主义的定义。

其次，交互的理解确立了依循各种既有理论建构的研究取得的发现和解释的再阐释方式。这是解释理论权衡的一个具体体现。总体上，方式（modality）包括了神经系统对于某一类认知任务的自动或者熟练的响应方式。因此属于主体条件或因素的集合。其中发挥限制作用的因素需要通过交互的理解才能恰当预期其面向语言发展的功能价值分布。因

第三篇　交互

此，方式因素系由不同场合或者认知功能去启用和适用。相对于单纯注重主体因素的方式，认知功能方式主要在于说明所有语言认知过程的发生方式其实是必然现象。只要是语言，就必定要有词，就必定要有句子。这个显而易见的"道理"却有着在具体物理环境条件下的认知功能场合化的深刻缘由，尤其是认知与环境相互作用的必然功能归宿。语言的变化域也有其必然区域或者可能性范围。这就是说，开放的系统仅仅说明了智能性的循环。理论则是在于反映面向语言的认知功能参数。这些参数就像是一组工具。利用这一组工具可以产生的产品似乎可以是无穷多，但是实际产生的语句都有着一定的场合或其使用场合的一定的分布。不仅如此，认知功能方式是基于交互的前因后效的自然作用，因此语言发生的可能域已经经过了一种较为严格的限制。具体说来，认知功能方式可以体现为语言认知场合的分布，例如处理的场合和自上而下的场合、使用的场合和习得的场合、正常的场合和异常的场合等。其实就算是异常，其发生也是高度轨道化的现象，例如音韵提示。语言认知功能方式说明场合的重要性，表明人与自然的关系体现在语言上具有一定性或者一定的可变域。换言之，语言系统在形式上貌似可以产生无穷多的句子，但是场合却不会允许出现任意的产品句子。自然智能则是基于认知功能及其场合的统计数据，为语言发展求得最佳方案。语言使用者只是关注相对于自己的条件什么是容易的和可行的，而自然智能总是在一系列的方案中找到最为恰当的方案作为语言发展的蓝图。因此，自然智能就是伴随认知过程的对于场合变化敏感的适应和调整能力。认知建筑是面向所有的认知过程发挥作用的全体主体因素作用的概括系统。从数据上看我们似乎可以有好几个版本，例如所有认知任务的关系型因子集以及影响各种认知任务的工作记忆容量。后者似乎已经获得学界普遍接受。故此，这个理论建构其实也是说明认知功能、认知功能对于主体因素的功能价值分布以及人们透过认知与环境的相互作用。不仅如此，认知功能是经过环境条件限制的认知过程，也是认知容量许可的实际过程。这就意味着，认知功能及其对于相关事实的关联具有更高的反思度。工作记忆是对于所有的认知过程或者认知任务的一种容量限制，其主要成分反映听觉信息处理与视觉信息处理以及语言认知功能和一般认知功能。准确地说，这些主要成分就是人们的认知系统中存在的自动性和组块性最高的功能域。这个理论建构的实质因此也是场合化的认知功能。我们不妨将反映相互作用过程的认知建筑叫做认知功能建筑。其因子条件需要经过交互的过程去认可,而心智的真正的"设计师"是依据场合条件及其功能价值分布提供各种解决方案的自然智能,认知功能是其实现和运用过程。

表 6.1　　　　　　　　相关理论特点对照分析表

	方式 modality	认知功能 Cognitive function	认知功能方式 Cognitive functioning (mode)	认知建筑 Cognitive architecture	认知功能建筑 Cognitive-functioning architecture	自然智能 Natural intelligence
认知域	一般	一般 特殊	一般 特殊	一般	一般 特殊	一般 特殊
交互性	无	有	有	无	有	敏感
场合性	无	有	有	无	有	敏感
因素	主体因素	主体与环境交互点因素	主体因素与环境因素相互作用方式	主体因素	主体因素与环境因素交互所得功能因素集合	敏感
拓展性	无	有	内蕴条件增加	无	拓展轨迹	敏感
理论作用	探测主体条件	探测场合条件	探测场合条件的分布	探测主体条件	探测交互对于场合条件适用的轨迹	认知规划,认知发展问题求解

表 6.1 忽视了认知过程和工作记忆。前者指称体现认知规律的对象过程,所以作为话题称呼而不属于理论建构,后者是有着数据支持的界面性理论建构,与认知建筑异曲同工。以上分析表明,我们倚重表征相互作用前因后效以及认知过程的场合性和功能拓展性的一组术语。但凡认知理论,无疑都始终需要努力抓取认知现象的要害,以便向着知识学上的主观背离客观、感知欺骗性等现实问题诊断及解决贡献。这就要求进一步去粗取精,去伪存真。我们当前选择重视认知功能方式下凸显的场合因素的选题,突出认知过程发生的多重渊源(尤其是交互渊源),关注一般认知原则的抽取方式。这尤其是科学理论系统地跨越不同认知传统以及有着重大变化的场合时应有的考虑。不仅如此,在新的理解框架下,既有发现的证据价值也可以获得方便、确切乃至自动评估。

三　语言认知功能拓展的交互干支

如前文所述，依据信息流程提供的认识框架和既有观察，儿童语言发展过程中的最为稳定的因子因素无疑是基础性的感知功能以及由这些功能支持的言语行为方式。方式既是语言使用者之间的相互作用层面，也是儿童认知与经验语言之间的相互作用层面。基础感知功能则在经验表征的功能条件下交互地丰富语言方式主体内蕴，展示出一个不断拓展语言认知功能的轨迹。这就是理性实体的功能域。如果说认知功能建筑就是相互作用条件下内部因素与外部因素相对于各类认知任务的功能关联方式，那么认知功能拓展过程的交互干支就是统一贯通各种原则的简易机制。

言语行为方式包括说（产生）与听（接收）。二者的交互发生于语言发展全程，但早期的交互具有特殊意义。自然界无论多么低等的动物都有发出信息和接受信息的"交际"行为，而人类儿童从出生的第一刻起就具备了言语行为的基本方式，即能够发出叫声并且对声音能够作出反应。此种声音既有人类的天然声音功能系统的意义，也是自然进化帮助初生婴儿宣告自己的降生作出的选择。随后几个月中，言语方式的实际内涵不断充实，例如面向言语产生在第 2 个月发出咕噜声，在第 5 个月产生听到的语音，第 7 个月左右产生元音和辅音串，在第 11 个月左右使用出第一个词。这个产生功能的每一次拓展也具有听觉功能范畴的拓展的支持。儿童第 9 个月就可以理解话语，第 11 个月对母语语音则不再需要维持兴趣，1 岁左右可以理解名词。由此可见，方式之间的交互作为干交互不失为早期语言发展的一个良好的分析框架。

早期的方式交互主要是交替地调用基础感知功能，尤其是听觉和视觉功能。我们不妨称之为视听交互。尽管最早的"说"作为言语产生方式仅仅使用单个的词，但说话仍然要求眼睛和耳朵按照信息流程来处理情景信息，尤其是短时记忆或者工作记忆。幼儿从第九个月起就开始使用交际性的手势，从第 11 个月起就开始使用词。这就表明处理情景信息的工作记忆对于幼儿通过说和手势发出信息至关重要，包括定位交际对象，参与听话人与说话人以及两种角色轮换的社会相互作用过程。同样，儿童从第 9 个月起就可以开始理解人们的话语。在这个接收方式下，听觉功能和视觉功能分别承担语句形式输入和指称等语义性推断的作用。在这个过程中，听觉过程和视觉过程的交互是产生词所需要的经验联想的前提，而词的使用也为进一步功能拓展提供了前提。方式交互因此为一种难以言说的对象事实提供了理论化的方式，即采用已有记忆理论解释儿童的认知功能，交互则进一步把视觉和听觉确立为理论组件，提高了认知科学解释词义现象的理论水平。从认知渊源上看，这个理论组件显然更加客观。

如果方式性交互在幼儿初生时天然有之，那么词词交互便是语言发展过程中的第一个里程碑。儿童在1岁左右使用第一个词，但却需要待到第15个月才使用第二个词。在两三个月的时间里，尽管不同幼儿对于第一词有着不同的使用频率，而且低频儿童后来的语言也不一定差，但就单一词复用的作用而言，我们仍然可以寻找到使用场合的交互。这些交互有助于儿童经历语用事件中蕴含的主体与环境的相互作用关系。猩猩语言训练的一个重要障碍就是缺乏支持语言发展的社会关系认知。第二个词出现后便具有产生方式下的词词交互。这不仅允许了儿童进一步理解名词的形式功能，也引导了2岁儿童的词语爆发。相互作用论将该效应看作词词交互的语音和语义后效，即产生系统具有音系功能和语义检索功能，从而也使得用意具有了语言意义，而不是停留于行为性的用意。当然，这个时期的接收方式大大超越了可以产生词的范围。不过，其中哪些词获得真正的理解，这是环境中的成人一般很难把握的问题。儿童在开始产生第一个词的时候就已经开始表现出对于母语语音兴趣的减退，因而其接收方式运作的作用主要表现为语音表征的功能特征，尤其是面向范畴听辨的功能特征。没有产生性语义系统的拓展，儿童输入处理未必具有良好的形实承袭渊源范畴。

如果说以上交互主要是方式交互，或者说其中的词和句均是具有行为意义的词和句，相对缺乏实际语言形式范畴，那么，双词句的使用则是儿童语言发展的第二个里程碑，并且由此开始了具有语言系统意义的句词交互。儿童在第18个月左右使用第一个双词句。尽管此时的音系功能和语义系统远未完善，但是句法对于语言发展者与其说是内在的，不如说是一种意义策略，即儿童必须通过语言行为事件在其环境功能范畴限制下察知语法意义才有可能创造性地使用语言。所谓主题角色和论

第三篇 交互

元结构不过是儿童探索意义的途径。如果说单词句允许儿童探索言语行为功能，那么双词句阶段则是重在以相互作用的方式运用语法意义。这个过程的必要性体现于双词句阶段的语法混浊，例如"Allgone milk"具有两种顺序。我们因此认为，语法意义如同某种沉静剂使得该阶段的儿童语言形式清爽起来。鉴于该意义探索的过程，我们不便直接得出儿童是在设置语言参数的结论，尽管我们也并不否认普遍语法作为意义探索的功能后效的理论性。既有努力试图找到其中的句法奥妙，然而只有等到儿童成功设置了语法意义才可能出现语言真正的形式系统。这个设置在英语和汉语的情况下意味着可以有一个词语替换假设。双词句阶段的词词替换具有多重后效，包括语法意义这个形式与命题意义的相互作用域。"breaked"这样的尝试因而首先是儿童检验语法意义假设的证据。如此看来，句法至少在语言发展的双词句这个关键阶段是对于意义的运用。在这个阶段，听觉作用于言语输入及其进一步的分支型交互，视觉作用于词语对象、一般语用情景以及它们在一般认知和特殊认知意义上的支交互。因此，交际功能范畴（尤其是用意）和意义范畴化必须先于句法范畴。这是资源驱动使然的认知功能拓展方式。语法意义的成功设置是语言习得机制大体完善的一个标志，表明语言的包括词语组合在内的方式在认知功能上已成"气候"。

依循这一入题和破题框架，儿童在2岁和3岁的这一年时间内的语法意义设置方式便具有了重要性。如果我们问一个叫做东东的孩子"哪个人"，而如果答案是东东自己，我们便非常可能得到"东东人"这一音义生成形式。这个词是依循词法意义在词的环境条件下的交互。虽然经验语言观无法认可此种儿语词，但是其中交互功能明显对语言具有积极意义，因为如果没有"东东人"这个跳板，"东东"的答案似乎只是语言认知堕怠的后效，无须习得者心智的努力。C_i（b→a）交互中的前后环境 Ci 如是发生于音节、词、短语乃至整个句子的环境中而构成多重交互。一个合适的概括就是，两两之间具有依存和交互关系的各个感知功能，通过恰当的场合性交互不断提升认知功能层级，从而达成满足两种方式下语言认知功能范畴的升华。如此，我们便可以进一步欣赏工作记忆等理论建构蕴含的对象渊源，明了语言异常的真实缘由，包括类型化优势和劣势、语言认知任务的难易度以及经验语言的真正来源。同理，我们要珍惜和欣赏现实，便首先需要通过交互的发展因效来明了什么是语言认知上容易和困难的，什么是可能和不大可能的，什么是不变和可以改变的。

第四节　经验刺激与语言认知功能范畴特征

知识究竟滞塞而成陷阱还是沿着认知功能范畴特征通向一片片认知沃野？我们由经验刺激的作用级次也可见分晓。基础感知功能呈现一个交互主干，在信息加工的过程中不断通过支交互添加功能层级。各较高功能层级或支交互均为经验刺激带来的信息加工层。加涅信息流程认可的信息加工过程无疑具有广泛的理论适应性，但相对于相互作用论，其流程的效力似乎完全来源于认知功能交互。如果我们沿用磨子的比方，那么基础性感知功能作为交互的一个"固件"方，交互所得信息加工层级则是磨齿，而经验刺激作为动件方也具有知觉模式动件"磨齿"。两种"磨齿"在主体条件和经验刺激条件满足"咬合"要求时便会研磨出新的具有知识意义的模块或者认知功能范畴。这个比方说明，经验刺激条件一是接受主体既有条件的选择，二是主体机制对其模式特征的交互性加工启动模块功能或者信息加工的神经网络的功能节点。此即"朴散则为器"的过程。相对于当前认识现状，关于这个理解有几点需要我们在此做重点关照。

第一，如前所述，范畴特征不是单一呈现于经验刺激的模式中，而是与其他范畴特征共现于一定语句中。但是在种种认知功能方式下或者认知场合，这些特征不单纯是一种知觉模式组合事实，而是一种具有规范意义的交互现象，例如言语理解过程中凸显的新词规定了自上而下的加工的必要性，而产生过程在生成地使用出新词或者新的表达形式时也需要自上而下的加工。严格来说，每一次语言使用都有某种性质的交互，比如如果没有任何新的语言成分，我们至少还可以从中找到新旧场合之间的交互。然而，要在理论上充分认可现实中的相互作用效应，从最根本交互参数说起则甚为必要。这恐怕就是后相互作用论时期领域认识推进的一个重要且具体的要求。

第二，产生和接收方式中交互带来了经验刺激一般性和特殊性问

第三篇 交互

题。首先，方式内的交互都可以采用"磨子"比方来做理解，即感知基础功能为"固件"，交互生成的模块的既有主体条件为"磨齿"，经验刺激中凸显的并且能够获得处理的新特征就是当前带来新的模块或者"磨齿"的交互项。但是，经验刺激在跨方式交互中的情形则不便这样一概而论。理论上有效的经验刺激在两种方式条件下具有相对功能价值差异，该差异可在可用资源分布的这类理解框架中达成统一的表述。具体言之，两种方式都有一般认知型和特殊认知型的交互，但是儿童言语产生的第一种经验刺激适合是儿童看到的词语对象或者词在记忆中表征所得的概念。第二种经验刺激则是儿童因为内部冲动和相应表达需要而出现于意念中的新概念。这个新的概念或其对象要求儿童生成地使用出新的可解释的表达形式。理性主义和内在论似乎会把此种概念来源看作内在现象。但是，我们认为新的形式的出现无疑也应蕴含对于既有言语经验的概括效力。故此，儿童言语产生的两种刺激实质上都具有跨方式交互。

第三，为什么一些交互获得倚重而另外一些可能交互没有发挥作用？该"磨齿"虚缺问题牵涉人与自然世界是如何通过认知逢场的。应对外部环境变化且具有认知意义的感觉系统主要是听觉和视觉。听觉的敏感范围为各种方式造成空气振动在一定频率和振幅范围内的声音。视觉则对颜色、大小、形状、动态、距离等信息敏感。当然，如果嗅觉、触觉、味觉、动觉等均不参与对象认知过程，一个认知系统将会有严重缺陷。正是由于经验联想把众感觉来源的信息联系起来，知识才具有蕴涵，认识才能取得相对于生存空间的纵深度。如果视觉单独发挥作用，那么知识就不过是一张张毫无实质深度的照片，因而不具有生存空间的意义。然而，相对于既有物理环境，不是所有感觉都同等具有建立语言认知系统的潜力。世界作为一个物理场合，其中事物的物理分布和运动是生命主体首要的也是终极的关注对象。此外，事物的视觉特征也与该事物与人类有关的其他特征具有相关性。此种源自生存与物理场合关系使得感觉系统在交互过程中"模块"不全，其中透露出生存主体认知经济性和效能性的原则。听觉成为信息手段的基础感觉系统也在于人们的身体功能和环境信息形式构成的可用资源（场合条件）现成程度或优势这一相互作用原理。同理，语言的知觉模式特征取决于进化所得的信道特征以及语义视觉经验特征,交互在理论上的所有可能模块一方面同样体现了认知经济性、效能性和资源优势原则,另一方面则有助于检视既有模块理论的缺陷,例如生成语义学和生成语音学就可能意味着具有潜在的尚未被认可的系列支交互和相应的模块"磨齿"。总之,经验刺激条件源自外部物理场合,语言组块或者各种交互所得语言模块的功能集合体构成了语言对于物理形实关系的具体承袭方式。这是语言的工具性、主体主观性和客观经验限制之外不可或缺的又一种相互作用属性。显然,语言知识必须能够方便经验观照,而这个观照也具有功能中心趋向,对语言的选择性结构发挥限制作用。如果交互层级多到无可观照的地步,语言的社会功能便会受到巨大影响。这是交互虚缺也可以作为一种原则来源的"后话"。

第四,经验刺激的一个条件就是特征的表征。经验语言表征是经验主义强调的社会语言知识的来源。在亚里士多德提出相应原则之后,康德[1]等作有专门的阐释。此种语言知识无疑是语言文化发达的一种前提条件。认知科学对于自然语言的关注无疑是人们进一步反思既有语言文化的一个认识前提。经验语言表征牵涉注意、知觉、记忆保持和从记忆中再次提取用以识别和再认词语的功能。因此经验主义关注基于"当前"词的归纳和概括,而非预期"下一个"词的基于交互的认知功能系统。此种经验语言记忆便是实体性记忆。早期词实体性允许的交互甚多,"磨齿"的"粗细"决定了"研磨"的功能范畴特征区分性水平。换言之,交互愈多,功能范畴也越是细致;交互较少,功能范畴也显粗略。自然语言虽然可以随机习得而成,但是以功能范畴体现的质量与环境中的经验语言刺激和使用有关。经验表征接受注意和解释关联,许多具有交互意义的实体特征因为跨越场合而不易概括完整。故此,经验语言表征是必要的,但是其功能价值分布对于语言发展可以带来以表征低限为术语的经济效能原则。

第五,Fodor[2]提出过关于语言模块化程度的问题。模块为我们提

---

[1] I. Kant, *The Critique of Pure Reason*, Cambridge, M.A.: Cambridge University Press, 1998.

[2] J. A. Fodor, *The modularity of mind*, Cambridge, M.A.: MIT Press, 1983.

第三篇 交互

供了一个方便的分析术语,有助于揭示语言认知过程的内部功能性关联。关于模块的既有认识是能够辖制足够多的功能特征。就词的语音区分而言,既有认识并不将其音系处理进一步细化为更多的模块。Winograd[①] 提出了一个语言处理分层模型,包括规则、过程和处理的对象结构。这个模型的模块意味甚浓,也蕴含了跨越不同的语言知识律域的相互作用。其规则模块包括语音规则、词形规则、词典项(形式表征规则体)、语法规则、词典定义(意义解释规则体)、语义规则、演绎规则和推断规则。这些规则作为功能方式用于处理相应的语言项目。在语言发展过程中,模型给出的成人规则都蕴含在具体的语言认知功能方式中。我们倾向于将具有较为基础的交互表现的节点都看作模块,如语音、语义和句法,而每一种交互都在自然智能的意义上具有模块化的潜力,因而可以揭示语言认知功能拓展的交互型轨迹。这恐怕正是 Fodor 提出模块论同时又予以质疑的用意所在。显然,我们的理解也彻底迎合了磨子的比方,表明交互双方的场合条件的"磨齿"的粗细程度也会"研磨"出功能范畴细致程度不同的功能特征。这个预期概括了模块论的实质。简言之,模块就是基础认知功能与经验对象相互作用并且达到可以内渗隐性知识或者足以向语感反馈的发展水平的交互点。此种模块显然不便单纯由成人语言来作预期。其中,内渗主要适合获得输入处理模块的知识和产生模块的知识的认知功能场合,而此种知识的跨越方式的交互的渊源性颇为明显。

至此,我们可以初步得出一个面向语言发展的限定语言认知功能的基本交互参数。这个基本理论模型给出了所有可能的交互型语言认知功能拓展轨迹,直至儿童实现了可以内渗并且需要内渗的隐性知识或者足以反馈的发达模块。在经验观照下语言的各种工具性知识便是需要内渗的知识。一种具体交互是否支持后来的语言发展或者是否正常发挥了作用,我们可以采用 2×2 的因子数据来对后效表现数据作出分析并且确定其具体功能价值分布。

---

① T. Winograd, *Language as a Cognitive Process*. Volume 1: Syntax, Reading, M. A.: Addison-Wesley, 1983, 转引自桂诗春《新编心理语言学》,上海外语教育出版社 2000 年版,第 10 页。

第五节　语言认知功能的场合

前文通过磨坊的比方所做分析陈述业已表明，我们力图推行一个语言认知范型：语言使用效应这个自然相互作用律域确立的各种关联及其各种因素的功能价值分布。其基本理解可以再表述为语言认知功能不变性（cognitive-functioning invariability），即在一定的语言使用场合条件下成人和儿童启动一定的语言认知功能。此种场合—功能的对应关系不因人而异，即独立于语言发展阶段的内蕴之中，并且参与规定语言发展阶段的表现。该范型具有多重意义：一是把其他相关认知现象观照为语言功能拓展策略，例如元认知、模仿和类比；二是即便在发展策略情况下使用效应始终都是内部的规定性；三是场合交互是各种语言认知功能交互的自然前提。场合化的认知功能和场合因素的功能价值分布不会因为语言发展策略而失去面向选题的参考意义。

一　交互的场合

在一个给定时间，儿童面向语言发展在认知上能够做什么？交互的理解允许我们寻找尽可能多的可能性。基于交互的理论模型因此是一个以贡献更多可能性为目标的理论模型，包括了进化和发展过程中的可能性。我们把此种可能性当作一种能力解释。场合一定性是标准认知理论阶段的研究所需要的一个前提，其显赫的研究成果构成了认知科学的里程碑。然而，我们终究需要关注个体差异、社会差异、文化差异乃至物理环境的重大变化的应对策略。我们需要一种能够表征场合变化的认识框架。跨越这些差异的认知和语言应该如何表现，这是目前的理论难点。显然，人们很难适应在跨越场合时对内部组块予以废弃或者即席作出大规模改变的要求。那么，认知系统中什么是变化的，什么是不变的，这样的问题便会同时牵涉场合、认知功能、语言和自然智能。既有理论显然不方便此类关照，而我们行文至此也需要将交互的理论意义拓展开来。既有功能不变式主要局限于行为层面及表征层面的同化和顺应。在认识获得深化的背景下，包括认知在内的稳定不变的功能框架比比皆是。理论的任务似乎简化为采用合适的认识框架去对相应功能框架予以认定,例如人们看色彩不因为场合的变化而变化,人们的听说读写行为不因为场合的变化而变化,内部模块的可能分布在同一个物理世界中不因为场合变化而变化。我们将这些普遍性统一称为功能常衡性,包括表征的普遍性。然而,我们在认定此种普遍性的时候适合具有一个理论上的可取的考虑,比如有序推进相关认识从而使得此类普遍性逐次获得恰当的理论范畴意义。

那么,认知系统功能的可变性是什么?上述表明的可变性主要是差异性,而差异又归根到底主要体现在知识运用和依据的适用上,而这恰恰是个场合认定问题。相对于非专门知识者,关于语言习得的一个说法就是随机环境论,即儿童在正常环境可以任意习得语言。然而,这个说法并不适合专门知识者。我们需要了解究竟是什么在随机的语言环境中允许儿童习得语言。随机的表象之下隐藏的严密的规定性及其突破才是真正需要追寻的认识目标。前面的分析陈述还允许一个再阐释,即所谓交互就是人们依据场合条件调用认知功能这个策略的智能效应。这个阐释把认知过程、场合、语言和自然智能关联了起来,道出了多侧面化的理论现状中的一个实质蕴含。

首先,如前所述,面向语言的认知功能是方式化的,即感觉、注意、知觉和记忆都是在产生(说)—接收理解(听)的功能框架辖制下的认知系统运作方式。这个系统的基础功能在动物界已经普遍存在。基础感知功能和产生机制在遇到一定的刺激或者指令时就会做相应的处理和反应,这是不因人而异的,而是因场合条件(包括主体发展条件和环境刺激条件)而异。该概括是在心理语言学各个话题之下都适用的原则。例如花园路径句的分析本身就是两种语言认知功能场合之间的操纵,表明我们至少在短期内并不适合把"随机"发生序列的认知过程关联起来并形成语言认知功能方式。当我们开始关注大脑整体能力限制时,这类过程的资源分布便具有了意义。再如语句单位的边界判断,对于近距离和远距离的语音节奏的运用过程虽然并不是语言的核心认知功能,但其应对场合变化的机制仍然具有方式意义。

其次,儿童和成人在每一个不同的场合都会执行不同于其他场合的认知功能。人们在每一个时间点都具有一组不同的场合因素,但是情景感知往往可以模糊掉一些场合差异。在这个意义上,情景已经被内化为某种表征。作为此类表征的结果，相对于一般语言使用者，认知场合变化既具有随机性，也具有认知功能规定性。社会组织形态中往往采用最具柔性的稳定认知功能支持的行为为基础。这就意味着，认知功能的系统变化主要是一个主体化和场合价值化之间的权衡问题。换言之，认知功能必须体现主体心理经济性和对于场合变化的良好适应性。认知必须抓取外部最具实质意义的特征来形成自己的心智构造。我们是以认为，对于场合条件和认知功能运用保持敏感的自然智能是变化的启动因素。

再次，在感觉系统正确选择了外部世界刺激信息的基础上，关于知觉功能的理解可以进一步影响对于我们的问题的答案。知觉不仅抓取外部特征，而且还基于多次抓取到的关键特征形成对于外部世界的模式化的感知，此即知觉格式塔。正如句子启动效应表明的那样，儿童对于句子模式的知觉也是认知面向语言的一个重要的知觉功能。语言格式塔作为这样的整体知觉在分析性知识析取过程中无疑符合整体大于各部分之和的理解，例如句子层面具有论元结构、句子命题结构、句法结构和音韵结构，其中不同结构之间的相互作用还可以产生多重场合化的推断意义和情感意义，因而不单纯是一个词语组合。由此可以推断，特征项知觉具有语言发展的基础功能价值地位，而语言模式知觉也同样在经验语言分析方面具有表现心理经济性的使用场合。总体上，模式知觉带来了较强的心理实体性，特征知觉是语言功能项的主要来源。这个分析把语言认知功能可变性指向了场合适应性策略或者主体的场合化方式，包括经验语言参数、社会行为模式和文化模式。

最后，主体如何实现特定场合化方式？标准认知理论给出了一系列主体因素以及工作记忆的任务项。上述认知功能观则意在说明，认知功能系统以类似工作记忆中的较少的可选功能项达成"以不变应万变"的大致效果。相互作用论认为认知功能的干支构造或者建筑是不变的，其所认可的主体场合化方式是交互。其中维持此种追求在认知上容易的主体场合适应性的因素因此是自然智能（或者自然智能对于认知功能运用的算法）。现实中的一些全域化的认知风格和局域化的认知风格似乎演示出了自然智能在算法上的依据权衡系统，全域化是追求适应性的方向，局域化是追求心理经济性和效能性的方向。两者都具有具体的场合化的目标。自然智能可以避免"病急乱投医"的认知紊乱。具有良好学习机制的儿童和成人在语言使用的过程中仿佛有着一个精确的跟踪记录仪,不厌其烦地改写频率记录,严密地进行统计分析,随时调整和预期主体最可能遇到的下一个场合,始终预备好多套知识使用、认知发展和心智进化的方案。这些数据处理方法就是自然智能算法。由此可见,对于交互效应的关注,理论上可以预期认知科学的重要进展,有助于说明人如何可以成为"天地"万物之参照准绳。具体途径便是相互作用或者"玄之又玄"的交互。

二 交互对于场合因素的功能价值分布机制

相对于生存,世界就是一个数目巨大的因素集合。如何发挥这些因素在主体系统中的作用,这无疑事关主体命运。主体赋予这些因素作用的一个重要方式除了生理的功能机制就是认知,然后才是社会运作机制和文化育养方式。认知的重要性不仅在于其自身的功能不变性,其可变性也同样担负着具有生理、心理、社会和文化等多重意义的至关重要的使命。如果说标准认知理论和标准语言认知理论旨在不重复地揭示出成人认知过程和相关因素,那么以交互为理论内核的相互作用论才真正开启了揭示认知运作动态规律的研究。其与标准理论的根本差异就是能够认可重复的必要性和意义。相对于交互理论,标准理论就是一个供选择使用的因素库,包括大脑的功能部位都是响应认知功能的条件因素。后一种关注的具体对象表现就是场合因素的功能价值分布。相对于语言认知功能的这一作用,语言发展过程中的交互方式的重要意义就在于为场合因素的功能价值分布提供了一个初始的分布式。

该分布式的最为直接的作用就是确定具有语言认知功能意义的功能范畴特征。例如"爸爸"和"妈妈",在心理实体性强的词层面的交互便具有四个相关交互功能范畴,即两者的音和义的心理实体。交互的后效功能范畴含:(1)音义交互得到下一个词功能范畴,作用于包括词生成和词分布的词汇化的智能过程;(2)音音交互得到一个音系功能范畴,分别可以体现于产生的结果和接收听辨的处理过程,另也可以得到语音功能范畴,即体现于产生的指令过程或者接收听辨的分析性认知过程,并且进一步作用于音系化智能过程和语音表征的知识过程;(3)义义交互得到一个词义功能范畴或者取用一般知识和外部经验的语义路径，作用于语义化的智能过程。这些交互的基本功能范畴都来自听觉和视觉功能。另外的功能条件之一就是具有实体性记忆意义的经验联想，没有此种联想的心理实体建立的各种关联便没有交互效应；之二就是词假设，即儿童默认词的使用有效性需要牵涉两种方式下的听觉经验和视觉经验。之三就是句子或者语法假设，尽管单词句阶段似乎没有具有组合意义的句法，但儿童默认一个言语行为或者语句整体功能，并且以此为后来句法化提供了所要求的前后环境和心理实体经验。既有语言习得理论所实现的关联主要是基于后一类事实的具有心智意义的过程，而我们关注的交互过程则可以揭示既有的对于儿童语言行为的观察结果究竟意味着什么。

场合因素的功能价值因此体现为参与因素是什么以及后效因素是什么的预期关系。具体为：相对于一个被"研磨"的当前的具有较强心理实体意义的替换项，（1）具体方式下的参与因素：（a）在产生方式下的视觉和听觉交互；（b）在接收方式下的视觉和听觉交互。（2）具体方式下的后效因素：（a）面向产生的后效功能范畴；（b）面向接收的后效功能范畴。我们的疑问是：显然，儿童语言发展中交互后效功能范畴不大可能多方面同时推进，而非常可能的一种情况就是后效域构成进一步发展的跳墩式的条件。一个后效功能范畴如果没有足够的频率记录和区分范畴，便很难构成一个模块的成长基础，或者说不能像神经网络节点那样获得前馈方向和回馈来源。相对于处于发展过程的语言使用者，这个理论关联层次可以逐级波及大脑功能部位、神经元突触乃至脑血糖等不同层面的认知神经学功能条件。再者，从元语言原则启动方式看，没有足够的语音经验和音系操作，也不可能有语音表征；没有语音表征，也就不能认定语言具有语音功能的这一事实。没有语音这一语言工具性成分的认定也就没有语言发展的前提。除了狼孩这类特殊情况外，语言中的各类事实的认定在儿童发展过程中有着不可能错过的时机。最后，以神经网络技术为手段的研究多采用有或者无的逻辑矢量来表征这类特征，或者设置点火门槛值的逻辑运算门路节点，而采用因子设计的实验研究则可以说明频率值、概率值或者其他表现数值也都具有功能价值分布意义。这几点说明，交互可以带来强大的解释力和理论预期能力。交互的跳墩式的功能后效也说明儿童的语言可以突然一夜之间令人刮目相看这类语言知识运用的原因。对于儿童语言发展的预期方式是多种多样的。桂诗春曾就数据特性这样打趣：即便采用身高、体重等基本体征也可以获得显著相关的预期效果，而科学理论即便是局域相关性分析也都是有进一步接近因和果关系（或者真理）的考虑。就交互关注而言，相对于特定的场合，前因（功能参数）具有一定的功能价值分布，后效因素也具有一定的功能价值分布，前因后效因素的数据混合一起也同样具有场合化类型预期以及现实诊断分析和描写价值。确认交互的选题更为可取的研究设计则是在理论上确定了具体年龄的儿童的两个交互因子条件和相应后效表现（可以是多个）之后，采集相应数据来做方差分析。

注意与知觉功能的参与可以为方式下感觉功能的 2×2 的因子交互效应分布式带来重要的拓展。语言工作记忆的任务表现（比如反应时）中存在基础感知功能的主要成分，支持感知功能范畴化的跨越功能层级的承袭性。这些基础感知功能包括了注意和知觉功能。注意和知觉虽然在认知困难和障碍诊断等方面具有独立分析价值，但是其具体功能具有一体性表现。当我们说"儿童注意到语句或者情景中的（知觉）模式或者（知觉）特征"时，我们便是关注二者的一体性功能表现，具体可以分为面向语言的注意和知觉功能以及面向情景的注意和知觉功能。这些后效包括：（1）面向语句理解：（a）一般工作记忆的各种任务相关容量；（b）面向语句理解的句式（表征）；（c）面向语句理解的句子部位语义特征（语法意义）；（d）面向语句理解的句法部位的词功能特征模块（句子纯形式特征）。（2）面向产生：（a）接收环境和听话人反馈的一般工作记忆能力凸显特征，含注意抓取相关提示的能力；（b）选词过程中的新的表达形式的生成性；（c）句法拓展度及其此种拓展的生成性或者来自经验的限制性；（d）内部意念或者心理模型表达执行水平；（e）自我言语监控水平；（f）内部言语，等等。这些后效虽然具有明显的方式限制，但是一般都有跨越方式的交互效应。不过，因子式的进一步拓展则属于以上述认知功能干交互为基本方式的支交互。具体交互已经具有了高度策略化的意义，例如在言语理解过程内渗产生模块这一功能环境因素的知识，在言语产生过程采用自上而下的经验来源这一功能环境中的信息。就干交互而言，在全息短语阶段，儿童注意到的对象是语句的声音模式和特征。此时儿童的情景注意和语句注意意味着工作记忆功能与语言组块功能分化历程。在双词句出现之后,这个说法意味着儿童注意到的对象包括了语句声音模式以及词与其声音形式和对象记忆的凸显特征。换言之,我们可以采用 2×2×2 的这一拓展的因子建筑去分析上述一般认知和特殊认知的后效任务类型及表现。鉴于儿童的阶段性认知能力的发展,此种功能拓展显然是无法"教"或自我监控出来,而是语言使用的自动功能范畴化的结果。或者说,在自然环境中语言使用的场合交互自动蕴含了这些交互方式。关于后来的语言发展的预期问题,我们预期这一级感知功能拓展因效模型有助于解决长期困扰学界的一个理论难题。小成论认为儿童语言形式是语言发展的基础,落成论认为刺激中的各种认知与环境的相互作用特征是落实语言基础的关键。我们对于儿童语言发展中交互过程的跟踪体现了场合因素面向的认知功能价值分布及其拓展性再分布。

三 面向语言发展的认知功能价值分布原则的表达式

语言发展之所以是一种至为复杂的现象,原因是依序逢场以及以不同的角色共效的因素太多,而且都经过了一代代进化和遗传"排演"。要提高对于此种现象的预期水平,理论上当然不能仅仅考虑语言描写。我们利用以交互为内核的相互作用的磨坊机制来适用场合因素,这就使得我们有机会在工作记忆容量限制条件下(或者超越这个框架)来观察渊源性机制运作方式,因为除了基本的认知功能参数外,短时记忆容量限制就是塑造语言型式的主要限制因素,例如句子节点的附加方式。无疑,此种任务表现的现实数据应有参数众多,但万变不离其宗,即内部的感知功能以及包括自己产生的与外部来源的声音和视界。按照相互作用论的理解,语言发展的场合因素包括主体因素和经验环境因素。我们尝试采用了交互型的认知功能拓展建筑。面向语言的干交互为感觉和知觉功能与声音和视界,通过前词逐步"研磨"出语言模块,并且适时支持语言功能构造上的支交互。基于这一理解所提出的语言认知功能价值分布式把所有相关事实纳入一个预期模型中,以期大幅度提高理论的明示度。依据上文的讨论,我们在此给出相应的交互干支表达式:

第三篇 交互

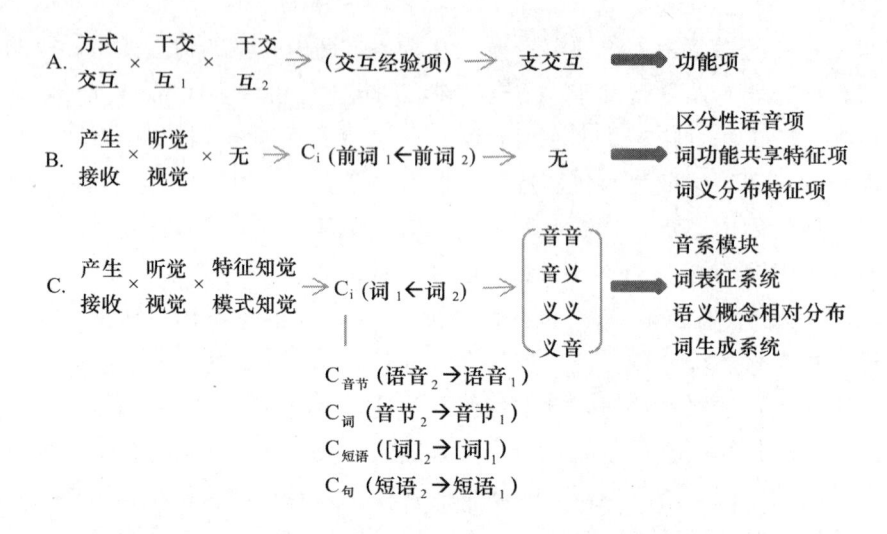

$$A. \quad \begin{matrix}方式\\交互\end{matrix} \times \begin{matrix}干交\\互_1\end{matrix} \times \begin{matrix}干交\\互_2\end{matrix} \to (交互经验项) \to 支交互 \Rightarrow 功能项$$

$$B. \quad \begin{matrix}产生\\接收\end{matrix} \times \begin{matrix}听觉\\视觉\end{matrix} \times 无 \to C_i(前词_1 \leftarrow 前词_2) \to 无 \Rightarrow \begin{matrix}区分性语音项\\词功能共享特征项\\词义分布特征项\end{matrix}$$

$$C. \quad \begin{matrix}产生\\接收\end{matrix} \times \begin{matrix}听觉\\视觉\end{matrix} \times \begin{matrix}特征知觉\\模式知觉\end{matrix} \to C_i(词_1 \leftarrow 词_2) \to \begin{Bmatrix}音音\\音义\\义义\\义音\end{Bmatrix} \Rightarrow \begin{matrix}音系模块\\词表征系统\\语义概念相对分布\\词生成系统\end{matrix}$$

$$C_{音节}(语音_2 \to 语音_1)$$
$$C_{词}(音节_2 \to 音节_1)$$
$$C_{短语}([词]_2 \to [词]_1)$$
$$C_{句}(短语_2 \to 短语_1)$$

其中，A 为场合因素功能价值分布的一般表达式，属于知识学层面的一般原则化的表述。B 为基于前词心理实体的干交互功能价值分布式。由于前词全盘属于心理实体或者一般认知现象，因而 B 式也适合一般经验刺激的情形。C 具有两级认知功能的干交互、四种表层事实的支交互、对应于支交互的四种产物系统，因而是一个场合因素功能价值拓扑型的分布式。所谓功能拓扑，主要指基础认知功能和产物层次保持两端性关系不变，语言认知功能的拓展意味着干交互和支交互保持不变，但是二者的功能范畴不断细化。这个过程也伴随着词法（$C_{音节}$ 和 $C_{词}$）以及句法（$C_{短语}$ 和 $C_{句}$）等蕴涵的语言形式功能交互。我们需要说明的是，感知功能范畴化的结果包括一般认知和特殊认知。感知功能交互均为参数性交互，即都参与交互过程，且某一级交互缺失可能带来某种语言困难，尽管后期出现的许多困难小到可以忽视。

上述场合因素由交互机制功能拓展过程启用，因此还有一些具有功能价值分布意义的范畴特征，其中比较突出的关系包括因效关系、共效关系、拓展层次关系和相对频率关系。首先，相互作用的理解从因效关系角度注重前因项和后效项的区分。科学研究的目标就是揭示因果关系，但在短期内难以接近此种真理性的关系情况下，因效关系便成为了我们可以借重的关系。交互的前因项和后效项大大丰富了场合因素的功能范畴或者理论蕴含。对于语言习得的认知介入在理论上首先需要关注触发方式。交互的功能机制牵涉作为相互替换项的既有记忆项和新记忆项、作为交互主要产物且区分二者的认知功能范畴项、作为交互的次要产物的语音、词义和句法后效以及交互作为语言使用过程的频率变化。这些按照交互因效的功能价值分布项为语言习得的触发方式作出了具体的阐释。其次，语言习得的普遍序列是内在论的一个假设，而认知建构论则从一个不同的角度关注具体习得项目的U—形发展过程。从相互作用论的角度看，重要的交互之间具有一个前缘和后缘关系。前缘交互为其后的交互提供了资源分布条件和语言认知功能条件。这些交互因效关系显然不是语音、词汇和语义的理论表征可以反映的。换言之，当一个新词出现于某个语句模式中时，要判断可能存在的音音交互、音义交互等是否有效的问题，我们还需要看这个词是否具备一个合适的意义"坐落"，或者说儿童是否真正能够运用相应的概念意义。故此，前缘交互与后缘交互的区分有助于说明场合因素表现中的阶段性的限制。这就是场合因素的功能层次关系。感觉和知觉等基础性的主体因素可以具有多个功能层次，而拥有各种句法功能范畴的词也同样具有知觉功能层次性，例如代词与名词以及上下义名词间的关系。场合因素的共效关系是其因效关系的又一个补充。随着语言的发展，交互逐步朝着组块化的交互方式进展。作为交互产物的主项功能的实现需要诸多主体因素作为前提条件。所以，产生的语句或者听到的语句也需要具有前后环境因素的相应分布模式。这些均说明多因素共效需要具有满足一定语言认知功能的场合性的功能价值分布。每一次语言使用不仅具有交互效应，也具有相对频率的变化。当一些词的频率增加时，另外一些词的频率则相对降低了。语言模型似乎仅仅考虑表面频率，而交互效应则可以为此种表面的频率变化赋予更为确切的解释。

第六节 后相互作用论视野及启示

此处所谓理论启示并非来自证据支持，而是基于特定理解的逻辑延伸的理论预期。相互作用论是古今知识学目标理论之一，也是实证研究的启示项。我们的阐释因此合法。认知科学作为一种知识来源领域不仅是关注自身的研究和发展，也关注领域产生的知识的价值，特别是因为认知上的无以改变的规定性以及具有严格的规定性的变化方式对于相关实践的原则意义。一个显而易见的作用就是在其他方面大致相当的情况下，相对了解认知或者语言发展的人能够更好地理解世界。换言之，我们与外部世界的关系相对于认知的最佳功能方式或者最佳知识而成立。认知科学虽然已经取得了巨大的成就，但是距离这个目标尚且很远，而不切认知要理的研究还有可能进一步背离这个目标。既有历史不乏此种"先例"。相互作用论带来的理论视野，较之之前的理论，无疑是认识论和方法论上的一个重要补充。

一 关于语言发展的一个后相互作用论视野

标准认知理论旨在反映现实。相互作用论关注标准理论揭示的场合因素的功能价值分布，包括既有理论认可的语言认知过程。如前所述，语言方式具有多个典型的认知过程：（1）包括他人产生的经验在内的处理过程。其重要的特点为：（a）在理论上为经验主义的一般认知过程，带来经验语言相关的实体性记忆；（b）作用于语言接收理解，也对语言产生形成限制。（2）心智的过程。其基本特点为：（a）理论上为（主观）理性主义的过程；（b）其功能方式为自主体框架下的假设、内渗等认知过程，直接作用于产生过程和尝试性产生过程，间接地按照自主体方式作用于经验语言处理和理解过程。（3）语言认定过程，即把语言行为以及其中的各种成分和元素给出"是……"的语言意识过程，表明语言的各种实体经验范畴都需要一定意识标记。（4）智能化的过程，即跟踪使用过程中的频率信息、新近性等达成比较现成的处理模块和预设运算框架的自动适应性变化。智能过程无疑接受儿童和成人的场合感的影响。（5）儿童语言发展早期还依赖于言语行为相关的一般认知过程，正是这个过程启动了方便后来语言发展的诸多原则，因而也是相互作用论的重要考虑。五种过程各自为语言发展和有效使用发挥一定的作用。相互作用论认为，这些过程的功能价值分布的实现方式就是交互和使用效应。即便是高度价值化的语言实现也需要参照交互+使用效应域去获得评估。故此，儿童乃至成人的认知在特定时刻执行什么过程，能够做什么，应该做什么，做什么容易或者困难等判断和预期，也需要利用这一参照并且依据具体场合条件来作解答和评估，而相应评

第六章 关于语言发展的相互作用论

估的结果也有助于我们发现新的选题和解释框架所在。

上述语言认知功能建筑的内部蕴含就是基于感知功能的干交互和基于语言认知功能的支交互。我们的讨论为了方便理解把语言认知功能确定为感知功能范畴和知觉功能范畴，包括语音的、语义的、词形的、句式的等方便观察的替换事件。这个交互干支的特点是：（1）保持主体认知功能中心观；（2）方便追溯认知渊源，尤其是统一的认知功能体拓扑距离加大之后的认知渊源关系；（3）体现了李耳透彻阐释的玄论或者"玄之又玄"的多级次交互的认知方法论；（4）交互级次数具有一定限制，太多不符合易简则从的认知原理，太少无法说明当前问题；（5）按照认知功能的原则确定场合因素的功能价值分布或者世界关系的基本蕴含模式。当然，虽然玄论似乎表明认知功能陀螺是无可阻挡的认知动能，其实现却并不一定顺从于任何认知理论，包括相互作用论。我们的阐释仅仅在于提供一个阶段性的选题参照，促进心智功能朝着某个理想功能形态归化。

相互作用论跨越场合的方式不是无序的，而是要注重主体条件和环境的有序的适用序列。这个序列无法直接由可感知的经验层面直接获得观察，而是要求讲究主体的语言认知功能拓展轨迹的自然延伸。主体资源条件发展成熟的时候可以表现出语言水平的某种跳跃式展现。交互跨越的场合包括音节、词、短语以及句式上的句子结构和音韵模式。数据上，交互后效模块和知识等对于句子处理等任务可以有自身的主效应和两者之间的交互效应。相互作用效应具有高低乃至有无之别，可以分别说明语言及其发展的结构性策略和认知策略。

在相互作用论框架下，关于语言发展，我们是以形成了这样一种理解来建立已知与未知以及表征与运用之间的关系：（1）有一个场合条件/因素的功能价值分布；（2）有一组确定的、功能性的认知过程去实现该场合条件下以及其他场合条件下的语言任务；（3）有一个功能干支轨道规范这些过程之间的关系，尤其是在形实玄域中渊源意义上的依存性关系，这也是知识学上所指的容易出现问题的关系；（4）有一种具有内部场合敏感的智能去规划整个行为的内部构造乃至这个内部系统的未来；有一种超然智能对于内部和外部关系的适应性保持敏感；（5）有一种方式去不断从中抽取各类原则，因为交互渊源关系本身就

· 153 ·

是自然智能原则化的过程，而且儿童能够自动利用这类原则来习得语言；（6）当然，语言发展还需要有创造性的心智化的语言使用过程。

这个大致的理解主要在于通过研究达成一批新的问题的答案或者原则：（1）在任意一个时刻，语言发展者认知上什么是可能的和可取的？什么是不可能或者不可取的？（2）语言发展的任务在认知上什么是容易的或者较为容易的？什么是困难的或者较为困难的？（3）语言发展主体认知中什么是可以改变的？什么不大改变或者不可改变？（4）从相互作用的角度看，语言困难或者障碍具有何种来源？这些现象可以提供什么一般认知原则？（5）各种优秀语言心理系统具有哪些发展来源？这些来源提供了什么一般认知原则？其中，最为重要的判断就是一种可能性较之其他种种可能性的优先选择依据。在后相互作用论时期，上述问题表明，认知发展和语言发展才是认知科学的天然对象。

二　认识论启示

科学讲究认识的客观性，包括主体主动建构关于世界的表征的这一主观性也是一种客观认识对象。任何事物的客观系统都有具体的形实表现以及复杂的内部与外部关联。对于这样的存在，任何作为都会产生直接和间接的影响。语言发展牵涉极其广泛。尽管其中因果关系是最有效的知识，但是因果结论却是最难得出的结论。认知关注因此本身就只能是一种发生认识论诉求，即了解我们对于世界的表征如何基于有限经验预期尽可能多的新鲜经验。关于认知和语言的发生认识论问题包括对象性质问题、相关认识的推进问题以及研究成果的积淀和积累问题。这三者都牵涉研究者认知在认知科学传统中扮演何种角色。

我们把语言发展看作蕴含特殊认知的一般认知框架内的认识对象。这是我们对于对象性质的一个基本的认定。行为主义把语言看作一套行为习惯，即语言是其主体作为行为者与外部世界或者环境因素的直接的相互作用方式。行为主义的观点显然缺乏蕴含。其对于主体既有观念世界的否定致使宝贵的心智功能层级也遭到忽视。内在论强调心灵的规则，即语言发展是心智活动的结果，而行为主义的刺激反应链中存在的人类儿童直接面对外部经验因素的宝贵的浅层智能也一同遭到忽视。心理语言学主流中的相互作用论的既有关注主要是人们应对经验语言作为直接的前后环境因素的变化策略性认知过程。这些过程主要是在语言异常的情况下从直接的前后环境中取用提示的过程。不过，连接主义心理语言学则采用了一种较为彻底的相互作用论观点，把语言的规则系统看作神经系统面向语言的自然功能方式。语言心理的系统性则是包括神经元和神经连接在内的神经系统处理自然语言的各种功能状态变化的自然结果。

前文采用一般认知框架，尤其是倚重标准认知理论的内蕴，通过分析陈述和再阐释区分出认知和语言认知的不变域与可变域，把不变域确立为认知功能和语言认知功能现象，即人们的认知系统都会在一定场合条件下作出相应的决策和反应。这是不因人而异的确定律域。进而，我们也认为语言认知关注的一个重要对象就是语言使用效应。这个效应域接受认知功能研究成果的预期。语言发展作为语言使用效应现象则是认知功能交互干支预期的现象。这个相互作用的性质认定不否认心智化过程的必要性，但是面向预期理论研究却重在揭示确定的语言认知功能方式中蕴含的因子条件或者场合因素。那么，相应的进化关注也成为了对于语言认知功能发生及其各类场合因素频率敏感的自然智能的"规划"对象。交互效应作为一种二元解释法能够最大限度地发挥研究者认知，或者正如语言认知功能价值分布的拓扑式表明的那样，为尽可能多的事实赋予一种统一的且具有形实渊源的关联。有了这样的功能性关联，我们便可以重新评估既有理论的实际价值地位。这一框架显然有助于提高今后选题的有效性和有序性。

后相互作用论时期的认识推进的一个基本路径就是，前沿性研究以具有认知功能意义的认知过程为选题点，以影响该过程或者伴随语言认知功能拓展的场合条件为自变量。例如言语产生过程的选词过程及其句法环境交互条件。这类选题的设计的典型情形均可以是 2×2（$\times 2$）的因子设计。正如心理语言学著述中话题分布所表明的那样，具有认知功能意义的语言认知过程处于一种方式化的功能分布中。这个理解可以避免选题者的理论踟蹰。认知功能的理解本身就提供了解释的依存性，即前沿研究在解释上依存于相应话题下的认知过程和场合条件。换言之，后相互作用论时期的研究有着明显的认识推进序列。

后相互作用论时期的成果积淀和积累主要是突出了计算工程性。自变量或者一篇论文关注的因子条件可以由标题和关键词直接获得判断，其数据也可以纳入一个数据整体来支持伺服工程性的研究。由此可知，较为合理的理论体系实际也支持基于自动计算技术的文献工程，方便田野工作者通过研究程序自然获得更高的学术水平。

三 认知方法论启示

所谓认知方法论就是依据认知的规律从事相关实践的方法论。因此相对于众多相关实践领域，这实际意味着认知科学提供了什么基于认知规定性的一般原则。语言发展过程的认知功能交互拓展律为认知方法论提供了一类重要且独特的内涵。其具体贡献集中体现在单一语言认知功能对于各类场合因素的价值分布。这一分布的基本特征就是，任何因素的作用都是场合化的。作为功能价值分布中的因素，其作用在于自动适用，无须通过主体刻意控制。这个特征之妙就是理论上的极端秩序则貌似毫无辖制，而对于认知发展者的观照却是无微不至。

来自语言发展的认知方法论首先体现于语言困难和障碍诊断及矫正。源自语言发展过程本身的言语困难和障碍一般均可以由语言工作记忆缺陷和注意缺陷获得诊断。虽然工作记忆的理论建构本身也具有相互作用的特征，但是重视交互的相互作用论还可以把问题根源进一步归结到交互的缺失。这一解释深化显然也提示了更加符合语言发展者需要的矫正方法。其实，只要想一想使用语言的课堂教学、法庭辩论、寻常经济活动言语、日常争执中的那些情形，我们便不难看出甚至流利言辞的背后也同样不乏附带灾难性后果的语言认知困难和障碍，而其中最具有认知意义的原因无疑是场合的认定和价值趋重。

来自语言发展的认知方法论第二个实践领域无疑是语言教育。没有相对全面的现实珍惜和分析，尤其是对于语言发展者认知现实的珍惜态度，语言教学作为显然难以担负起认知脚手架的帮扶使命。这个说法意味着我们需要明了各种场合出现的学习者行为表现对于语言发展或者语言认知功能拓展的实际意义，也需要了解任何高妙的教学程式的实际功能价值的阈限。这也意味着至少在某个基础发展阶段需要注重语言在认知上的形实渊源关系，而自古典时期以来的可学习性原则问题在相互作用论中则获得了具体且详尽的意义。

在很大的程度上，科学研究不是研究者之间对于对象缺少同感，而是有效的研究必须具有有效铺陈表征对象的心理模型的学术语言能力。这显然涉及各类学术篇章和语言问题。对于某个话题下的研究表述必须充分利用研究者的语言认知渊源。与这个渊源割裂开来的研究不大可能具有实际价值。换言之，一篇论文的引入段如何聚焦都与研究者的语言心理品质密切相关，尤其是产生（写作）的创造性或者生成性的语言品质。科学与其说是讲究理论范式，不如说是讲究科学语义系统的完善功能。这个面向科学研究的语言认知原则因此也具有科学认识论和方法论的意义。

总之，语言认知方法论就是语言认知功能方式对于世界中各种逢场而合因素的功能价值分布的原则，从而对于其中的不少关系从前提上作出了规定，其原则意义因此也是十分广泛的。比如各社会实践领域都需要像语言发展过程那样讲究场合的认定能力。该能力保证各类原则的作用具有合适的场合限制。此即原则依据具体场合的"灵活"运用。

第七章　基于相互作用论的主要研究

相互作用论为之前的相关研究带来了一个再阐释。在近半个世纪，心理语言学各话题之下均有即席的、局域的以及通盘考虑的相互作用的提法，包括选词、句子计划、音系编码、语流听辨、句子分析和句义理解。究竟哪些提法具有超越局域话题以及特定认识阶段的理论意义？这明显是我们采取的理论如何选择参照点的问题。前文表明，感觉相对于知识学关注是真正的相互作用参考点，行为主义、信息论等均表明了感觉是相互作用的第一环节。自上而下的加工表明了一般认知和特殊认知的交互。组块论虽然旨在直接表明主体因素，但是此种主体因素在进化和发展过程中是场合化的产生经验与场合化的输入处理经验的产物，因而在知识学上可以分别阐释自主体的水平以及具有参照意义的交互作用过程。前文提出的语言和认知发展过程中的交互干支正是基于这些方面的考虑和揭示意义。换言之，相互作用论具有模块化的相互作用的认知功能形态。我们将依据这个理解对于既有主要的相关研究给出评价或者理论认识上的再阐释。我们的目的不是回顾领域进展，而是分析陈述面向语言发展的相互作用的基本原理。

第一节　既有神经网络建筑模型

我们不妨按照前文的理解对神经网络模拟研究做一个阐释。我们先可以将一个神经网络看作由诸多进行机械简单计算的处理单元和按照双因子条件的理解连接起来的数据分析方法。由于认知发展和语言发展遵守复杂性衍生律，或者说儿童始终利用特定环境和成长过程的主体条件等以最为简单的方式习得语言等高级技能，具有认知关注和语言心理关注的神经网络技术正是体现了"易简则从"这一理念的认知统计分析法。这样的一个神经网络具有与矢量特征一致数目的输入单元，每一个单元接收一个特征值。内部隐含运算单元的层级相当于是语言认知功能交互层级，因而数目上可以有一个乃至多个蕴涵层。各个隐含层的计算单元和连接体现了多重相互作用的理解。输出是系统运作结果的观察项，其数目一般对应输入单元数目即可在整体层面满足输出观察的要求。按照认知功能交互的方向性理解，输入层的所有单元均与第一个隐含层的各个处理单元两两相连，从而体现了当前单元的输出为其由输入单元来值作为因子条件的交互效应值。隐含层的数目以及各层处理单元的数目大致取决于我们对于语言发展过程中的多重交互的层次和规模的理解。虽然一个具体运算单元有着与来源层单元数目相同的连接，但是不含特征值的连接则在当前实际没有输入。第一隐含层与第二隐含层同样连接，这是认知功能面向语言观察任务的又一级功能因子层。其他各层均如此连接直至输出层。当然，既有研究大多主要在于展示相互作用论的认识，或者说检验某种理论认识。采用神经网络手段的研究者们的一个巧思就是利用这样一个"蛮办法"逐步通过输入—输出对比调整连接的权值，从而使网络的隐含单元中发挥作用的那些单元具有输入处理并且得到预期输出的过程的认知功能因子关系的模型。

一　小成论模型

Elman 等人[1]针对儿童语言习得的正面证据和反面证据说，提出究竟是什么限制因素允许人们表征句子中那些层级化的关系的问题。所用实验材料为人工合成语料。材料中共含五种特征：各种语法范畴的词、基本的句子结构、主谓一致、动词论元结构和关系子句。把词转换为矢量的方法是：每一个词除了一个特征位置上为 1 之外，其余均为 0。这一矢量设计避免了彼此之间有任何关联的相似性，即每一个词均与其他词区分开来。网络的任务过程是一次接受一个输入矢量之后的输出为

---

[1] J. L. Elman, et al., *Rethinking Innateness: A Connectionist Perspective On Development*, Cambridge, M. A.: Bradford Books, 1996; J. L. Elman, "The Emergence of Language: A Conspiracy Theory", in B. MacWhinney, B. MacWhinney (eds.), *The Emergence of Language*, Mahwah, N. J.: Lawrence Erlbaum Associates, 1999, pp. 1–27.

第三篇 交互

（预期）下一个词。这就如同人们听到 the girl who the dog see 这几个词之后会预期接着出现的词有哪些一样。在我们今天看来，这项"下一个词"设计说明其建筑的模拟的对象正是语言发展中的认知功能。研究的结果支持由小成就大的结论，即功能拟合效果较好。我们不妨称之为小成论。

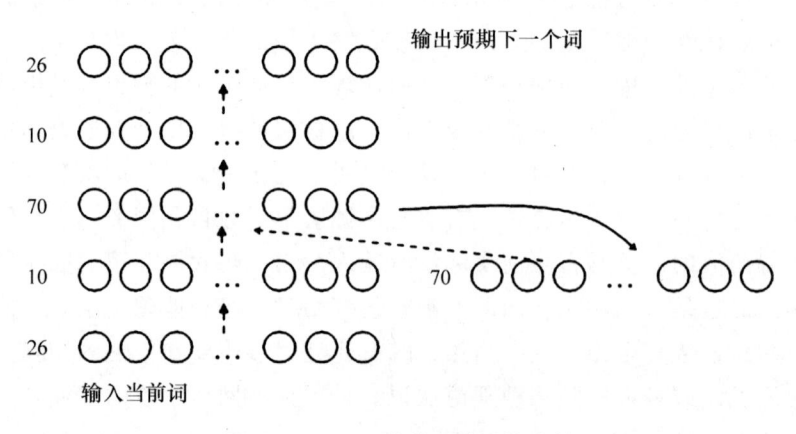

图 7.1 Elman 简单回馈网络建筑

模拟实验使用一个简单的回馈网络（SRN）来满足矢量序列型处理的要求：26 个输入单元，第一层隐含层为 10 个运算单元，第二隐含层为 70 个运算单元，第三隐含层再为 10 个运算单元，输出层为对应于输入层的 26 个单元。另外有 70 个单元的"前后环境"运算单元与第二隐含层连接。其余连接均为由输出到输出单元的单向全连接，即来源层的各个单元与接受层的各个单元均两两相连。这些设置首先取决于数据交互表现的理解以及相应建筑条件下不同设置形成的数据变化的预期。除了"拷贝"型连接不允许权值变化之外，其他连接的权值均接受调整。其中的"前后环境"单元在运算上一开始在每隔两三个词的输入之后重置为随机值，旨在模拟记忆及其容量限制的作用。遇到这个序列恰好为有效序列时则是处理有效信息，而遇到非有效系列时则相当于是向网络注入"噪声"。在一定训练时间后，这些"工作记忆"单元逐步扩容，间歇性地向网络注入"噪声"，直至最后的噪声被网络完全消除。

起初的几次网络训练采用成熟的语言形式。结果是：网络无法实现

· 160 ·

预期下一个词的任务。虽然少数句子展示了主谓数的一致,但是却难以达成主句和关系从句的数的一致。为了查明原因,再次实验所用材料仍然是人工设计的材料,但与前面的实验材料不同:增大材料量,区分不同复杂程度。训练分为 5 个阶段:

第一阶段:输入 10000 个简单句,共训练 5 轮(epochs)。
第二阶段:输入 7500 个简单句和 2500 个复合句,共训练 5 轮。
第三阶段:输入 5000 个简单句和 5000 个复合句,共训练 5 轮。
第四阶段:输入 2500 个简单句和 7500 个复合句。
第五阶段:输入 10000 个复合句。

训练发现:网络能够区别语法范畴,并且同时保持数的一致、单词论元结构差异以及嵌套方式。网络也能够生成新的句子。网络内部的隐含层通过处理许多句子记录下每一个词处理后的激活矢量,在一个三维的状态空间中展示出良好的结构性,与先前无网络学习的无规则结构形成鲜明对比。我们可以把这个良好结构看作网络形成了内部表征的表现。这些结果似乎表明,儿童也许无法借助于成人语言材料或证据习得语言,而是遵守"少则得、多则惑"的发展原则,早期的资源限制和环境的相互作用都似乎是语言习得的必要条件。这个结论对于当时的语言习得观点发挥了重要的取舍作用。不过,这一研究的各类发现的解释比较宽泛,似乎主要验证了多重相互作用效应这一理论假设。这一问题在其他一些研究中得到较好的改善。但是,作为该范式的奠基性的研究之一同时还展示了几种奇妙的设想,非常难能可贵。

二 落成论模型

Elman 的研究说明了语言习得的开端在主体进化条件下的主要考虑是早期的输入在相互作用方式下的认知限制方式。许多相关发现似乎对于这个轮廓性的认识具有细节阐释意义,例如前语言知识促进语言习得[1]以

---

[1] G. Lakoff, *Women, Fire, Dangerous Things: What Categories Reveal About the Mind*, Chicago and London: University of Chicago Press, 1987; J. M. Mandler, "How to Build a Baby: II. Conceptual Primitives", *Psychological Review*, Vol. 99, No. 4, 1992, pp. 587–604; L. B. Smith and S. S. Jones, "Cognition without Concepts", *Cognitive Development*, Vol. 8, No. 2, 1993, pp. 181–188.

及后来的语言处理①。儿童操纵物品，探索周边，注意特征突出的事物，注视父母眼睛等。这些过程则直接支持单词学习②。在大约50个词的基础上，儿童开始探索如何积累新词，比如采用可数—名词框架、形容词框架等结构一贯的父母语言形式，如"This is a ＿＿＿"。这些因素共现于20个月左右词汇量的增加。除了50个词这个关键数目词汇点之外，300个词左右时也是一个关键数目点③。儿童开始把一些词与另外一些词进行组合。两岁多，儿童便进入了快速习得母语的语法的时期，随后几年持续成熟。在这个过程中，意义具有前提地位。儿童是如何表征意义的，主要取决于词的运用如何与儿童的场合感知贴切，或者是否能够通过句法关联（linked）扩散于共现意义网。儿童语言输入过程以并行的方式落实到肌动处理、感知处理以及行为关切的实际功能机制接口上才会成其为有效的习得。这就好比是树的根须具有与多方面契合的扎根点，又好比是向一个池子中投石，要有一个能够激起满池涟漪的着落点。我们不妨把概括这一性质的认识称为落成论。这个假设以其他方式颇难检验，因为众多限制因素难以同时"落成"。Howell、Jankowicz 和 Becker④ 综合采用自组织映射神经网络、简单回馈网络来了解代表不同贡献因素特征的矢量取得了一定的模拟效果。

  Howell、Jankowicz 和 Becker 的研究采用的建筑为 SRN。一个工作命题就是：如果网络经验伴随有感知肌动性心理表征维度上的评价值，网络便能够操纵更多的抽象语言符号。实现方式是向网络呈现词的由人工评价生成的一组特征，如"大小"、"硬度"和"有羽毛"。对于

---

  ① 例如 A. M. Glenberg, & M. p. Kaschak," Grounding Language in Action", *Psychonomic Bulletin & Review*, Vol. 9, 2002, pp. 558 – 565; L. W. Barsalou, "Perceptual Symbol Systems", *Behavioral & Brain Sciences*, Vol. 22, No. 4, 1999, pp. 577 – 609.
  ② P. Bloom, *How Children Learn the Meaning of Words*, Cambridge, M. A.: MIT Press, 2000.
  ③ E. Bates and J. C. Goodman, "On the Emergence of Grammar From the Lexicon", in B. MacWhinney (eds.), *The Emergence of Language*, Mahwah, N. J.: Lawrence Erlbaum Associates Inc., 1999, pp. 29 – 76.
  ④ S. Howell, D. Jankowicz and S. Becker, "A Model of Grounded Language Acquisition: Sensorimotor Features Improvel Lexical and Grammatical Learning", *Journal of Memory and Language*, Vol. 53, No. 2, 2005, pp. 258 – 276.

评价值也不是简单地采用 0 和 1 的矢量,而是变化于二者之间的刻度化的值。例如猫和狗的大小可以被评价为 0.2 和 0.3。拟测定方法是:如果网络学习把每一个概念的感觉肌动特征和一个词的一个单独的音素表征联想起来,那么这个连接的强度就可作测定对象。故此,给定词的音素,研究者就可以测定网络表现出合适的具有感觉肌动意义的矢量的水平。这个测定对象如同小孩询问一个概念,而我们只能采用特征来作回答一样。此外,同样也可以在给定意义矢量的情况下让网络产生恰当的词。这与词命名任务相似。比如我们问"那是什么",儿童回答说"cat"。

为此,他们的第一项研究是以经验途径生成几千个特征,其中许多并非知觉特征,然后将其压缩到 200 个其他研究经常表征的特征,并进一步根据对应极点和中间点压缩 19 个两极对应维度。例如 small 与 large 变成了一个维度,变化范围在 0—10 之间,消除掉对 tiny、medium 和 huge 等的需要。剩余的无法两极化的词保持为一个凝缩的刻度化维度单,例如颜色(is_ red)、质地(has_ feathers),其值采用概念具有该特征的可能性。如此得到 97 个维度的空间作为意义矢量的组成成分。然后,这个单子再由发展心理学家判断其儿童的可得性,并且把其中的非发展性特征剔除。最后特征单上余留 97 项特征,适合作为神经网络的输入,同时对于概念的覆盖面也足够宽泛。最后,让志愿者通过网络来对早期的词沿着这些特征维度给出评价,从而由这些评价生成了一个大的样本。例如评价儿童知道的最小的物件可能是豌豆。评价者给出 0—10 的刻度值,这个值随后转换为网络易于处理的 0—1 刻度值。三位参与者给出的全部是 0、10 等。这类不合要求的予以剔除。对收集到的响应集合作层级化的簇聚分析、自组织映射网络分析[1]、欧几里得距离分析以及范畴分析(范畴质心分析)。然后每一个词的特征矢量与 11 个类范畴质心作比较,结果准确度分别达到 92.8% 和 88%。

---

[1] T. Kohonen, "Self-Organized Formation of Topologically Correct Feature Maps", *Biological Cybernetics*, Vol. 43, No. 1, 1982, pp. 59 – 69; T. Kohonen, "Self-Organizing Maps", Springer, Vol. 30, No. 4, 1995, pp. 266 – 270.

第三篇 交互

　　他们的第二项研究是生成动词感觉肌动特征。方法大致与名词感觉肌动特征生成实验相同。动词对应于外部世界的事件，其感觉肌动特征应该不同于名词。本研究的动词特征集的作法：先是做引导研究，即让参与者花时间自主列出给定动词尽可能多的特征，依据这个研究得出动词的一组特征维度。用于评价的为早期词[①]，并且也是最具有原型意义的词[②]。目标是创造性生成的特征维度，而不是经验描写维度。他们把因为受到与名词的功能联系污染的大半数的词剔除。参照这个结果又添加了一些遗漏维度。几位参与者给出了肢体动作方面的特征维度[③]，并且由这些身体动作和本体感受限制，他们顺利生成了颇大的维度联动集合。此外也吸纳了其他一些参与者提供的特征，使人工评价的特征维度总数达到 84 个。簇聚分析结果与 Vinson and Vigliocco[④] 的结果一致，即动词分组不大清楚，具体动词的特征准确度高，抽象动词低。准确率超过 70%。

　　对于 SRN 添加一组人工语义特征有助于提高词的预期[⑤]，但是尚未明确输入表征和语义内部关系各自对词预期的贡献。Howell、Jankowicz 和 Becker 采用的词表征为 140 个成分，具体为分布式的音素特征表征。名词特征为 97 位，动词为 84 位，控制条件特征在数值范围和变化范围上相互匹配。为了表明儿童具有这些前语言的概念，模拟把语义特征用作目标输出，从而迫使网络对词与意义作映射，实现二者的联想。如此一来，包含任何语义信息的"利好"都是来

[①] L. Fenson, S. Pethick, C. Renda, J. L. Cox, P. S. Dale, and J. S. Reznick, "Short-Form Versions of the MacArthur Communicative Development Inventories", *Applied PsychoLinguistics*, Vol. 21, No. 1, 2000, pp. 95–115.

[②] B. Goldberg, *Digital Frequency Synthesis Demystified*, Eagle Rock, V. A.: LLH Technology Publishing, 1999.

[③] D. Bailey, J. Feldman, S. Narayanan, and G. Lakoff, "Modeling Embodied Lexical Development", paper delivered to Proceedings of the Nineteenth Annual Conference of the Cognitive Science Society, Stanford University, 1997.

[④] D. p. Vinson and G. Vigliocco, "A Semantic Analysis of Grammatical Class Impairments: Semantic Representations of Object Nouns, Action Nouns and Action Verbs", *Journal of Neurolinguistics*, Vol. 15, No. 3–5, 2002, pp. 317–351.

[⑤] S. R. Howell and S. Becker, "Modelling Language Acquisition: Grammar From the Lexicon?" paper delivered to Proceedings of the Cognitive Science Society, 2001.

自感觉肌动特征信息的内部的统计数据规则，而不再局限于分布式表征的使用。其假设是：词的预期这一句法学习量度[1]会随着名词和动词的感觉肌动落实程度而提高。方法是：通过修改 SRN，使之同时执行三种任务（三个彼此分离的输出单元组）：名词特征组、动词特征组和语言预期单元组。采用了数目小至 10 个单元的隐含层来迫使网络学习整合三种任务的内部机制。这个任务模拟儿童早期学习中存在的注意和其他资源局限。使用一个输入层来接收词的整个词语音表征，其顺序是语料库中的词序列，每一个词都编码为一组可以多达 10 个音素的 140 个输入单元。10 个音素位置各有 14 个特征位（0 和 1）。采用 Carnegie Mellon University（CMU）机读语音表音系统和发音词典来生成词的语音表征。每一个音素表征为 14 个代表发音维度的特征。少于 10 个音素时右侧的位置上则为 14 个 0，更长的词则剪掉尾巴。语言预期单元组执行语言预期任务，由当前输入的词预期下一个词是什么。在每一个事件步骤的任务就是预期输入词在下一个时间步骤上的语音表征。这个任务的其他输出就是当前词的感觉肌动特征。名词特征输出层具有当前名词输出目标感觉肌动特征，动词特征层具有当前动词输出目标感觉肌动特征。如果当前词不是名词或者动词，名词或者动词的输入矢量则全部为 0，而且这一层也不作误差反馈。采用感觉肌动特征的部分目的就是消除表征丰富性的致感效果。名词和动词特征输出的意义是：研究者可以在任何时候检查网络对于任何词给出的正确特征。这就提供了一个词汇习得的测定方式。语料为来源于 CHILDES 语料库的 8328 个词的言语材料。训练方法：实验条件使用以上描述的整个网络；随机控制条件使用相同的建筑，但是把人工生成的语义特征替换为随机改变的一组特征。随机条件的目的仅仅是控制连接数量以及输入矢量的规模。随机化的方法为在 97 成分的矢量的每一个位置重复性地与另外一个随机位置更换值，当所有的词标注都随机化之后，每一个词的完全随机化特征表征则与另外一个词的表征互换。这项操作旨在

---

[1] J. L. Elman, "Finding Structure in Time", *Cognitive Science*, Vol. 14, No. 2, 1990, pp. 179–211.

使相关词之间的特征相似性最小化。在每一个因子条件下都运作 10 个网络，一共 20 个网络。每一个网络运作 200 轮。训练使用误差学习算法的回馈[1]。由于该过程的运算的要求，网络的词预期（语法准确度）每 50 轮记录并且计算一次。网络使用欧几里得距离基础上的输出规则来把输出激活转换为词的标记。如此，每一个时间步骤都具有一个离散的词的预期，而非任何音系混合状态。将该词与目标词比较，形成准确度衡量方法。这是测定词要么对要么错的准确度的保守方法。研究者继而测定预期词是否具有相同的语法范畴。语料库中的所有的词都属于 12 个范畴之一，即形容词、副词、代词等。这个衡量方法的目的就是防止严格的匹配标准太过保守，无力发现实验条件和控制条件之间的差异。研究者再分析与词汇学习具有类比性的来自其他两个输出层的数据，即名词特征编码准确度和代词特征编码准确度。目的是看两种条件之间是否具有准确度差异，是否存在与语料中的频率的任何关系。

　　模拟实验数据分析：（a）两种条件下的各个 200 轮词预期准确度 t 检验，重复测量 ANOVA 分析训练条件的在 150 轮与 200 轮之间的相互作用。（b）使用范畴匹配误差标准，对两种条件下的 200 轮时的准确度做 t 检验。（c）名词编码准确度在两个条件下的 T 检验也存在显著差异。（d）动词在 200 轮的准确度则没有显著差异。（e）轨迹表现采用几种分析：感觉肌动特征和随机特征的数据描写（词预期准确度 v 训练轮 50 轮—100 轮—150 轮—200 轮）；名词和动词的分类的感觉肌动特征和随机特征跨越两种条件的描写（特征编码准确度 v 训练轮 50 轮—100 轮—150 轮—200 轮）；训练过程中在 500 轮时的网络抽样的输出准确度描写。这些分析的结果似乎表明：感觉肌动特征促进词汇学习，即把词的形式映射到概念表征上。这个映射也具有语法学习的意义，即序列学习的过程。此外，神经网络能够执行用输出感觉肌动特征来对应在输入为语音表征的词的意义，这项发现展示了"落位扩散"效应，即神经网络能够为新的词产生意义特征。

---

[1] D. E. Rumelhart, G. E. Hinton and R. J. Williams, "Learning Representations by Back-Propagating Errors", *Nature*, Vol. 323, No. 9, 1986, pp. 533–536.

以上结果表明：儿童习得语言的过程不仅存在可观察的直接联系，也蕴含了众多间接联系，尤其是感知肌动特征同时促进词汇、语音和语法习得。其结论对于进一步的研究无疑具有十分重要的参照价值。

第二节 认知功能对于场合因素的功能价值分布的概率模型

前文表明，人们按照场合因素的条件调用语言认知功能。一种认知功能状态对应于一种场合因素的功能价值分布，而一种认知功能状态或者场合因素的功能价值分布也是认知功能发生的一种可能性。具体到句子分析过程，既有相关概率判断模型良好满足了这样一种理解。Jurafsky[1]阐释了一系列这样的模型。我们的再次阐释旨在揭示其中的认知功能内蕴。将此种分布用以模拟语言认知过程的核心内容就是算法。我们不妨把语言判断相关的各种依据整理到一个数据库或者表格。各种任务过程对于这些依据知识的适用价值各不相同，大大方便了面向应用的研究。尽管儿童语言发展需要经过以小成就大的过程，以下介绍的成人言语处理过程的概率模型不仅系统性强，而且清楚表明了语言认知功能拓展的归宿形态和场合化的功能形态。一个通俗的说法就是，这些概率模型实际就是我们的语感寻找依据的过程或者对于各类依据的关联方式。

一 整合—竞争模型

整合—竞争模型[2]是关于句子理解过程适用诸多场合因素依据价值的一类模型。这些模型彼此差异较大，但都具有一个共同的特点：均注重概率限制因素的相互作用，并且以此计算得出并行互竞的解

---

[1] D. Jurafsky, "Probabilistic Modeling in Psycholinguistics: Linguistic Comprehension and Production", in R. Bod, J. Hay and S. Jannedy, R. Bod, J. Hay and S. Jannedy (eds.), *Probabilistic linguistics*, Cambridge, M. A.: MIT Press, 2003, pp.39–95.

[2] M. Spivey-Knowlton, Integration of Visual and Linguistic Information: Human Data and Model Simultations, Ph. D. disertation, University of Rochester, 1996.

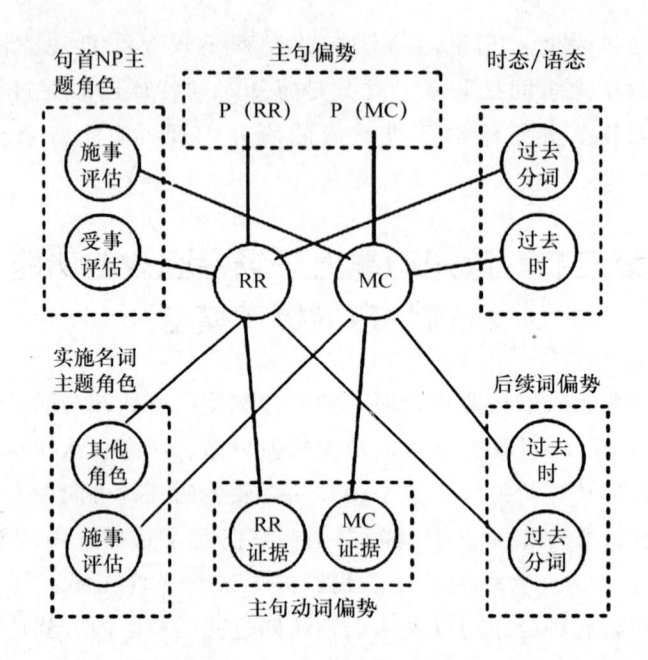

图 7.2 以 The crook arrested by the detective 中动词拆解
为例的整合—竞争模型的建筑参数

释。这类模型的支持证据大多来自关于句子理解中的频率作用的潜伏性数据，含回归分析和全因子分析[①]。模型假定有一个输入序列为"The crook arrested by the detective"。句子分析过程需要拆解"arrested"这个词的句法功能。模型试图吸纳关于这类句子的阅读时间分布

---

① 例如 M. J. Spivey-Knowlton, J. C. Trueswell and M. K. Tanenhaus, "Context Effects in Syntactic Ambiguity Resolution: Discourse and Semantic Influences in Parsing Reduced Relative Clauses", *Canadian Journal of Experimental Psychology*, Vol. 47, No. 2, 1993, pp. 276 – 309. M. C. MacDonald, N. J. Pearlmutter and M. S. Seidenberg, "The Lexical Nature of Syntactic Ambiguity Resolution", *Psychological Review*, Vol. 101, No. 4, 1994, pp. 676 – 703. M. Spivey-Knowlton and J. C. Sedivy, "Resolving Attachment Ambiguities with Multiple Constraints", *Cognition*, Vol. 55, No. 3, 1995, pp. 227 – 267. M. J. Spivey and M. K. Tanenhaus, "Syntactic Ambiguity Resolution in Discourse: Modeling the Effects of Referential Context and Lexical Frequency", *Journal of Experimental Psychology Learning Memory & Cognition*, Vol. 24, No. 6, 1998, pp. 1521 – 1543. M. S. Seidenberg and M. C. MacDonald, "A Probabilistic Constraints Approach to Language Acquisition and Processing", *Cognitive Science: A Multidisciplinary Journal*, Vol. 23, No. 4, 1999, pp. 569 – 588.

的研究结果[1]。

(一) 对象过程

如果我们把"arrested"的材料特征集中起来就会发现,该词的拆解在形式上具有两种可能性:解释 a (Ia) 为谓语动词(MC);解释 b (Ib) 为缩略型关系子句(RR)。有利于在二者之间作出选择的前后提示项目甚多:支持解释 a 的证据(MC 证据)为主语为"警察"语义特征的名词等,支持解释 b 的证据(RR 证据)之一便是主语名词具有罪犯嫌疑反面的语义特征,例如小偷、越狱逃犯等。这类证据还分布于"arrested"之后的后续词。显然,这些提示在语言中呈一种乃至多种分布状态,而阅读实验仅仅是表明存在的某种分布。不过,阅读实验和语料统计结果往往不大一致,因为人们在阅读实验中的时间表现还包括了语言的心理现实性,即语言使用者一般不会按照一门语言所有的词去分布自己的语感,因而在上述句子拆解任务中便会使用一种偏势。模型的一个重要的理论任务就是要考虑这类实验数据。这也是语言认知的概率模型不同于单纯的语言概率模型的主要区分。

(二) 建筑

模型所蕴含的一个处理型神经网络建筑可以表达为以句法上相互竞争的解释为隐含节点,以语义特征、前后词的提示等特征为输入节点,最后的输出为相互竞争的解释的概率值。但是由于模型的目的在于考察各种语言认知偏势,在上述处理模型的基础上增加了限制性节点,比如:(a) 相互竞争的解释的各自的支持节点,这些节点表示处理各种提示的认知偏势;(b) 表现语义限制的主题角色节点;(c) 表示相关

---

[1] 例如 K. Mcrae, M. J. Spivey-Knowlton and M. K. Tanenhaus, "Modeling the Influence of Thematic Fit (And Other Constraints) in On-Line Sentence Comprehension", *Journal of Memory and Language*, Vol. 38, No. 3, 1998, pp. 283 – 312. M. K. Tanenhaus, M. J. Spivey-Knowlton and J. E. Hanna, "Modelling Discourse Context Effects: A Multiple Constraints Approach", in M. Crocker, M. Pickering and C. Clifton, M. Crocker, M. Pickering and C. Clifton (eds.), *Architectures and mechanisms for language processing*, Cambridge: Cambridge University Press, 2000, pp. 90 – 118. M. J. Spivey and M. K. Tanenhaus, "Syntactic Ambiguity Resolution in Discourse: Modeling the Effects of Referential Context and Lexical Frequency", *Journal of Experimental Psychology Learning Memory & Cognition*, Vol. 24, No. 6, 1998, pp. 1521 – 1543.

语法关联限制的节点，比如时态和语态。

（三）算法

每一种解释接收来自限制因素的激活，这些激活在每一轮竞争中都反馈给限制节点。所用算法首先是将成对的限制标准化。令 $C_{i,a}$ 为连接到解释 a 的第 i 个节点，每一个限制因素的标准化的激活 $C'_{i,a}$，值域为 0—1：

$$C'_{i,a} = \frac{C_{i,a}}{\sum_a C_{i,a}}$$

Ia 由所有限制接收到的激活的计算方法为把各个限制的激活乘以一个连接权值后求和：

$$Ia = \sum_i w_i C'_{i,a}$$

经过以上计算，各个解释的正值反馈给限制：

$$C_{i,a} = C'_{i,a} + I_a \times w_i \times C'_{i,a}$$

模型充分显示了各类限制因素之间的相互作用，即人们对于语言结构上的处理偏好可以获得统一的概率运算。模型也在心理语言学上揭示了提取语言认知限制的方法。这给后来的关于语言认知限制的研究带来启发。但是，模型本身远未完善，一个主要的原因在于对于语言认知的理解缺乏一个有效的解释框架。我们也需要说明，限制因素指经过认知系统内化的场合因素，此种因素的发生具有特定方式。不遵守特定发生方式的场合因素便不具有限制因素的意义。经验语言中的大量场合因素均处于特定的功能价值分布中。整合—竞争模型对于场合因素的成对功能价值分布的理解体现了场合因素凸显的功能价值分布的最为基本的方式。

二 竞争（决策）模型

如果说整合—竞争模型适合给不同的解释依据外部提示做概率排序，并且找到一个解释当选的关键依据，那么竞争模型则更加注重语言认知系统自身的工作机制依据。这对整个认知科学也同样具有重要的价值。

(一) 对象过程

竞争模型[1]把功能、成本、经济性等语言认知原则应用到语言的概率型句子处理过程，属于句子处理的一个早期的概率模型。模型把句子理解过程看作由工具性语言意义上的形式层与功能层之间的"呼应"。英语将此表达为"mapping"，即像图形投影一样把一种处理结果自动传递到另外一个层面。汉语中的不少场合均将其翻译为"映射"。正如言语听辨和处理表明的那样，形式层包括表层形式、句法构式、音韵模式等。相对于整个工具性语言，功能层无疑是句子理解中的意义相关过程，具体为命题意义和用意。Jurafsky[2]基于多项相关研究对这个模型作出了一个概括性陈述。

模型的基本观点是，由于输入具有含糊点和信噪，句子处理必须依赖各种各样的表层提示来建构正确的功能结构。相应概率模型力图反映这些提示揭示不同的句法解释的概率方式。一个提示具有某种程度的有效性（cue validity），而提示的有效性又进而表现为容易取用（cue availability）的程度以及可以带来正确的解释（cue reliability）的效果。有人把前者翻译为"可得性"，把后者翻译为"可靠性"。以一个语料库中的用例为例，要在给定提示 c 的条件下认定一个合适的句法解释 i，可得性可以由相应提示的可用频次与该情形的总数目的比率来表示[3]。同理，可靠性则由该情形中提示使用正确的频次与可用频次之间的比率来表示。

(二) 建筑

在一般的建筑意义上，这个模型追求对于句子拆解的客观过程，因

---

[1] B. MacWinney, E. Bates and R. Kliegl, "Cue Validity and Sentence Interpretation in English, German, and Italian", *Journal of Verbal Learning and Verbal Behavior*, Vol. 23, No. 2, 1984, pp. 127-150. B. MacWhinney and E. Bates, (eds.), *The Crosslinguistic Study of Sentence Processing*, Cambridge: Cambridge University Press, 1989.

[2] D. Jurafsky, "Probabilistic Modeling in Psycholinguistics: Linguistic Comprehension and Production", in R. Bod, J. Hay and S. Jannedy, R. Bod, J. Hay and S. Jannedy (eds.), *Probabilistic linguistics*, Cambridge, M. A.: MIT Press, 2003, pp. 39-95.

[3] E. Bates and B. MacWhinney, "Functionalism and the Competition Model", in B. MacWhinney and E. Bates, B. MacWhinney and E. Bates (eds.), *The Crosslinguistic Study of Sentence Processing*, New York: Cambridge University Press, 1989, pp. 3-76.

第三篇　交互

而相对缺乏面向建筑的分析价值。提示是场合化的现象。通过对各种场合的认知功能的概括，模型所表征的对象过程仍然可以获得某种建筑类型。整合—竞争模型的建筑对于竞争模型在建筑方面的发展具有揭示意义。

（三）算法

基于以上理解，提示的有效性的计算方法为：

$v(c,i)$ = 可得性(c) × 可靠性(c) = $P(c) \times P(i \mid c)$ = $P(c,i)$

McDonald and MacWhinney[1]探索了提示的结合方式。一个具体的句法解释的客观提示的作用是彼此独立的。然而，提示的作用同样具有主观表征，其被依赖的程度叫作提示强度，值域在 0—1 之间变化。基于这个理解，当 A 和 B 作为可能的解释，且 C 为所有提示Σc_i时，则有

$$P(A \mid C) = \frac{\prod_i P(A \mid c_i)}{\prod_i P(A \mid c_i) + \prod_i P(B \mid c_i)}$$

在 C 条件下采用 A 这一句法解释的概率为：在 c_i 条件下的解释 A 的概率的乘积除以 A 和 B 在同一序列条件下的各自的概率的乘积之和。所有因子概率均被看作是彼此独立的概率事件。这个概率被叫作"幼稚"贝叶斯概率模型。

模型在选择相互替换的句法拆解方式时还可以考虑其他一些因素的作用，比如冲突有效性以及提示使用相关的成本因素。前者在消歧的过程中以既有经验中的发生经常性作为依据，计算法为所有竞争情形数目中带来正确解释的次数所占比例。后者则涉及一个提示是否容易感知、是否在短时记忆容量限制下容易整合等。

三　问题求解模型

语言处理过程具有注意限制，尤其凸显注意资源的有限性。人们的认知围绕这个局限是如何来满足语言处理的任务要求的，这个问题的提出在先前的相互作用模型、竞争模型等基础上具有了新的启发意

---

[1] J. L. McDonald, & B. MacWhinney, "Maximum likelihood models for sentence processing research." In B. MacWhinney & E. Bates (eds.), *The Crosslinguistic Study of Sentence Processing*. New York: Cambridge University Press. (1989).

义。Anderson[1]采用一般认知角度来理解语言心理面向认知现实的问题求解一面,而概率则是谋求最优化"方案"的分析手段。

(一) 模型的对象过程

问题求解模型又称理性模型,其特点就是在心智进化原则的层面解释人类面向语言的自然智能的作用方式。Anderson 主要关注词汇提取和使用的数据模型。其基本看法是,人类提取记忆中的一些结构的过程不大显现其数据表现,因而这个过程产生的数据需要考虑一些新的因素,包括反映此种序列功能的被需求的概率(p)、提取到正确结构而获得的进益(G, gain)以及提取该项目的成本(C, cost)。一个表现可以是,在 pG < C 的情况下,记忆提取过程则会终止。这个理解在语言结构的提取方面蕴含了使用频率、成功回忆概率和提取的潜伏性数据之间的相互关系。然而,这些关系在认知过程中究竟适合体现于决策的心理过程还是语言认知的某种功能形态,该问题需要考虑有意识过程和无意识过程的认知适切性,包括适合的心理控制的发生方式。从种种可能框架中,Anderson 采用了记忆痕迹(A)、该痕迹具有的历史发生的条件(H_A)以及当前环境(Q)之间的关系来建立概率模型,旨在反映当前认知功能在既有历史经验条件下应对当前场合的适应性表现。

(二) 建筑

模型表征的认知功能建立在串行搜索的记忆模型的基础上。其概率形式为:

$$P(A \mid H_A \& Q) = P(A \mid H_A) \times \prod_{i \in Q} \frac{P(i \mid A)}{P(i)}$$

这一规定认知过程如何发生的智能"工程"性概率模型旨在表明:痕迹 A 的需求具有两种来源成分:一是 A 在历史上被需求的经常性的程度,二是在给定一个结构适合和不合适两种条件下的序列提示的条件概率之间的比率。Anderson 认为,需求概率 $P(A \mid H_A \& Q)$ 的一个增加量是单调地映射到更高的回忆概率和更快的反应时上。其中的基本认识后来衍化为以记忆功能构造为主体的认知建筑(cognitive architec-

---

[1] J. A. Anderson, "Hybrid Computation in Cognitive Science: Neural Networks and Symbols", *Applying Cognitive Psychology*, Vol. 4, No. 4, 1990, pp. 337 – 347.

ture）。

（三）算法

据此，句子分析的主要目的为：使由局域过程获得在全域范围内正确的结构的概率最大化[1]。其具体过程就是串行地为句子中的每一个词检索到输入时的各种可能的解释。分析过程的最优化需要考虑花园路径句的再拆解的成本，并且在某个拆解假设的概率、选定假设的时间和检验假设的时间之间维系一种平衡。多步骤串行句法拆解过程首先考虑的假设应当满足的条件是：假设 H_i 的 f 函数具有最大的值，即

$$f(H_i) = P(H_i) \times P(被择 H_i) \times \frac{1}{1 - P(被检验 H_i)}$$

这个算法似乎是把 $P(A \mid H_A \& Q)$ 看作功能环境，进而用 $f(H_i)$ 的效用原则的最大化作为句法分析的功能前提。另外一种可能的解释是，句法分析首先是局域智能现象，在效用上满足良好局域功能的情况下便无须引发全域性判断。只有在局域功能不足时才需要适用具有资源调整意义的"工程性"概率。

四 范畴功能价值分布模型

句子处理的一个重要的前提就是消除词的范畴的不确定性。一些隐含马科夫过程（HMM）词性标记算法[2]可以用来消除词范畴不确定性。这类算法用于计算一个给定词串的词性标记的概率。其概率性知识来源之一是给定词范畴标记的词的概率 $P(w_i \mid t_i)$，之二是词范畴标记在另外一个标记之后的条件下的概率 $P(t_i \mid t_{i-1})$。该算法的操作原则就是为词确定最为可能的标记。例如在一个大型语料库中，"race"最经常地用作名词，但在"to"之后则更经常地用作动词。故此，HMM 词性标记算法就是按照上述程序，计算得出一个长度为 n 个词的句子或词串

---

[1] N. Chater, M. J. Crocker and M. J. Pickering., "The Rational Analysis of Inquiry: The Case of Parsing", in M. Oaksford and N. Chater, M. Oaksford and N. Chater (eds.), *Rational Models of Cognition*, Oxford: Oxford University Press, 1998, pp. 421–468.

[2] 例如 S. Corley and M. W. Crocker., "The Modular Statistical Hypothesis: Exploring Lexical Category Ambiguity", in M. W. Crocker, M. Pickering and C. Clifton, M. W. Crocker, M. Pickering and C. Clifton (eds.), *Architectures and Mechanisms for Language Processing*, Cambridge: Cambridge University Press, 2000, pp. 135–160.

的词性标记最可能序列 $\hat{t_i}^n$，而不仅仅是单个词的 $\hat{t_i}$。所用函数为 $\text{argmax}_x f(x)$，其计算表现为返回 f（x）值最大的 x：

$$\hat{t_i}^n = \text{argmax} P(t_1^n \mid w_1^n)$$

将该方程转变为贝叶斯规则：

$$\hat{t_i}^n = \underset{t_1^n}{\text{argmax}} \frac{P(w_1^n \mid t_1^n) P(t_1^n)}{P(w_1^n)}$$

由于 HMM 词性标记算法旨在为 w_1^n 选择最为可能的标记序列，所以可以去掉上式中的分母并保持效果相同。另外还可以有一个进一步简化的策略：首先，词的概率取决于自身的标记，而非相邻标记；其次，词的概率相互独立。所以，可以使用一个两级（bigram）标记算法来评估出最为可能的标记序列：

$$\hat{t_1}^n = \underset{t_1^n}{\text{argmax}} P(t_1^n \mid w_1^n) \approx \prod_{i=1}^{n} P(w_i \mid t_i) P(t_i \mid t_{i-1})$$

这一算法在效果上解释了心理语言学上的一些研究结果[①]，例如被试句首 that 当作限定词，把动词后 that 当作补语化的成分（complementizer）[②]：

表 7.1　　　　　　　HMM 词性标记简化算法应用一例

上下文	词性	P ($t_i \mid t_{i-1}$) P ($w_i \mid t_i$)	P
句首	补语化成分	P（补 | #）P（that | 补）	0.0003
句首	限定词	P（限 | #）P（that | 限）	0.0011
动词后	补语化成分	P（补 | 动词）P（that | 补）	0.023
动词后	限定词	P（限 | 动词）P（that | 限）	0.0051

五　前后场合无关的随机概率分布模型

句子分析和理解是心理语言学中的一个主题。早期的句子分析模

[①] S. Corley and M. W. Crocker., "Evidence for a Tagging Model of Human Lexical Category Disambiguation", Paper Delivered to Proceedings of the 18th Annual Conference of the Cognitive Science Society, University of California, San Diego, 1996.

[②] C. Juliano and M. K. Tanenhaus, "Contingent Frequency Effects in Syntactic Ambiguity Resolution", Paper Delivered to Proceedings of the 15th Annual Meeting of the Cognitive Science Society, Hillsdale, N. J.: Erlbaum, 1993.

型重在回答哪些知识参与句子分析和理解的过程,但却没有充分回答这些知识是如何使用的,并且也实际缺乏综合各种发现的潜力。在这一情况下,连接主义句子处理模型和随机前后环境无关语法(Stochastic Context-free Grammars, SCFG)应运而生。连接主义模型对于句子处理过程或其认知功能的研究具有独特优势。然而,在揭示各类语言知识的使用规律方面,随机前后环境无关语法却独占鳌头。此外,如果说连接主义句子处理模型更加贴近语言的神经认知过程的现实,概率语法则更加贴近语言使用者的认知和心理现实。在句子处理过程中,各种随机前后环境无关语法均为消除句法上具有多重可能解释的概率模型[1]。这些模型在消歧方法上都涉及为各种可能的解释排定一个概率上由高到低的序列。其模型参数意义主要表现在负载概率值的形式项和所用算法上。不过,给定一个合理的语言认知功能框架,这两者的关系似乎本身应为彼此自动适用的对应关系。以下仅仅注重有关算法陈述。这类模型主要关注语言结构系统自身的概率表现,所用建筑相对缺乏讨论意义。

(一)左角算法

左角算法[2]为由句子的任意起始词串(如句首名词短语)来计算SCFG 的概率,可以支撑经验语料统计模型和相互作用的在线概率模型。

SCFG 模型最早由 Booth 提出,在算法上旨在为每一条规则确定从左到右的扩展的条件概率值,例如 Brown 语料库中的"NP→Det N"的扩展概率为 0.42,而"NP→Det Adj N"的扩展概率为 0.16。Jurafsky

---

[1] T. L. Booth, "Probabilistic Representation of Formal Language", Paper Delivered to IEEE Conference Record of 10th Annual Symposium on Foundations of Computer Science, Waterloo, ON, Canada, 1969; M. W. Crocker and T. Brants, "Wide-Coverage Probabilistic Sentence Processing", Journal of Psycholinguistic Research, Vol. 29, No. 6, 2000, pp. 647 – 669.

[2] F. Jelinek and J. Lafferty, "Computation of the Probability of Initial Substring Generation by Stochastic Context-Free Grammars", Computational Linguistics, Vol. 17, No. 3, 1991, pp. 315 – 323; A. Stolcke, "An Efficient Probabilistic Context-Free Parsing Algorithm that Computes Prefix Probabilities", Computational Linguistics, Vol. 21, No. 2, 1995, pp. 165 – 201; D. Jurafsky, "A Probabilistic Model of Lexical and Syntactic Access to Disambiguation", Cognitive Science, Vol. 20, No. 2, 1996, pp. 137 – 194.

的研究采用了左角算法来计算 SCFG 的概率：当一个句子具有多种可能的解释时，为了给这些可能的解释排出一个概率值高低顺序，每一种解释的概率均由两个概率值相乘得出，含句子当前看到的部分的 SCFG 概率以及每一个动词的价的概率。模型中"当前看到的句子部分"模拟的是"在线"（online）过程，但是相应次范畴的概率也像 Booth 那样由 Brown 语料库统计得出，例如二价动词 keep 在"keep…in…"中的概率为 0.81，单价概率则为 0.19。

（二）线图分析算法

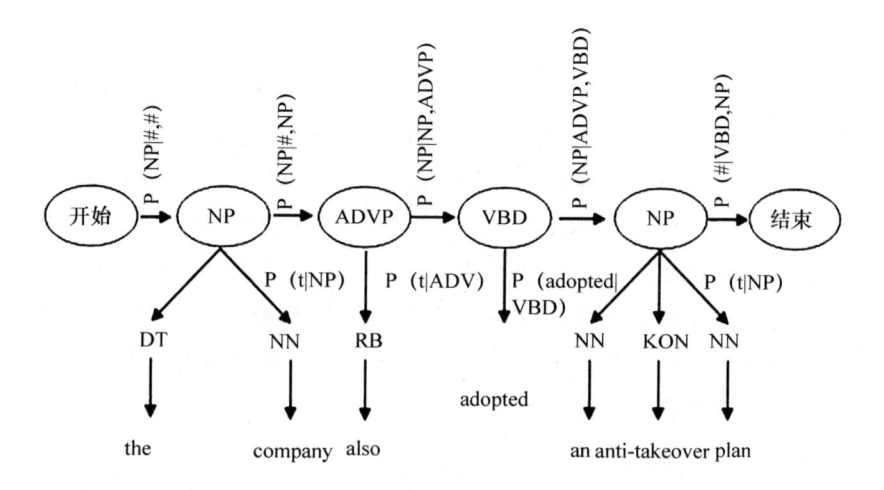

图 7.3 马科夫模型第一层的一个部分

计算概率的材料为英语句子"The company also adopted an anti-takeover plan."字母 t 表示由 SCFG 产生句子树分支，其概率计算公式 P（t|NP）为句子树在给定 NF 条件下的 NN 分支→company 的条件概率。

线图分析算法（chart-parsing algorithm）[①] 为一种宽域散漫算法，即计算出各种各样的可能结构，并且为它们各定一个概率值，把一些低概

[①] 例如 T. Brants, Tagging and Parsing with Cascaded Markov Models—Automation of Corpus Annotation, Ph. D. disertation, University of Saarland, 1999；再如 M. W. Crocker and T. Brants, "Wide-Coverage Probabilistic Sentence Processing", Journal of Psycholinguistic Research, Vol. 29, No. 6, 2000, pp. 647 – 669.

率结构"修剪"掉。可能结构统计来源可以是大型或者超大型语料库。相应模型多为积增瀑式马科夫句子处理模型（Incremental Cascaded Markov Model，ICMM）或者 HMM 和 SCFG 混合模型。早期模型由辖制词汇的叶节点开始，逐层建构一个句子树，后来的模型则跟踪在每输入一个词的时候信息逐层向上的传播过程。每一个马科夫模层都有一系列节点组成，这些节点对应于短语或者句法范畴，例如 NP 或 ADVP。状态的过渡则对应于这些范畴的三级（trigram）概率。每一层的输出的那些结构均由 SCFG 语法指定概率值。

六 难度预期模型

以上模型并非没有难度预期能力，不过不符合预期而产生的难度也需要一种特殊的算法。例如如何准确预期当前词的阅读时间和理解难度，这是所有概率模型在选择算法时的考虑。在既有 SCFG 概率模型研究的基础上，Hale[1] 在预期能力方面取得了突破性的进展，即对句子分析困难作精细预期。他表达的看法是：把一个词纳入当前的一个适合的分析框架的认知努力主要与该词出乎意料的程度相关，而"出乎意料"也等同于带来的新的信息的多少。信息量越大，也意味着一个更大的负值的对数化概率：

$$h(w_i) = -\log P(w_i)$$

对于 P（w_i）的估计，Hale 认为适合的概率就是人们可以表明使用着的任何概率，因而不妨使用以 Jurafsky[2] 等人左角看到的当前句子部分的分析树为条件的词的 SCFG 概率。人们习惯上把左角开始的当前看到的句子部分叫作句子的"前缀"（prefix）。计算前缀概率的困难在于，算法必须在分析程序"知道"可能循环数目之前就考虑到所有可

---

[1] J. Hale, "A Probabilistic Earley Parser as a Psycholinguistic Model", paper delivered to Proceedings of the Second Meeting of the North American Chapter of the Association for Computational Linguistics, Pittsburgh, PA, 2001

[2] D. Jurafsky, "A Probabilistic Model of Lexical and Syntactic Access to Disambiguation", *Cognitive Science*, Vol. 20, No. 2, 1996, pp. 137–194.

第七章 基于相互作用论的主要研究

能的循环结构。一个解决办法是[1]：在 Earley 算法[2]的基础上，设使 α_i 为词 w_0、w_1、$\cdots$、w_i 的前缀概率，于是有：

$$P(w_i \mid w_1, w_2, \cdots, w_{i-1}) = \frac{P(w_1 \cdots w_i)}{P(w_1 \cdots w_{i-1})} = \frac{\alpha_i}{\alpha_{i-1}}$$

Hale 认为，一个词的阅读时间（实际上应该看作处理时间）与由该概率表达的信息量值成正比：

$$h(w_i) = -\log \frac{\alpha_i}{\alpha_{i-1}}$$

这一理解意味着，分析一串词的认知努力与同该词串不相容的所有结构分析的总概率成正比。故此，如果我们把语言表征为语句结构的集合，每一个语句至少含有可以用于消歧的信息。句子理解从概率角度看就是创建 S（语句）的各种可能结构集合 T。相应的概率分布为 P_i^T 则为语句的所有可能解释的资源分布。这一理解中的处理困难则表现为该概率分布的调整量。研究采用既有概率分布与新的概率分布的相对熵来量化。设 q 为一种概率分布对应于概率分布 p，根据 Kullback-Leibler（KL）的 q 由 p 分化法则则有：

$$D(q \| p) = \sum_{T \in \Gamma} q(T) \log \frac{q(T)}{p(T)}$$

在两种分布相同时，p=q，则 $D(q \| p) = 0$。随着二者的差异增加，相对熵也随之增加。那么，在特定的前后环境（con）中，第 i 个词 w_i 的意外程度则为 $-\log P(w_i \mid w_{1 \cdots i-1}, con)$，于是有：

$$难度 \propto -\log P(w_i \mid w_{1 \cdots i-1}, con)$$

换言之，在意外度最小化到 0 时，则意味着必然出现一个预期的环境。否则，在一个词越是不可能出现，其意外度也越是趋向于无穷大。

---

[1] F. Jelinek and J. Lafferty, "Computation of the Probability of Initial Substring Generation by Stochastic Context-Free Grammars", *Computational Linguistics*, Vol. 17, No. 3, 1991, pp. 315 – 323; A. Stolcke, "An Efficient Probabilistic Context-Free Parsing Algorithm that Computes Prefix Probabilities", *Computational Linguistics*, Vol. 21, No. 2, 1995, pp. 165 – 201.

[2] J. Earley, "An Efficient Context-Free Parsing", *Communications of the ACM*, Vol. 13, No. 2, 1970, pp. 94 – 102.

七 贝叶斯信念网络

贝叶斯信念网络是表现一组随机变量的概率分布的数据结构。该模型之所以叫作"网络",原因是模型采用一个方向化的非循环图的理解。图中的节点代表作为未知量的随机变量,节点之间的边缘线条代表变量之间的因果型联系。这些联系的强度则由条件概率量化。设节点 A 的值为 a_1,…, a_n, 其母变量为 B_1, …, B_n, 于是便有一个附属的条件概率表 P (A = a_1 | B_1 = b_x, …, B_n = b_z), P (A = a_2 | B_1 = b_x, …, B_n = b_z), 等等。概率表表达了 A 在给定母变量值的条件下可以具有的概率值。网络的这一结构反映了变量之间的相互独立的关系,允许把联合概率分解为条件分布的一个乘积。贝叶斯网络借此把对所有证据的联合概率的计算转变为许多简单的运算。网络可以为语言处理过程中的某个具体信念指定一个概率值,并且依从新的证据调整概率值。具体到一个语句的多种可能的解释赋予概率值的情形,网络则视每一次出现的新的证据计算得出每一个解释的概率值。证据范围包括句法、语义和语篇,其算法因此融合了 HMM 和 SCFG 模型的算法,并且实现了在线型概率拓展。

在句子分析和消歧的方面,网络对每一个多解型输入都是通过多种证据来源计算其概率[1],比如 SCFG 概率、句法次范畴概率、主题角色次范畴概率以及其他前后环境提示概率。如果输入为"the horse raced"这一 MC/RR 奇异结构,那么网络便会按照下图分别计算出 P (MC) 和 P (RR):

图 7.4 所示结构为贝叶斯网络计算词及主题角色对 MC 和 RR 两种解释的支持时的概率。该模型要求表示每一个动词的不同论元结构偏好的条件概率分布以及对时态偏好的条件概率分布。此外,模型还包括了句首名词与谓语在语义上主题角色适配概率的计算[2],例如:

---

[1] S. Narayanan and D. Jurafsky, "A Bayesian Model Predicts Human Parse Preference and Reading Time in Sentence Processing", in T. Dietterich, S. Becker and Z. Ghahramani, T. Dietterich, S. Becker and Z. Ghahramani (eds.), *Advances in Neural Information Processing Systems* 14, Cambridge, M. A.: MIT Press, 2001, pp. 59 – 65.

[2] K. McRae, M. J. Spivey-Knowlton, M. K. Tanenhaus, "Modeling the Influence of the Matic fit (and Other Constraints) in On-line Sentence Comprehension", *Journal of Memory and Language*, Vol. 38, No. 3, 1998: pp. 283 – 312.

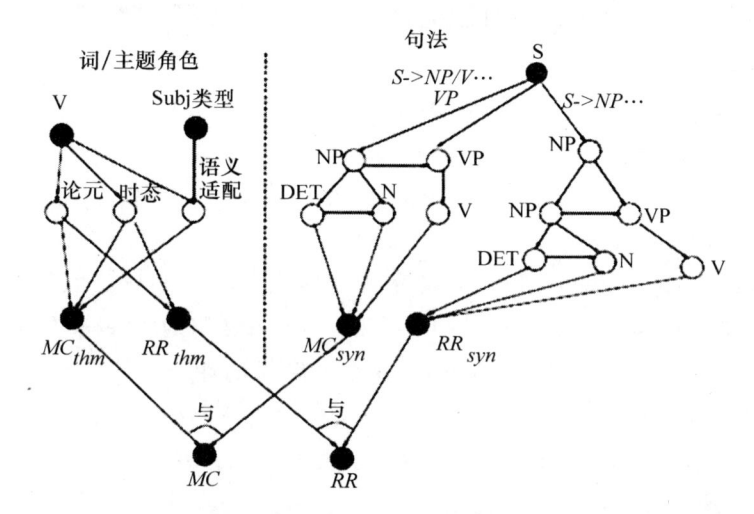

第七章 基于相互作用论的主要研究

图 7.4 贝叶斯信念网络对于不同来源的概率的组合方式

MC 标识主句，RR 标识缩略关系子句，thm 表示相应来源为主题角色，syn 表示相应来源为句法。

P（施事 | 主语 = horse，动词 = raced）

P（受事 | 主语 = horse，动词 = raced）

P（主题 | 主语 = horse，动词 = raced）

P（及物 | 动词 = raced）

P（不及物 | 动词 = raced）

P（过去时 | 动词 = raced）

模型面临的一个问题就是，在计算不同来源的支持证据的概率时，主题角色和句法结构等概率是否可以看作相互独立的概率而直接采用简单的乘法计算。在一些情况下，这一判定则较为容易，但是在另外一些情况下，尤其是在概率之间因果条件关系不明时，该判定则相当困难。Pearl[①] 使用的"噪声—与"模型提供了另外一种假设：凡是妨碍一个具体来源支持某个解释的任意因素，在概率上均独立于妨碍其他来源支持该解释的机制。这个原则主要在于照顾认知关照所得

---

① J. Pearl, *Probabilistic Reasoning in Intelligent Systems: Networks of Plausible Inference*, San Francisco, California: Morgan Kaufmann, 1988.

知识的使用。此即所谓例外独立性假设，可以适用于 RR 和 MC 解释的概率计算：

$$P(MC) = 1 - P(\neg MC \mid Syn, Lex, Thm) = 1 - (P(\neg MC \mid Syn) \times P(\neg MC \mid lex, thm)$$

$$P(RR) = 1 - P(\neg RR \mid Syn, Lex, Thm) = 1 - (P(\neg RR \mid Syn) \times P(\neg RR \mid lex, thm)$$

Narayanan and Jurafsky[1] 的研究为此提供了一个案例。该研究旨在计算"The horse raced past the barn fell"这一语句的"raced"的 MC/RR。模型在"看到""The horse"这个前缀时的计算为：

$P\ (MC,\ S{\rightarrow}NP\cdots,\ NP{\rightarrow}Det\ N,\ Det{\rightarrow}the,\ N{\rightarrow}Horse\mid the,\ horse)$

$P\ (RR,\ S{\rightarrow}NP\ \cdots,\ NP{\rightarrow}NP\cdots,\ NP{\rightarrow}Det{\rightarrow}the,\ N{\rightarrow}horse\mid the,\ horse)$

继而，在"raced"出现时，模型便在新的信息的条件下计算新的后验概率：

$P\ (MC,\ S{\rightarrow}NP\ VP,\ NP{\rightarrow}Det\ N,\ Det{\rightarrow}the,\ N{\rightarrow}horse,\ VP{\rightarrow}V\cdots,\ V{\rightarrow}raced,\ V$ 形式，施事 $\mid V$ 形式 = 过去时，主语 = "horse", $verb = race)$

$P\ (RR,\ S{\rightarrow}NP\ VP,\ NP{\rightarrow}NP\ VP,\ NP{\rightarrow}Det\ N,\ D{\rightarrow}the,\ N{\rightarrow}horse,\ VP{\rightarrow}V\cdots,\ V{\rightarrow}raced,\ V$ 形式，施事 $\mid V$ 形式 = 分词，主语 = "horse", $verb = race)$

在一些情况下，计算结果 MC/RR≈387，很快就超过了二者比率的门槛值，比如 5，导致把 RR 解释"修剪"掉。在另外一些情况下，二者比值从不超过该门槛值，一直把 MC 和 RR 两种解释保持为活跃解释。另经过后来的进一步验证[2]，贝叶斯信念网络也同样可以整合先前的竞争—整合模型。贝叶斯信念网络的基本特点是任何证据都可以获得一定功能价值分布。

---

[1] S. Narayanan and D. Jurafsky, "A Bayesian Model Predicts Human Parse Preference and Reading Time in Sentence Processing", in T. Dietterich, S. Becker and Z. Ghahramani, T. Dietterich, S. Becker and Z. Ghahramani (eds.), *Advances in Neural Information Processing Systems* 14, Cambridge, M. A.: MIT Press, 2001, pp. 59–65.

[2] Ibid.

第七章 基于相互作用论的主要研究

本章小结

　　关于语言认知功能的连接主义模型和概率模型统一表明：语言认知功能既是一种稳定的体现主体认知属性的内外相互作用方式，也随着外部条件变化而执行不同的任务过程。各种任务过程或者语言认知过程都具有高度功能化的轨道表现。这些理论探索统一支持前文分析陈述的关于语言发展的一个后相互作用论视野。显然，上述研究自身也存在特定时期的认识背景的限制，例如几乎所有的概率模型都是自动采用了标准认知理论构成的理论背景。我们的阐释重在其场合化的认知功能方式意义，即一个模型表征语言知识过程均具有相应的场合条件。由于这个场合限制，除了 Anderson（1990）提出的问题求解模型等少数模型之外，概率模型大多不具有超越其场合条件限制的理论意义。正是在这一矫正的阐释中，既有研究充分表明了语言认知功能对于场合因素的功能价值分布原则。到了后相互作用论时期，这些模型取得的成就以及目前仍然存在的问题指向了大量的选题所在，尤其是符合前面各章讨论的理性化方向的选题。

第八章　关于二语发展

既有文献中，二语习得（SLA）一般指除了直接的双语环境之外的第二语言习得过程，包括中国儿童和成人到美国或者英国这样的英语环境中习得英语和在使用汉语的中国国内环境习得作为"外语"的英语这两类情形。前面各章关于母语习得取得的看法可以称作相互作用条件下的语言认知功能观（参见"第五章"）。显然，二语习得的认知策略也不出母语认知策略和成人语言认知过程的范围。然而，每一种策略的适用价值因为场合条件的变化则可能不像母语那样合理。我们是以采用对比性框架来做分析陈述。在"语言习得"和"语言发展"的两种提法上，前者似乎偏重内在的和语言的中心观，后者似乎偏重一般的和相互作用的认知中心观。我们的讨论所采用的破题框架蕴含理论"经由"。

第一节　二语习得是否等同于母语习得

在理想化的情况下，或者说作为破题框架中的一个基本观点，我们不妨认为：（1）二语元语言因素等同于母语；（2）二语习得心智化过程等同于母语；（3）二语认知功能拓展轨迹等同于母语。于是，破题框架的另外一个基本观点就是二语习得不同于母语习得。在母语习得情况下，前面各章论证得出了一个面向语言的认知功能观。透过理论现实看渊源，心理学和语言学中的标准认知理论仿佛是检验经验和理性哲学思想的附庸。只是到了相互作用条件下的认知功能观，包括语言在内的认知才正式凸显出物理学之外的人类知识参数的价值地位。显然，这个转折之所以不可避免，主要是因为该框架可以为科学解释带来不同于以往的蕴含度。事实上，迄今为止，二语习得都不是具有独立领域地位的一种研究对象，既有解释均因循渊源相关性而来，多种观点都从各自的角度提出了二语习得等同于或者不同于母语习得的假设，包括行为主义、内在论和相互作用论。由于此种理论渊源关系，相关研究的目的主要是提供应用研究原则，其次是向着渊源领域提供证据，例如语言认知功能的理解是否可以跨越第二语言。

一 "相同"假设

无论是母语还是第二语言，无论是成人还是儿童，习得的成果都不外乎是目标语的听和说等能力。语言方式的实现不外乎是词，掌握的具体内容也不外乎是某个意思"怎么说"。此种简单而直接的行为观照，很容易让我们采取二语习得与母语习得相同或者相似的角度去获得关于"该怎么说"的内窥。

首先从行为主义的角度看，刺激—反应强化这一动物心理学研究之所以获得了普遍的认可，不仅在于其巧妙的条件反射实验[1]和操作条件实验[2]，还因为这些实验结果同时具有重要的进化心理学的意义。然而，具体到现实的语言，行为主义仍然认为语言不过是一套行为习惯。模仿就是语言学习的过程，强化就是形成习惯的手段。这样一种以训练求结果的方法显然在语言或者说母语和第二语言条件下都具有不容置疑的方式训练效果。

内在论认为语言形式是内在的，因而相对于行为主义训练任意出现的语言问题而言具有强制性。这一内在性对于母语以及二语习得者似乎也是同等有效的。普遍语法假设一方面认可语内参数，同时也认可了语际参数，尤其是相对于语感良好、善于不断超越自我经验的外语学习者。参数设置在二语习得情况下的一个变换说法就是语言习得的普遍序列假设[3]。这样一种演绎似乎遵守了两个原则：一是语言形式运算节点是生成的，即脑机制功能面向语言有着许多原则，在这些原则作用下的

---

[1] I. p. Pavlov, *Conditioned Reflexes: An Investigation of the Physiological Activity of the Cerebral Cortex*, New York: Dover, 1927.

[2] B. F. Skinner, *Science and Human Behavior*, New York: Macmillan, 1953.

[3] 参见 Rod Ellis, *Understanding Second Language Acquisition*, Oxford: OUP, 1985, p. 64.

第三篇 交互

语言习得仅仅需要儿童作出一些简单的判断。二是语言处理的心智过程具有方向性，顺着句子生成性节点走就是顺序的，违背这个节点就是逆序的，因而不方便语言心智运作。此外，经验知识也不便满足此种要求。故此，参数设置的说法似乎完美无瑕。在语言习得的具体过程中，普遍语法一是语言知识来源，此即所谓能力（competence）；二是对于此种能力的运用，即通过正面证据或者反面证据对于当前面临的可能性作出选择。那么，从此种观点的极端情形看，在二语的情况下，普遍语法仍然应当是全可及的，或者至少可以是由刺激触发而致。

最早的相互作用论解释来自连接主义的解释[1]。这个解释似乎把行为主义的强化在效力上由内部建筑节点取而代之，把语言内在性看作是场合条件限制的内在性。Elman 阐释了机制上的模拟原则，所用神经网络建筑依照这些原则便是表征了跨层多重交互的过程，其训练结果可以反映各个节点交互效应强弱的变化。然而，在目前这类建筑仍然只是功能性模拟建筑，可以用来检验多重相互作用的理论认识。我们由此可以推断，二语习得与母语习得在神经机制的运算功能上并无二致。此外，在前文中由标准认知理论推进到相互作用论认识框架的过程中，我们提出了一个面向语言习得的认知功能观。依据这个观点，语言的认知功能方式在母语和第二语言的情况下具有一致性，比如大脑中适用于母语的相应任务的功能部位也适用于第二语言的相应认知任务，语音、句法等形式功能范畴构成了语言发展的基本要求。这个理解本质上认可两类语言习得都有同样的语言使用效应域，从而也决定了两种习得过程中的语言认知功能拓展方式可以相同。二语作为较之母语认知功能的后来者因此是一个语言认知功能拓展系统。

以上三种等同假设分别蕴含了不同的解释。行为主义蕴含了心理进化的相互作用原则，被其忽视的心智进化在内在论中获得认可。然而，内在论支持的形式研究在面对现实语言时，句子节点的自然顺序也难免会遇到一时难以解决的重重矛盾，因而妥当的做法就是暂时将其关注限

---

[1] J. L. Elman, "The Emergence of Language: A Conspiracy Theory", in B. MacWhinney, B. MacWhinney (eds.), *The emergence of language*, Mahwah, NJ: Lawrence Erlbaum Associates, 1999, pp. 1–27.

制为某个自然语言范型。相互作用条件下的认知功能观则是利用特定语言认知功能对于场合因素的功能价值分布来确定语言的理论观照点，语言使用效应包括产生效应和处理效应。这个理解使得二语作为交互型语言认知功能拓展系统而获得解释，有助于确定其他二语习得理论认可的心智化过程的功能价值所在，因而提供了此前所需要的解释参照。

二 "差异"假设

较之母语习得，二语习得存在年龄、母语经验、环境等一系列场合条件的明显的差异。早期的理论探索虽然把许多这类因素或者其中的某些因素判作无关因素，然而随着研究的深入，场合因素的价值分布总归需要获得客观的判断。

行为主义把语言看作一套习惯，而母语作为已经形成的习惯也就可能介入二语习得。为此，人们提出了母语习惯性结构成分以及词的基于意义习惯的迁移、由母语习惯过程过渡到目标语习惯的结构的中介语发展路径等。还有一些结构停留于中介语形式中，因而被叫做"化石成分（fossil）"。此类研究似乎是在描写中介语。行为主义的语言关注的尴尬地位主要是对于场合条件认定不当。其结论貌似证据确凿。这个评估无疑可以由动物语言训练的结果获得支持。既有动物语言训练似乎足以认定动物具有认知范畴，能够使用符号或者符号性手势来表达自身的需要。一只叫做 Nim 的猩猩能够使用符号要求吃东西。一只叫做 Sarah 的猩猩甚至能够用"水"和"鸟"组合起来指称水面上的鸭子。尽管如此，猩猩的"语言"智力无法超越人类儿童两岁时的水平，而人类儿童进一步成长过程所自然呈现的主体条件则是猩猩所不具备的。行为主义观点因此可能忽视了人类儿童两岁后的成长过程中动物根本不具备的心智进化水平。换言之，行为主义的语言训练结果是儿童"以高就低"的表现。

内在论基于这一点开始其论证过程[①]。一般认为，普遍语法把儿童习得母语面临的可能性制约到简单而容易的选择的程度，那么二语习得

---

① N. Chomsky, "Review of Verbal Behaviour by B. F. Skinner", *Language*, Vol. 35, No. 1, 1959, pp. 26–58.

相对于母语习得的异同就可以区分为本族语使用者的语言知识及获取途径来获得分析。如果这两个方面都是一致的，则可以认为普遍语法是"全可及"的。如果这两个方面都不符合理论预期，那么普遍语法则是"不可及"的，因而两种习得有着重要差异。其他情况则属"部分可及"。这样一种差异认可方式突出体现了语言形式中心观。我们不妨认为，在完全符合对象事实这一理想的情况下，普遍语法就是语言的一个形式功能因子。该理论因此完全把自身置于语言的"虚无"之地或者自然存在的功能域。这样的理论明显是难以获得证据支持的。逆向转换实验对于心理语言学的发展意义重大，但是实验结果却似乎是任务自身设置出来的心理运算过程。由于任何类似的心理运算步骤的多少都会取得相同的结果，对于实验结果的解释也就不排除牵强附会。再说儿童使用出"breaked"的这类现象，虽然可以指证行为主义存在的问题，但却不足以判断这个形式是来自语言通域性规则还是局域性的结构类比。

　　针对普遍语法假设的取证难题，相互作用条件下面向语言的认知功能观则把语言使用效应看作适合各种语言的认知通则作用域现象，母语习得与二语的差异因此是场合因素功能价值分布的差异。这个差异也涉及二语习得者对于相关认知功能倚重程度。语言认知功能观认为经验语言表征、处理过程、消歧认知策略过程等都是语言发展必要的过程。但是这些过程的功能价值分布在母语的情况下可以看作是自然的语言认知现象，而在二语的多样化场合因素组合条件下，这些认知过程的功能价值分布则难以做到与母语一致。总体上，母语习得有着自然的场合条件的限制，而二语习得者可能更加倚重目标语的经验规则；母语语义系统多是"用"出来的，而二语语义系统可能因为使用不足而临时表现为一个知识拼凑体。包括行为主义和内在论认可的差异，归根到底都是一定场合条件下表现出来的认知功能现象。因此，场合的认定是较为客观地预期母语以及二语发展的关键所在。相对于认识的有序推进，面向语言的场合化认知功能显然是当前比较可取的并且也是总体上科学性有所提高的选题。显然，任何理论构想阶段的想法都应当面对这一考验。

　　总之，二语习得与母语习得在认知功能上具有共同的限制系统。较之母语习得者彼此之间的差异，二语习得者的语言系统差异化表现更大。在语言作为交际工具允许的一门具体语言的可变性范围内，此种差异化表现有一个目标语趋向，但是却不一定强硬施加本族语使用者标准。语言认知功能的场合化表现则是语言更为本质的律域。这对于母语和二语习得者都是同等有效的。这个表述以及下文的分析陈述并非二语习得的选题分布，而是寻找选题和分析欣赏选题的启发框架。在这个意义上，一般心理语言学教材的章节名称则是更为直接的话题分布和选题所在。

第二节　二语习得的心智化过程

所谓心智化的过程，就是指在语言认知功能拓展过程中不可或缺的或者具有重要官能价值分布的主体意识主导的过程，包括模仿使用、元认知学习和创造性使用。二语习得的母语环境在内涵上作为实体性经验对于二语的限制具有宽或严的不同程度。此种宽严程度差异本质上说明达成二语功能系统发展进程的长短。不过，一般二语习得者难以自控所要求的进程。因此，二语习得的心智化过程较之母语习得者则更为重要。一个比方就是，心智化过程就是舵手，母语发展好比是有天然的灯塔（例如语言官能等大脑通过进化过程储备的原则）指引的航船，因而对于舵手的能力要求不高。第二语言发展则是周围灯塔模糊难辨的环境中的航船，因而对于舵手的要求则显然更高。

按照行为主义的观点，语言模仿是语言发展中的关键心智过程。尽管前文表明行为主义的模仿不足以发挥人类儿童的天赋，然而这并不意味着行为模仿不可以发挥天赋。高效率的语言模仿仍然可以允许语言使用效应，此种模仿实际上也具有取用普遍语法正面证据的意义。我们是以主张，模仿性语言使用需要具有合理的功能价值分布，或者起码可以说，具有一定功能价值分布的理论关联才能预期儿童语言进一步发展的各种可能性。

元认知是语言学习者使用的常见策略。我们甚至认为，元认知适合看作直觉的功能延伸策略，缺乏限制的元认知可能导致认知泛滥。元认知可以包括元语言、元记忆、反学习乃至元物理。儿童显然可以直觉地给出关于语言的一些认识，这些认识对于其语言的注意方式、知觉特征的选择等都发挥作用。元记忆就是对于自己语言相关记忆效果提升的直觉化认识。对于词语死记硬背的结果，如果没有更高要求的使用效应，

第三篇 交互

便无法形成语言运作系统。元记忆因此主要表现为对于自己词语记忆效果真实来源的直觉知识。反学习就是仅仅允许学习发挥特定层次上的限制作用,不使学习获得过多的价值倚重。反学习因此可以意味着从既有学习中不断发现新的学习方法,即对于对象的注意模式、知觉功能方式以及使用程度控制。元物理这一稀有的知识来源和使用方式要求高水平的反思能力,即能够把貌似完全不相关的现象或者因素的功能价值发挥出来。

创造性语言使用是心智化过程的灵魂。乔姆斯基[1]采用语言习得装置来解释语言创造性使用的过程,即对一种现实情形确立一个选择框架,儿童在这个功能框架下对于各种可能性采用假设和检验假设的方式作出选择。此种创造性使用(包括理解和产生)的形式表现就是简单的词语替换,其认知渊源上的表现则是具有良好的语法意义。缺乏语法意义的词语替换与具有语法意义支持的替换在语言使用效应方面则可能导致天壤之别。我们的这个观察旨在说明语言的创造性不是单纯的形式创造性,而是具有思想内容的实体创造性的支持。形式"创造性"仅仅是一个伺服系统,接受源自语法意义自动的自上而下作用的牵引。

另有研究结果[2]似乎支持了这样一种一般认知框架下的语言创造性使用观,表明二语发展这艘在模糊灯塔环境中航船的舵手需要一个"资历高深"的"参谋班底"的支持。该研究一是采用意在启动大三英语专业学生反学习过程的问卷调查,内容上涉及语言学习者认知与经验环境相互作用的诸多方面。二是测定这些学生的语言组块化水平的语句判断任务的反应时,所用材料为"Do you know that or not?""To whom did you send a dictionary?"等。语言判断包括可接受性、合法性、自然性等中国学生中具有普遍性的语感判断。这项方法上存在诸多缺陷的研究通过数据分析得出了颇为有趣的发现:首先,主观创造性不影响语句各种判断任务的响应时,表明语句判断的影响因素来源不含被试主观自

---

[1] N. Chomsky, *Syntactic Structures*, Mouton: The Hague, 1957, p. 19; N. Chomsky, "Review of Verbal Behaviour by B. F. Skinner", *Language*, Vol. 35, 1959, pp. 26–58; N. Chomsky, *Topics in the Theory of Generative Grammar*. Hague: Moulton. 1966.

[2] 刘齐宣、邵俊宗:《语言学习者主观创造性及其认知方式化倾向诊断》,《西安外国语大学学报》2009年第3期。

我评价的创造性所代表的认知能力，故而佐证了我们关于语言使用效应是独立于学习之外的一个律域的判断。其次，自我创造性评价较高者明显更加善于完成：（1）答案为否定的判断任务；（2）异常语句现象的判断任务；（3）不确定性判断任务；（4）使用多级依据的判断任务。这表明哪怕是主观创造性，也有助于二语习得者在二语经验条件下恰当对应各种场合，达成二语的顺利发展。最后，创造性与灵感、自我资源感、语言环境创造力、对接受熏染方式的选择性、具有认知发展意义的自我想象和决策程序化这六个因素显著正相关。这似乎表明中国学生的创造性具有类型化或者方式化的倾向，例如环境创造型、概率分析型、灵感倚重型以及问题求解型。与创造性呈负相关的因素中含元认知、文化敏感等。这似乎证明语言习得中的自我规范力和文化规范力运用不当则不利于创造性学习，因而相对于语言发展适合以无意识的方式发挥作用。附带说明，这项研究不表明元认知和文化对于语言发展不重要，而是需要使相应规范力回归其自然的限制功能。这些发现从多方面支持了语言认知功能方式对于包括主体因素和环境因素的场合因素具有功能价值分布意义的观点。

总之，二语习得的心智化过程对于语言发展不可或缺，但行为主义和内在论都不足以合理认定心智化过程的功能价值分布。然而，已经取得的证据似乎可以表明，合理发挥各种心智化过程的作用，或者说合理认定儿童自然表现的各种心智化过程对于语言发展的意义，便需要我们采用语言认知功能的理解框架。具体言之，心智化过程可以促动前文分析陈述的"磨坊"交互机制，确保语言发展走在语言使用效应这一独立而且规范的轨道上。此外，这个认识不排除貌似机械呆板的实体性经验丰富者成为绝顶优秀的语言使用者的可能性，基于"耐心和毅力"的使用可以让此种学习者创造奇迹。

第三节　二语习得的音系化过程

有助于我们从话题上破解二语习得音系化过程的主要问题就是：我们需要如何认定语音的自然变化域？母语和二语既有描写允许我们指出这个现象，但是问题本身则要求包括认知在内的机制上的答案。历时比较语言学、描写语言学和功能语言学统一表明：方音之间的变化、个体之间的语域可以有巨大差异。这些差异化表现不是随意的，而是仿佛有着一定的参数规格变化范围。语言发生学正是依循此种变化取得了丰硕的成果。具体到二语习得这一情形，本族语知识和途径分析评定框架的问题也就不言而喻了。考虑到各种母语背景，二语习得者的理论上的语音合理可变域相对较大。进而，无论是母语还是第二语言，相对于产生者，音系化是人们按照语音表征在各种场合条件下产生的负载各种信息的语句语音表象中存在的多级控制的系统化过程。相对于听话人，音系化过程则是自动抓取语句语音表象中各种信息提示特征的相关听觉机制参数的功能价值分布。因此，包括二语在内的可辨性参数规格变化范围需要大量的研究。关于成人语言心理的研究表明，言语产生牵涉语音表征知识，而言语处理涉及单音听辨、范畴听辨、语句音韵模式听辨等知觉（学习）经验的内化成果。由此可知，面向言语的听知觉学习过程蕴藏着语言使用者应对语音"弱水三千，只取一瓢饮"的关键。儿童如何内化此种言语听知觉经验？这便是语言发展过程中的一个关键问题。

　　首先，二语习得者均具有母语语音经验。研究发现三四天大的婴儿喜听父母说话[1]，能够感知不同的语言，但是到了6个月的法语婴儿则喜欢听法语，而不是俄语[2]。这些结果似乎表明，对超音段语流特征的敏感帮助儿童区别其语言中的合法（legal）音节，而且此后一段时间婴儿因为其言语听辨机制而无可能旁顾他语。Eimas 等[3]的吸允实验发现，婴儿在1个月时便可以区分以/p/和/b/这样的清音和浊音区分的两个音节，4个月之内对所有的声学特征差异获得敏感，含声带振动与否的区

---

[1] A. J. DeCasper and W. p. Fifer, "Of Human Bonding: Newborns Prefer their Mothers' Voices", *Science*, Vol. 208, No. 4448, 1980, pp. 1174 – 1176.

[2] G. T. M. Altmann, *The Ascent of Babel: An Exploration of Language, Mind, and Understanding*, Oxford: Oxford University Press, 1997.

[3] p. Eimas, E. Siqueland, P. W. Jusczyk, and p. Vigorito, "Speech Perception in the Human Infant", *Science*, Vol. 171, No. 3968, 1971, pp. 303 – 306.

别特征以及发音部位区别特征①。不过,另据发现②,非洲 2 个月大基库尤语婴儿可以区分英语/p/和/b/,但 1 岁时未显该区分能力。加拿大英语背景的 6 个月婴儿仍然可以区分印地语的音素,但是此后区分别的语言的语音能力却很快消失了。这些证据很可能表明,儿童语音机制一旦被限定到一种最早的组块功能,原先可以均等接受任意语言的能力便随之渐渐消失。该能力的再现则似乎需要等待最早"组块"使用经验游刃有余之时。Shvachkin③也对 10 个月到 2 岁儿童后天言语听知觉作过研究,发现俄语儿童语音听辨具有特定的顺序:(1) 首先区别元音,其中先是/a/音凸显出来,然后的顺序是前元音、后元音、高元音和低元音。(2) 辅音顺序是闭塞音、擦音、鼻音、流音和滑音;而清音和浊音则是 2 岁时最后区分出来。这表明又一级言语听辨机制可以启动起来,这就意味着 2 岁乃至更大一些的儿童仍然适合习得任何语言,在既有的一般经验条件下此时的"母语"机制功能因此也不亚于甚至在认知上可能优于更早的"母亲语"机制。这些发现似乎表明,随着语音经验的拓展级次以及相应心智水平发展级次,儿童的听觉神经系统接受多波次的神经网络式的"训练"。此种"训练"也意味着启动处理经验刺激的机制功能的过程。随着听知觉功能层级的一再提升而一再接受"训练"的这个原则对于二语习得者的语音发展也不无揭示意义。

其次,儿童语音产生也明显存在一个难度或者发展序列。英语儿童在两岁左右的清晰可辨的辅音为双唇音,即/p/、/b/、/m/、/n/和 w/;2.5 岁前后为舌尖齿龈爆破音,即/t/、/d/、/k/、/g/、/ŋ/和/h/;3 岁左右为唇齿摩擦音,即/f/、/s/、/l/和/j/;4 岁左右为 ʃ/、/v/、/z/、/r/、/tʃ/、/dʒ/等。以上顺序表明了语音产生相关控

---

① P. D. Eimas, J. L. Miller and P. W. Jusczyk, "On Infant Perception and the Acquisition of Language", in S. Harnard, S. Harnard (eds.), *Categorical Perception: The Groundwork of Cognition*, New York: Cambridge University Press, 1987, pp. 161 – 195.

② J. F. Werker and R. C. Tees, "Phonemic and Phonetic Factors in Adult Cross-Language Speech Perception", *Journal of the Acoustical Society of America*, Vol. 75, No. 6, 1984, pp. 1866 – 1878.

③ N. K. Shvachkin, "The Development of Phonemic Speech Perception in Early Childhood", in C. A. Ferguson and D. I. Slobin, C. A. Ferguson and D. I. Slobin (eds.), *Studies of Child Language Development*, New York: Holt, 1973, pp. 91 – 127.

制的功能整合，包括口腔开闭控制、发音部位控制、声带控制、肺部气流控制、发音方式控制等。此外，从能力上看，口型适中的元音较之辅音更加容易听辨和产生，其他元音一般难度也相对较小，但是元音单独出现不大具有语言意义，而元音和辅音匹配出现有可预期的难度顺序。故此，听辨的主要意义在于验证外部经验语言使用了哪些音，而能够发出哪些音则是一种产生能力限制。一般二语习得者的语音模仿水平似乎足以表明，除极少数例外，二语产生所需要的语音表征颇为现成，而产生的肌动系统也不难调试。我们的问题是：如何启动符合第二语言要求的音系效果？此种效果明显要求连续发音的控制点合理，而此种控制显然不单纯是一个语音习得问题。换言之，既有研究相对忽视言语的声音的实体特征及其负载的句义和情感信息的语音控制意义。显然，音系中在流畅的语流条件下采集的语音样本两两之间的距离不断变化，而我们要描写此种变化不能只用一个变化项，而是需要表征几种协同变化趋势的参数。

为此，前文基于相互作用论的认识框架，面向语音预期了听觉—视觉、产生—输入、音—音、音—义以及句义—音韵等干支交互效应。这个预期在母语和二语情况下如果可以获得验证，尤其是二语情形，那么当前的一些领域难题也就迎刃而解，并且可以由此明了语音教学、言语困难等相关领域的实践原则。"别"出外语音系功能的说法似乎不大可取，行为主义的语音训练更不可取。换言之，二语习得的音系化任务就是在既有语音听辨和产生能力的基础上达成语流取词和产生性音系效果。这个任务显然不是独立于其他方面发展的习得任务，而要实现这个任务，或者至少是形成某个音系功能范型的过程中，我们目前仍然想象不到多重自然交互之外的优秀方法和预期理论。

第四节　二语习得的词汇—语义化过程

既有研究表明[①]，在接收的方式下，成人由语流中取词（形）之

---

① W. D. Marslen-Wilson and A. Welsh, "Processing Interactions and Lexical Access During Word-Recognition in Continuous Speech", *Cognitive Psychology*, Vol. 10, No. 1, 1978, pp. 29–63.

后便要立即依据这个词形进行句义运算。这个词形的贡献方式就是词义依据场合的取舍。在产生的方式下①，成人在有了说话的用意时就随之产生意念，意念可以直接表现为一个命题框架或者要说的话的骨干实义词。从智能化程序的角度看，意念之后就是提取句子模板，然后选词填入这个模板，然后付诸发音产出。从实际的使用者控制的角度看，有了用意就做好发音准备，有了意念就开始主语的产生，且选词的过程在大脑神经机制通道上有序实现。这个证据不难从威尔尼克区和布洛卡区失语症状中找到。词汇化就是习得者通过语言使用达成良好的取词和取义效果以及选词用义效果的词汇组织功能系统，满足理解快速和产生流畅的要求。语义化就是语言习得者通过语言使用达成意念微妙或者提炼度高、句义运算快速、词义辨析细微的产生和理解效果的语义系统，尤其是方便关于世界一般知识符合场合的运用方式。所谓词汇—语义化就是上述两种使用效应相对于大多数习得者的共场合的过程，即词的识别和理解始终挂钩。将两方面汇集起来，词义问题回答得好，那么词汇习得问题也就容易回答了，因为正确理解是识别和再认任务的后续过程。

　　古典理性主义认为，我们对于经历过的事物具有内在的反映方式，即原型或者概念。体现到语言上，这就意味先验语义观，即语言习得者在使用词形时借道内在概念指称事物。换言之，只要概念有先验计划，词义就成为了应命的现象。古典经验主义认为，概念唯心具有诸多违背客观事实的危险，因而需要准确地观察和概括对象的知觉特征和模式。此即后验语义观，即语言习得者依照人们的用法，借道于经验观察和概括所得的概念知识去指称事物。换言之，如果概念是后天学习得来，那么词义也需要效法社会。至今的自然科学和社会文化语言都适用后验语义观。我们由此不难推断，就自然语言而言，当前关于词义的真正具有认知方法论意义的破题框架便是相互作用论。我们应当回答的问题是：

---

① W. J. M. Levelt, *Speaking: From Intention to Articulation*, Cambridge, M. A.: MIT Press., 1989; M. F. Garrett, "The Analysis of Sentence Production", *Psychology of Learning and Motivation*, Vol. 9, No. 1975, pp. 133 – 177; M. F. Garrett, "Syntactic Processes in Sentence Production", in R. J. Wales and E. Walker, R. J. Wales and E. Walker (eds.), *New Approaches to Language Mechanisms*, Amsterdam: North-Holland Publishing, 1976, pp. 231 – 256.

词义是如何随场合的变化而变化的？自然语言运用中的词义随着场合的变化而展现一个可变域。此种变化对于母语和二语都不例外。众所周知，关于世界的一般知识对于全人类都具有普遍性，而具有语言各别（language-specific）表现的语义系统以及个体各别（individual-specific）的语义系统成分无疑也是对关于世界一般知识的运用系统。我们由此也不难推知，二语词义的场合变化域大于以该语言为母语的使用者合理场合的变化域，包括词义过度延伸和延伸不足的两个方向的可变域。就某个自然语言范型而言，词义的可解释性植根于面向语言的包括视觉功能和听觉工具功能在内的认知功能的场合化表现，例如词义的取舍往往取决于场合因素中具有何种视觉提示。因此，我们的问题也意味着重在寻求认知功能机制上的答案，尤其是在二语习得的情况下有此必要。

　　既有相关研究主要是对于词汇习得的观察。理解第一个名词和产生第一个词是儿童语言发展中的里程碑，因为二者都需要多方面的前提条件，含语音感知、关于事物的范畴、交际能力等。在这些前提下，最容易出现的词明显是能够最容易抓取儿童不断发展着的注意的那些运动实体的词，即儿童可感知的最突出的刺激，例如英语的"Mommy""Daddy""Baby"和"doggie"，汉语中的"妈妈""爸爸"和"猫咪"等。这期间的单词句明显具有"行为语义"功能特征。在儿童能够站立乃至行走时，他们对于事物的存在状态（object permanence）具有特别的好奇心[1]，开始使用表示存在关系的词，如"no"表示由存在到消失，"up"表示往高处，"more"表示还要，"gone"表示消失、吃完了、没有了等。我们不妨称此为"描述语义"功能。英语儿童言语的基本特征是形式不全，即只有实义词，如"Mommy sock"，而没有"the""a""is""this"等功能词。2岁时以及之后出现词汇"暴发"期。根据

---

[1] L. Mccune-Nicolich, "Toward Symbolic Functioning: Structure of Early Pretend Games and Potential Parallels with Language", *Child Development*, Vol. 52, No. 3, 1981, pp. 785–797; M. Tomasello and M. J. Farrar, "Cognitive Bases of Lexical Development: Object Permanence and Relational Words", *Journal of Child Language*, Vol. 11, No. 3, 1984, pp. 477–493; M. Tomasello and M. J. Farrar, "Joint Attention and Early Language", *Child Development*, Vol. 57, No. 6, 1986, pp. 1454–1463.

Nelson[1]等多种来源的数据判断，2岁时掌握50—400个词，包括动词和形容词。3岁时词汇达1000个左右。其后的可理解词汇增速惊人。这期间儿童语言因为机制功能开始出现新的转换，比如由"母亲语"功能向"母语"知识的变化，故而展现多方面的不确定性和可重塑性。关于儿童早期语言的观察似乎表明，词汇的习得是多方面的场合条件满足时由心智过程启动的结果。词汇需经使用才会获得心理系统性。早期语言的主要作用就是心理校验、言语方式校验和认知功能基础性校验。儿童掌握的词仅仅是现实此类校验任务的实体词。

母语习得者展现了由词的声音和情景的实体经验过渡到有系统的运作语言认知功能状态。貌似无序的现象其实是在发音能力和理解能力限制逐步解除的过程中有序启动语言方式因素的信息处理过程。二语习得者一般已经具有这样一种过程，换言之，语言方式因素是母语和二语共享的，例如大脑对语言信息加工的功能部位。然而，到了第二语言的情况下，这些部位具体支持心智化的过程是什么却是母语经验无法替代的。克拉欣[2]认为输入理解就是二语发展的前提。我们进而认为理解和产生都是向着语言心理系统的输入。理解和产生的质量高低以及与该语言的使用者的契合程度也决定了接收到这两种输入的语言心理系统的特质。理解和拥有被理解预期的产生响应场合的水平因此至关重要。在语音、词法、词义和句法的这个一体化运作的过程中，词义因此具有中心地位。词义触发跨越层级的知识获取和使用方式的相互作用过程。词义的使用也是积累语法意义的过程。桂诗春[3]基于中国学生英语语料库[4]对动词虚化做了颇有启发意义的研究。故此，在理解和产生过程的词义取舍合理与否决定了词汇—语义化所得到的系统是否有实际价值。在我们的话题下，该中心地位的确立旨在方便人们抽取语言相关的实践

---

[1] K. Nelson, "Structure and Strategy in Learning to Talk", *Monographs of the Society for Research in Child Development*, Vol. 38, No. 1 – 2, 1973, pp. 1 – 135.

[2] S. D. Krashen, "The Theoretical and Practical Relevance of Simple Codes in Second Language Acquisition", in S. D. Krashen and R. Scarcella, S. D. Krashen and R. Scarcella (eds.), *Research in Second Language Acquisition*, Rowley, Mass: Newbury House, 1980, pp. 7 – 18.

[3] 桂诗春：《不确定性判断和中国英语学习者的虚化动词习得》，《外语教学与研究》2007年第1期。

[4] 桂诗春、杨慧中编：《中国学习者英语语料库》，上海外语教育出版社2003年版。

原则。

在母语和第二语言的发展过程中，跨越层级的语言知识获取和使用具体表现对于场合因素的合理利用。这也同时意味着，无论是产生方式还是接收方式，词义的场合性变化既是语言创造性使用和理解的来源，也是语言习得的根本方式特征，同样也是具有词法意义的生成参数的来源方式。因此我们破解二语习得这个对象的主要破题框架的直接指向就是交互方式下的词义运用与场合的关系。我们的预期是：（1）词汇—语义化过程中突出存在音—义、词义—词义、句—词等交互效应；（2）词义的过度延伸来源于交互方式下语言使用的场合条件限制不严；（3）延伸不足源自交互方式下语言使用的场合条件的限制功能的缺失。显然，这些新的预期意味着，我们还需要进行大量研究才能达成合理的预期。

第五节　二语习得的语法化过程

经验语言观引导了语言的基于局域经验实体描写，内在语言观引导了基于全域视野的形式上的功能虚体的描写。两者都没有真正超越语言描写意图。语言描写可以提供的认知方法论原则非常有限。在当代认知科学中，认知心理学的主流研究与其说是反映认知规律，不如说是反映了迄今为止自然科学家需要的认知表征的机制过程，而具有更为本质认知意义的关注对象则是自主体方式下的相互作用效应。当然，认知心理学的标准理论也为新的认知关注铺平了道路，尤其是主体与视界或者通过视界与环境的相互作用过程中的主体因素。在这个背景现状中，普遍语法假设激发的一批心理语言学研究异军突起，并且在其各个话题之下都给出了相互作用论提示，大大丰富了认知科学领域内涵。在这个过程中，句法关注发挥了关键的作用[1]。尽管句法相对于主体控制凸显其自主性，句法相关的实践原则更多地体现在机制功能方式上。相对于母语习得和二语习得，语法化过程也是语言认知功能最关键部分的方式化的

---

[1] N. Chomsky, *Lectures on Government and Binding: The Pisa Lectures*, New York: Mouton de Gruyter, 1981.

过程，在理解方式下的具体体现为促进句义自动运算的形式虚化过程，在产生方式下具体表现为词语填充的短语框架因应场合变化的水平。相对于语言发展者，这个过程也适合在语法意义功能化的框架下来破题。通过上文的多项分析陈述，我们也不难引申地看出，语法意义正是主体通过语言在一般认知意义上与环境、在人际意义上与认知、在语言形式意义与前后环境（或者上下文，context）的相互作用功能端口。在与前后环境的相互作用的这个端口上，相互作用方式就是词语的自下而上的加工和自上而下的加工。入题至此，我们关于语法化的破题框架问题就是：在语言使用效应中，句子节点和词生成节点功能是否存在词语交互效应？此种功能是否进一步接受其他交互效应的牵扯或者影响，例如音韵—句义交互、词义—句义交互、句1和句2的词句交互等？在具有听觉处理信道语法和产生指令通道语法的内部条件下，句法知识来源方式是什么或者有着哪一种限制？

既有相关研究首先是成人的句子分析研究和句子启动效应研究。内在论认为句子结构心智运算的复杂性或者难易度自转换—生成规则衍生而来，例如转换步骤越多，句子分析耗费的时间也就越长。逆向转换实验[1]让参与者先阅读一个"核心句"，然后从一些句子中找出由核心句转换而来的句子。实验材料中蕴含了不同数目的转换规则。例如"张某没有被王某追赶上"牵涉两次转换。实验任务因此要求被试由这个表层结构逆向转换出"王某追赶张某"这个深层结构。这个实验的结果发现，人们逆向由表层结构追溯深层结构所牵涉的转换步骤越多，所花的时间也越长。继后的研究发现被动句也有可逆和不可逆场合之分[2]，甚至于可逆被动句也不必然符合复杂性衍生论预期[3]。这个实证研究序幕进而引发了支持相互作用论的研究，即句子结构运算牵涉句法知识和语义知识的相互作用。例如"The thieves stole all the paintings in

---

[1] G. A. Miller and K. O. A. McKean, "Chronometric Study of Some Relations Between Sentences", *Quarterly Journal of Experimental Psychology*, Vol. 16, No. 4, 1964, pp. 297–308.

[2] D. I. Slobin, "Grammatical Transformations and Sentence Comprehension in Childhood and Adulthood", *Journal of Verbal Learning and Verbal Behavior*, Vol. 5, No. 3, 1966, pp. 219–227.

[3] K. Forster and I. Olbrei, "Semantic Heuristics and Syntactic Analysis", *Cognition*, Vol. 2, No. 3, 1973, pp. 319–347.

the museum while the guard slept",如果把 in the museum 改为 in the night,语义合理和不合理的框架介入可以导致时间的变化[1]。句子启动效应研究认为句法是记忆隐性学习的结果。具体实验任务为先让儿童或者成人被试听或者用到两套可以彼此替换的句子结构之一,然后在描述图片内容,采集描述句分析前面听到和为听到的句子结构的出现频率来确认句子结构重复使用的倾向[2]。这类研究结果试图表明抽象句子结构表征是句法知识来源和使用途径。尽管这项研究尚未探测此种效应的关键的场合条件,但是与句子分析的研究一道,足以支持一个全新的概括:句法知识的使用是场合化的语言认知功能现象,即语言行为有需要使用句法知识的确定的场合,每一种场合具体条件的确定变化也引发了语言认知功能的优势性表现或者长于应对这类场合的能力。

  关于儿童的句法知识使用关注也产生了颇富成果的观察。儿童单词句虽然没有语法表象,但是却充分体现了语言的形实渊源。例如英语儿童的 milk,在出现饥饿感或想要吃东西时,儿童就会产生得到满足的预期,即期望妈妈把奶瓶从一个地方移动到儿童自己这里来的未来事件。在这个期望事件中,milk 就是事件主题。此种"切身体验"因而构成的语法意义的相互作用来源。此种情形似乎不仅限于人类儿童,即便在动物界也十分普遍,例如美洲狐猴感到同伴的挤压不舒服,便会通过发出具有特殊信息的声音,这个声音之所以具有符号意义,就是因为在受到挤压特别难受时很容易出现解除此种挤压的事件预期。儿童的双词、

---

[1] S. Crain and M. Steedman, "On Not Being Led up the Garden Path: The Use of Context by the Psychological Parser", in L. K. D. Dowty and A. Zwicky, L. K. D. Dowty and A. Zwicky (eds.), *Natural Language Parsing: Psychological, Computational and Theoretical Perspectives*, Cambridge: Cambridge University Press, 1985, pp. 320 – 358.

[2] 例如 J. Schenkein, "A Taxonomy for Repeating Action Sequences in Natural Conversation", in B. Butterworth, B. Butterworth (eds.), *Language Production*, London: Academic Press, 1980, pp. 21 – 47; J. K. Bock, "Syntactic Persistence in Language Production", *Cognitive Psychology*, Vol. 18, No. 3, 1986, pp. 355 – 387; H. p. Branigan, M. J. Pickering, S. p. Liversedge, A. J. Stewart, and T. p. Urbach, "Syntactic Priming: Investigating the Mental Representation of Language", *Journal of Psycholinguistic Research*, Vol. 24, No. 6, 1995, pp. 489 – 506; 参见 H. Branigan, "Syntactic Priming", *Language & Linguistics Compass*, Vol. 1, No. 1 – 2, 2007, pp. 1 – 16; M. p. Kaschak, T. J. Kutta and J. M. Coyle, "Long and Short Term Cumulative Structural Priming Effects", *Language Cognition & Neuroscience*, Vol. 29, No. 6, 2014, pp. 728 – 743.

第八章 关于二语发展

三词和四词句进一步展现了此种语法意义渊源,包括施事、动作、受事、主题、处所等主题角色匹配和替换关系。

由此可见,儿童虽然认知功能范畴低,但其言语并非没有凭据。其词语组合依据十足。这可能意味着,儿童言语不一定依赖输入的形式。我们的分析至少表明儿童有着场合因素颇为现成的配置或者资源。我们还可以附带指出,在 2 岁左右的这个词汇暴发期,儿童的语言经验记忆似乎并不牢固,如果把这个年龄乃至更大一些的儿童放置于另外一个语言环境,早期语言特征便会很快消失。与语音和语义的某种迭代层相似,语法也有对应于行为语义的语法和描写语义的语法。轴心语法便具有面向描述语法的一种内涵。Elman 的小成论神经网络[①]便是先接受儿化语言形式的训练,然后再接受成人形式的训练,由此形成的对"下一个词"的预期表现较之单纯的成人材料的训练表现则更优。这个结果揭示了预期儿童语言或者满足儿童需求的词语呈现序列的基本思路。这个思路就是多重相互作用论。由此可知,我们分析陈述的干支交互具有语言发展的认知功能参数模型意义,方便"有条有理"地展开语言发展过程中的相互作用内蕴。此外,参数模型也更加忠实于特定场合条件下儿童能够做到什么的认知关注。

具体到二语习得的现实,无论其所用形式究竟是来自二语结构还是母语,明显都需要经过交互性重组才能获得神经、心理、认知和社会交际实现,否则便是"化石"性结构(fossils)或单纯依赖于记忆的非生成结构。就二语习得的常见问题而言,与语义系统的过度概括和概括不足一样,语法结构上也有化石度与功能化程度的分析余地。我们的破题框架问题和相应预期也同样需要大量的研究来获得验证。

第六节 关于语言发展的阶段性问题

儿童语言发展阶段是一个颇为理论化的问题。该话题接近方式不当

[①] J. L. Elman, "The Emergence of Language: A Conspiracy Theory", in B. MacWhinney, B. MacWhinney (eds.), *The Emergence of Language*, Mahwah, N. J.: Lawrence Erlbaum Associates, 1999, pp. 1–27.

第三篇　交互

则没有多大意义，接近方式恰当，便在认知科学的发展过程中可堪大用，尤其是在二语习得的情况下，帮助辨认自然智能的牧鞭的末节之响。人们尝试了从多个角度探索此种发展的阶段性，包括行为观察和描写、与年龄相关的因素分析、临界期探测以及认知或智力测验。然而各种途径均似乎难以全面奏效。我们不妨把妨碍这些努力的有效性源自于认知属性的问题概括为"参差美"问题，即阶段一刀切不符合语言认知功能拓展的基本特征，尤其是违背了语言发展的形实渊源承袭的要求。当然，语言发展过程中不乏一刀切的"鲜亮面"，例如上文分析陈述的既有研究取得的诸侧面的阶段性表现或者交互功能项引导的发展型模块资源分布。以下行文层为方便研究者觉察儿童语言发展过程中的跨越一般认知与特殊认知的众多相互作用的表述层面。

一　2岁前的发展

0—2岁的儿童的发展过程充满着"神奇"，因为该阶段的婴幼儿没有任何外部经验，而是天然的智能体。皮亚杰基于其精妙的观察，揭开了这个领域除了条件反射和普遍语法假设之外的又一个面貌。在这两年里，儿童发展具有多方面的目标，对外部刺激的各种反应/响应模式一般都需要与意识关联，以便未来以决策为基础的行为有较好的自我控制。每一个有物理位置改变能力的生命实体都面临着一个根本性的生存任务，即克服现有能力（competence）与环境条件对于能力的需求之间的距离。此处能力指是否可以胜任环境需要主体执行的任务。这类需求并非微分式的，而是对应于种系存在形式与环境的优势性支持条件规定的主体功能，然而儿童（乃至成人）的注意的功能方式要求把这些发展任务分解为一个线性序列。以下主要根据皮亚杰[1]等所做观察作一简述。这些观察和研究蕴含了最早的相互作用论理解，展现了语言认知发展中的资源参差分布和认知功能拓展轨迹。

---

[1] J. Piaget, *The Psychology of Intelligence*, London: Routledge & Kegan Paul, 1950; J. Piaget, *The Origins of Intelligence in Children*, New York: International Universities Press [1st published 1936], 1952; J. Piaget, "The General Problems of the Psychobiological Development of the Child.", in J. Tanner and B. Inhelder, J. Tanner and B. Inhelder (eds.), *Discussions on Child Development*, London: Tavistock, 1960, pp. 3–27.

（一）0—1个月

出生1个月内的婴儿需要练习内部反射机制，开始逐步实现对肌体的控制。这个起点逻辑上应该是被动的肤觉，而具体最为重要的肤觉就是摄取营养的唇觉。而具有重要的认知发展意义的感觉系统还是听觉和视觉。此时婴儿听觉可以觉察语音，并且对声音作出声音反应，功能启动紧随其后的视觉首先表现为眼睛可以追踪移动者。注意为低层级肌动跟踪注意。此时的感觉系统因为注意的被动性而相对缺乏主动性，但是认知能力发展的感觉基础开始了多线条的运作。这些功能包含了语音、语义和行动系统的原始功能基础。1个月左右，由幼儿能够对着向其说话的人笑。此外，初生婴儿的第一哭叫也具有言语产生的行为方式。

（二）满1个月—4个月

这个阶段儿童开始重复偶然出现的愉快行为（如吸吮），开始协调感觉信息。听觉系统不仅对声音有反应，声音产生机制还可以进一步发出咕噜声，面部控制能产生笑态，到3个月便玩耍语音。行动能力上，2个月前牵拉的头部可以上抬到肩部。稍后手可以伸向某个目标，头可以由后侧转。这些进步包含了语音、语义、行动系统的较为积极的功能基础。尤其是触觉开始积极尝试。

（三）5个月—8个月

婴儿开始对环境表现出强烈的兴趣，重复产生有趣结果的行为，行为有意，但无此种行为的始发目的。前两个月产生辅音来匹配听到的声音，对于母语语音的区别能力与成人颇为近似，例如"ba"和"ga"。手在6个月—8个月之间可以由后往前转动。这期间，行动开始接受兴趣和自我意识的控制。不过，此种兴趣所致的行为仅仅是简单动作的低级重复。语音产生机制具备了辅音产生的条件。这个期间的儿童还能够对不同的语调流露出友好、愤怒等情感。

（四）9个月—12个月

婴儿的行为有意图，开始图示协调，预期事件发生，但看见东西被移走仍然往原处找。换言之，来自外部输入的信息开始以图示的方式带来原先是多线条功能并用的行为。语音机制能够产生辅音—元音串，开始理解话语并且模仿话语似的声音，还可以使用几种社交手势，比如想要某个东西两手有开合动作，而挥手则表示不要，而且具体意义的手势

第三篇 交互

一度还会与具体的发音相互伴随。9个月里可以快速发出仍然很含糊的声音，要东西时一是看想要的东西，二是看邀请代为给东西的人，另外还可能发出"eh eh""badaga""babu"等声音。9—10个月间可以打独立。10个月左右，儿童能够沿着人们手指方向察看事物。在10—12个月，对环境具有感觉/知觉和肌动/生理知识。11—12个月间对非母语的语音辨别力减退，第一个词也可能此时出现。至此，目的系统、行为图示系统、母语听辨系统、表达欲望等已经分期达成，注意开始由语音兴趣转向表达及其涉及的意义范畴。12个月前的儿童能够手指事物并且用眼睛与听话人交流意思。

（五）13个月—18个月

满1岁后的半年里，幼儿有意探索尝试新行为的结果，并解决问题，能够追踪物体移位，但不往未见物体隐藏处找东西。这是"视觉的孩子"阶段，即不能直接看得见存在的事物与自己的行为尚无关系。语言发展上在11个月到15个月之间使用第一个词，1岁后先是能够理解名词，使用复杂的手势，然后使用符号性的手势，然后使用第二个词，然后使用单词句。动作上，在第12个月—15个月之间开始独立行走，15个月—18个月之间可以在帮助下上楼梯。这个阶段开始尝试性学习，具有完善的行为图示。意义范畴不断深化发展。

（六）19个月—2岁

该阶段的幼儿具有符号思维，可不通过尝试预期结果。具有对象注意常衡性。头2个月里，由于听到的熟悉的词随着发音能力渐强而不断增加，指称范围也不断扩大。口头表达代替了过去的许多手势，手势因此大量减少。在21个月和22个月里，出现对第三物体的指称，并且出现突然领悟话语的现象，动作上则可以双脚离地跳。这个阶段将使用第一个双词句，而最后两个月则可能开始大量使用双词句。该阶段出现符号化的形式范畴和句法功能，言语听辨、理解和产生机制和所需图示趋于完善。

以上观察结果表明，2岁前儿童的发展环环相扣。各个肌体功能在单一维度上不断由自发到主动实施过程的变迁，然而这些并不是按单线条运作，而是相对于动作能力目标、行为用意、语言交际能力目标和用意等功能整合起来发展。此种对多线条发展能力的整合功能事件是人类儿童这样的主体在其环境中强烈程度不一的需求所致，因而使得发展出现阶段式的不连续的跳跃。故此，2岁儿童的词汇统计意义不大，因为他们曾经听到的大量的词虽然没有机会使用，但是却已经处于其使用能力之中。

二 心理操作的发展

皮亚杰把2岁后的心理的发展分为前操作期、具体操作期和形式期。

（一）2—7岁：前操作期

儿童由对行动的依赖逐步过渡到对行动表征知识的运用。其与2岁前的差异表现之一是儿童不再需要动作性的尝试，而是可以利用内部表征以及对于事物的认识去解决一些问题。另一表现就是像演戏似的把一事物当作另外一事物并上演出后者所处的典型情景事件，如把一块布料当作枕头装作要睡觉的样子。此时儿童"装样"的内部"脚本"就是关于枕头的完整的"图式"。这一阶段的发展预示下一阶段的运算能力，故称前操作阶段。

根据维哥茨基的研究，该阶段的概念发展顺序分别为：（a）以主题为中心的概念发展阶段，其间意义涉及事物的一种按照主题聚合的关系，例如把猫和椅子归入一组，把玩具和箱子归入一组；（b）链式概念形成阶段，其间关于事物之间的意义的轮廓不鲜明，且彼此之间存在一种由时空布局产生的一系列"链式"变化，例如在归类颜色、形状、大小各异的积木等物品时，选择了几只蓝色的积木后，又发现了三角形积木，于是再选择一些三角形积木，稍后如果再发现什么别的，于是再次发生选类变化；（c）类似成人的抽象概念形成阶段，例如6岁及年龄更大的儿童按照某种一贯的特征选择，结果是所有绿色积木被归入一组，所有蓝色积木被归入一组。

（二）7—11岁：具体操作期

儿童逐步发展出对事物作出一般性概括的能力，但在11岁前还主要需要依赖具体的实体演示来进行思维。例如在判断三个直径不一、高矮不一的玻璃容器中的液体是否相等时，如果具有一个将液体在这些容器中转移演示过程，得出相应结论便会容易得多。在这一"具体运算阶段",儿童也多依赖具体的事物之间演示性对比来对外部事物进行分类,能够顺利地对长短不同的棍子排序,有时需要掰指头来帮助算算术,可以通过第三支棍子与其余二支棍子的比较结果来判断后二者之间的长短(无须二者之间的直接的对比)。这些均表明序列化能力增强,一种内部图式可以转移到新的运算任务中,内部图式对外部事物的表征不再是像此前那样零散,能够从整体图式中抽取部分来解决新的问题。

(三)11—15 岁:形式操作期

11 岁后的儿童便开始进入形式运算阶段,其基本标志是能够调集各种具体运算阶段的图式或者多个经验来解决当前的问题,例如能够明白中间具有一个支点的杠杆两端重物的重量和距支点的距离都对杠杆的平衡具有影响。但是该阶段关于事物运动变化的逻辑还缺乏较多的解释维度,易展示出个人理想主义倾向,所以不大容易明白事物为什么跟自己预期的不那么一致。皮亚杰认为,到 15 岁时,儿童智力发展也就大致有了定型。以上发现表明儿童语言运用在多个方面(尤其是语言理解)具有难以逾越的认知功能限制及特定的发生方式。

本章小结

以上表明,关于儿童在认知上能够胜任什么认知任务,对这一表现的准确预期需要之前的经验基础。如何由以上貌似无序的现象中建立预期模型,这是关于语言发展的一个理论问题。目前的语言描写需要考虑发展型母语语言描写和二语描写。目前的认知关注也需要考虑认知和语言发展中的各类原则。当前知识背景下,单纯的成人关注似乎已经缺乏进一步的认知意义,其理论也必然是缺乏内涵的空洞理论。其实践同样难以排除盲目之嫌。干支交互的相互作用参数模型预期语言发展过程中资源具有阶段型的参差分布,且发展型资源分布模块内有可能出现功能化"坍塌"现象。这无疑是整个认知科学应当注目的且可以带来关键性突破的选题。有关发现也是任何像样的语言认知方法论体系的必要前提。

第九章 后相互作用论时期研究的基本要求

心理语言学的既有理论和研究重在揭示儿童及成人语言认知过程以及这些过程共同蕴含的智力结构。相互作用论（尤其是透彻的相互作用论）全面超越了既有"工匠"型认识目的，把认知发展和语言发展看作具有知识学意义的唯一有效的事实型认识对象，从而使认知科学真正走上了实现人类古今知识学梦想的又一崭新的探索历程。具体地说，就语言发展而言，我们关注心智化过程前提条件下的语言认知功能交互和使用效应，尤其是方式化的认知过程发生的场合条件。如前所述，我们如果为影响语言发展的场合因素开具一个简单的列表，这似乎是毫无意义的。我们认定该对象的目的在于明确：（1）由简单的刺激—反应促成一个复杂的系统过程中的语言认知功能拓展方式；（2）相对于此种过程的各种儿童语言习得行为的实际意义所在。该对象认定也是后相互作用论时期的首期研究任务，即我们的一般认知和特殊认知究竟如何进一步地解释出所见所闻的多方面相宜的意义。这就是相互作用论的实质所在。由于认知的功能中心化倾向，用前文的术语，这个目的也就是要求了解面向语言的认知功能方式对于各种场合因素的功能价值分布。相应研究需要注意具有自我经验渊源的科研常规。所谓渊源，就是作为各个研究环节的要领项的研究者认知过程，尤其是认识进展过程要求的思想方法。只有抓住要领，相应研究才会变得简单而有效。本章按照这个思路介绍新背景下研究的基本要求。未尽之处可以参考其他方法著述。

第三篇 交互

第一节 选题

认知科学经过了两千多年的哲学争议、19 世纪末以来的方法严密的科学反思以及 20 世纪中期以来理论推进，已经取得了丰富的认识成果。取得这些成果的过程也是相应研究方法和学术积累的过程。进一步的努力一方面需要有效利用既有积累，另一方面也需要不断创新。新的研究从选题开始就需要体现此种讲究。局域经验主义和老套的认知主义虽然在一般认知行为中并不过时，但是都难以进一步带来新贡献。新的研究明显需要发挥与对象相互作用的研究者智能。对产物型现实的关注仅仅是人类科学事业的一个前导。

一 前期储备

对于具有科学抱负的课程学习者，科学发展并不青睐机缘、巧遇和运气，而是前期系统性的准备。前期准备不仅是知识准备，更重要的是认知工作方式的准备和智能校验。后者意味着通过课内外活动达成科学价值观、科学态度、科学动机、科学好奇心以及基于这些研究者因素作用的研究者认知敏感。就现有课程经历而言，研究者认知敏感包括对象敏感、话题敏感、方法敏感乃至学术性语言敏感。其中的话题敏感就是指觉察具体的语言认知功能的能力，因为教科书大多是以具有认知功能意义的认知过程作为章或者节的标题。

前期准备因此主要是课程学习以及对象相关的经验和思考。意欲从事科学研究的课程学习者显然不是为了专一地谋求定性知识，而是要通过听课、阅读和讨论等课内外活动发挥自己的科学好奇心和对象敏感所在。不过，了解临时的定性知识仍然具有必要性，比如帮助分析认识现状，摸清关于对象的认识推进路径。课程学习的另外一个作用就是面向具体的选题形成当前有效的想法。我们的学习通常会出现对于某种既有解释的不满、对于某个话题的兴趣、对于某种原因的好奇、对于某种陈述的困惑等。这些都可以提高研究者敏感，构成想法产生的必要前提。把困惑等当作在课堂时间各种异常作为的理由，这是一个认知误区。没有困惑的学生，其实并非是在获得真正意义上的真知，而是在延伸既有

第九章 后相互作用论时期研究的基本要求

逻辑而已。

具有明确科学意图的课程学习者的想法不同于形形色色的功利者的想法。后者不大可能有什么科学性的实质内蕴，前者则仿佛对于既有破题框架、假设、方法、领域前景等长有探测器似的不断使想法自身行之有效。这就要求前期准备不能囿于功利和未经化纳的概念知识。课堂介绍的科学理论至少有三重作用：一是帮助深入对象现实，二是批量给出选题或者既有研究，三是给出认识推进的路径。故此，好的科学理论在完成其使命之后便转而成为了后来者的科学思想的自然纪律，即从这里经过一下才不会出现始终在门外踟蹰的想法。此种想法的一个来源特质就是，面向原创性研究的好的想法不大可能是线性逻辑步骤运算的结果，而很可能是多方面具有良好限制的感受逐步通过神经运算达成的一种明了状态的产物。我们不妨称之为"酿"选题，不失为科学生涯的一个良好开端。

如此出现的想法还有一些特点：一是具有分析讨论价值，即选题自身具有诸多不确定性；二是具有选题者自己的经验、直觉、感受和分析推敲的这一研究者认知渊源，而不是来自毫无专业和科学志趣者的道听途说，或者陈说起来进退失据；三是可以通过检验一个或者多个假设来获得逻辑上严谨的证据支持，可以回答或者重新回答一个颇得要害的问题，甚至于还可以进一步说明其他相关问题。依据这个看法，相关的权威论断无疑可以进一步让问题明晰起来，提高自己的想法在理论上的成熟度、在方法上的可行性和在研究结论上的自信心。

以上说明，前期准备或者课程学习不是单纯找定义，找规范，然后严格按照"他人"的想法和"他人"的方法程序来"依样画葫芦"，此种"尸法"丝毫谈不上科学趣味。趣味良好的做法就是形成有效想法和有理有据的认识推进的科学思想方法。有了此种意识，选题过程也就有了自我评判的标准，即不当选题过不了自己的眼光。对于具有科学抱负的学习者，他人的想法和方法其实也经常可以是自己的想法和方法，因为有效的研究、通过有效研究得出的结论乃至研究所倚重的直觉均具有普遍的认知基础，故而会出现"英雄所见略同"的效果。在这个意义上，所谓贡献不过就是提供令一般人意想不到但却又是情理之中的触手可及的好主意。认知科学的研究即便将来有一天可能汇入其他研究领域或者衍化出新领域,但其研究却永远不会终了。这样的"好主意"是"有源之水",可以依序层出不穷。认知科学正是需要以此保障人类心智进化和漫长的发现之旅。

二 选题过程

从选题的技术层面讲,既有心理语言学教材一般都直接把选题用作了章或者节的标题。此种标题表述的话题本身就是语言认知功能方式中的一种认知过程。对于具有相互作用论思想认识的研究者,认知过程就是相互作用的重要表现端口,而相应研究则是揭示该过程发生的主体条件和经验语言及环境刺激条件。换言之,这些标题给出了选题的因变量,选题者的成熟想法不大会超越影响这些因变量的自变量或者因子条件的范围。我们关注此种认知过程的某种表现之"然",而期许一项研究的科学好奇心自然表现为关心相应表现之下的"所以然"。在语言发展过程中,儿童使用语言的方式化的认知过程的"所以然"至关重要,原因是其某种模块条件是否成熟决定了其后的所作所为具有何种具体的语言发展意义,防止环境中成人的不当要求扭曲发展的进程。

故此,选题的重要内涵就是因变量和自变量的关系。在课程学习过程有了一些想法,便有了选题的条件,而实际的选题过程还可以进一步利用课堂经验确认自己的选题是否到位。要确认因变量是否到位,我们可以查阅教材的相关部分。话题到位了,也就不愁没有因变量了。如果要确认自变量是否到位,讲座内容和教材可有帮助,但是更重要的还是要查阅相关文献,看看别人是否有过同一关注,是否检验过我们关注的自变量与因变量的关系的假设。选题阶段做一定量的文献查阅工作十分必要。如果有人检验过你的假设,即便你的假设无须再次检验,也至少说明你走上了正确的前沿认识轨道,可以进一步前行发现相关的问题,比如查阅相应研究给出的进一步研究的建议等。如果没有人检验过你的假设,表明你的选题可能合理,但是需要进一步分析或者咨询课程老师,尽量做到你的选题在理论上就是相对于认识现状的适合的"下一个"课题或者"下一批"选题之一。选题过程查阅文献无须细读。论文标题提供了重要的选题线索,摘要还进一步给出了较为完善的参考信息。我们需要说明的是,没有形成想法,仅凭一些零星的阅读经验来选题的做法不可取，也对自身的科研能力的发展没有实质性的助益，更不能产生推动领域认识进步的成果。

我们是以得知，选题的要求之一就是话题是否到位，之二就是对于相应因变量和自变量关系的关注是否恰值其时或对现有认识是否有某种符合逻辑的推进。一个值得推荐的做法就是做一次选题陈述，当着行家的面给出满足这两个要求的具体说明，确保自己由此往后的生涯可以留下一串稳健的足迹，包括反复选题过程留下的足迹。在当前环境中，这是养成科学趣味的应有的过程。

第二节 破题

另一个极富挑战性的过程就是入题和破题。这是针对特定对象并且有效揭示其知识蕴涵的高度策略化和创造性的思想过程。其要害就是让读者知道关于这个对象应该注意什么以及如何揭开其中奥秘。所谓奥秘就是大有讲究的认识对象的规律，我们不可因为局域研究实际过程简单而放弃创造性思维。课程学习者应当乐于此种探究而不疲。

一 审题

课程学习者都有过作文经验，其中审题过程建立的资源功能方式对于科研也有意义。不合理发挥这类资源，学术写作就会显得不可思议。不过，作文审题主要牵涉社会文化篇章常规限制条件下创新的参数设置，而科学研究一方面也需要通过社会文化的交际参数设置，另一方面还需要注重对象性质。这些性质与整天在社会文化关系中打交道的人们的感知可以有天壤之别。换言之，两种审题都是要方方面面地分析体现于各种观点中的对象关系，比如哪些关系是时下流行的，哪些关系是人们司空见惯的，哪些关系是人们尚且不知道的，从而有效地传递出一种新意。但是，学术写作的审题的"交际对象"不是社会文化中的人们，而是长期浸润于领域工作的研究者，其理和据不是"大家都认同"的观点、看法和相关数据，而是通过严格设计采集的数据来说话。此种设计虽然并不复杂，但是随着研究的深入前期准备要求则愈来愈高。

首先，相对于科学研究，"时下流行的观点"或者重视的关系有时可见于最新的教材，但更需要从新近产生的研究论文中去了解。科学中的"流行"观点也并不意味着大家都认同的观点，而是方便揭开对象本质的两个角度各自采用的解释。随着研究的深入，一些局域性的解释角度可能已经不再必要，但是学习者乃至课题论证由此经过则仍然是可取的。这就像游山观水一样，前面一个景点左右看了，再继续前行至下一个景点左右看。认知科学中的这段行程所产生的成果就是一个乃至一批限制认知功能的场合因子条件。这些条件在心智进化、认知和语言发展、知识和语言使用的正常和异常判断中将发挥重要的作用。所以新的研究一是考虑左看右看的选题，二是考虑"左看"或者"右看"单边选题。具体言之，认知科学"时下流行"的是相互作用论观点。这从理论前提下和研究设计上就要求上下前后左右同时"用心"看，虽然输出的解释侧重左看右看的效果。我们所说"上下前后左右"是有对象依据的，上下指自上而下和自下而上的认知过程交互，前后指前缘交互和后缘交互的轨迹分布序列，左右则是我们着眼于解释过程中话题拓展所设置的相互商榷的路径和方式。这些都属于解释语言发展中的认知过程所需要的参数。实证研究一是在于检验此种认识是否可以更好地预期语言发展，二是"上下前后左右"地探测语言认知功能拓展的认知过程是什么以及有什么样的拓展轨迹。这个目的是之前的理论所无法企及的。

其次，认知科学的"司空见惯"的观点不是人们说话和其他行为默认的原则，尽管这些原则本身也是认知科学关注的对象。相对于语言发展这个特殊领域，其领域性"司空见惯"的观点就是由行为主义、内在论和认知心理原则确认的语言发展的限制。按照这些原则做分析陈述已经不大需要特别说明了，除非我们的研究任务是大规模的学术性反思。不过，司空见惯的规律往往容易被忽视，所以有时仍然需要提醒文字。

认知科学中时下人们"不知道"的观点或者所蕴含的关系则是未经检验的假设所可能支持的解释关联或者关系。一次理论性的分析陈述可以揭示大量的课题或者需要研究的对象属性。但是理论预期并不能代替"知道"，因为科学的"知道"是必须有证据支持的"确知"。这就意味着我们需要了解认识现状和可能达成的新的认识"现状"。什么样的两种现状构成新旧关系才合适，主要在于新的研究适合检验的假设可以带来的新的证据、前后解释和上下关照的可取性。这就是用 2×2 以及 $2\times2\times2$ 的因子设计可以验证的典型的因素关系。当然，实际研究有可能只是采用这个设计的理解方式，具体研究往往需要用多个水平因子设计实验来实现多因子设计的理解方式。原因是，前缘交互（干交互）在语言发展到一定水平时不再影响语言过程的反应时等数据的变化。

由此可知，对于课程学习者，科学研究的审题就是从尽可能多的专业方面一次又一次地分析，这个过程正是允许我们不断成长的宝贵历练过程，较之按图索骥有着明显的优越性。

二　入题

选题之后，我们也就有了拟写出的论文的标题。论文的第一句、第一段或者前几段就是入题文字。预先了解入题的要求，便可以大幅提高之后进一步的文献工作有效性。入题主要是一种说明文字，旨在以简单而明了的方式把读者的注意引导到一项研究的具体关注点，比如某个认知过程。如何入题的问题可以有一系列考虑：全篇要传递的信息、用意中的读者的知识（认识现状）与所涉话题和所要求的理解的距离、最方便的破题框架以及阅读兴趣。这些要求应该放在写作质量的自我监控的创造性努力过程中来实现。这就要求反复斟酌和权衡，而不是墨守没有研究者认知渊源的学术"八股"。

入题方式与全篇内容贴切性的要求可以说是一个普遍的行文原则。研究论文是以数据分析结果提供的证据来支持某种认识，而这个认识又需要在既有认识背景和科学认识发展要求之间具有价值地位。这就决定了研究论文需要传递出与此相关的一系列信息。换言之，入题既需吸引注意力到位，也要在表述上给人诸多提示，方便人们预期你所要检验的假设、拟采取的对象侧面、拟使用的方法以及拟达成的新的认识状态。正是这些方面的新信息吸引着读者一步步跟进。

入题自然则是又一个原则，即行文需要贴近话题相关的认识现状。例如，如果由此推进的幅度大，或者相关话题缺乏研究，或者新的认识与现状有难度较大的转折，那么入题的文字则要由简单处开始，仔细展开，甚至需要采用实例。如果相关话题已有较多的研究，有现成的分析对象的理论路径,那么人们熟悉的一个术语的指称就可以发挥聚焦的作用。

入题语言不宜"摆花架子",更不必担心其他一些研究或许需要明示的"理论意义"和"实践意义"。入题语言反而应当力求简洁明了,以适应最大范围的读者,包括有着科学志趣的大学高年级学生、研究生和领域专家。这是新的不同认识背景下的自然要求。一个领域的早期研究需要尝试性地探索解释系统,之后需要探索各种解释的逻辑辖域。随着研究者自我反思度的提高,研究便进入了认知驱动的更具效率的阶段,而既有理论也因此被当作了某种场合条件下的研究者对象表征。后相互作用论时期也是研究者更加自如地发挥自己认知的认识期。现行科学研究与社会和历史文化的场合性区分乃至认知能力区分不可避免。此种具有良好认知渊源的论文方便各方解读,也在技术成熟的时候方便自动化的科研信息深处理,并且长期保持其研究价值,而不是随着认识框架的变化失去意义。

对于课程学习者,我们需要特别说明,以上入题方式不过是要求认清场合,充分发挥自己的直觉、最现成的心理资源和语言能力,切忌机巧、功利、认知惰怠和他方经验之谈。

三 破题

入题还有一个重要的考虑:"直接下文"如何写?这个接续就是破题。入题和破题的关系就是,入题指出一个事物,破题就是要给出解剖这个整体的最佳起点。虽然入题也应该尽可能给出理论、方法等暗示,但这些暗示只不过是为破题所做铺垫。破题则像游山,起看点不当,就会导致多绕许多路却还没有能够看到全部的景点和全貌。正如入题部分所述,在破题环节现在也有了研究者认知渊源的讲究。在心理语言学领域,行为主义和内在论都曾担任过破题框架,而且将来还可能一再担任破题框架。然而在后相互作用论时期,早期理论已经成为无须刻意因循的引桥。所以一项研究的真正有效的破题框架还需要研究者自己寻找和反复试用。

相对于未来研究的经典性破题框架形式上就是一个简单的是否疑问句。在入题之后的第一句话本身就是一种独特的语言使用场合。这个场

第九章　后相互作用论时期研究的基本要求

合就是研究者要帮助人们认识或者揭开一个事物的内部奥秘。科学的破题需要自己创造进一步加深认识的有效前提。关于对象过程的一个是否疑问句内蕴"如果是"和"如果否"的话分两头的展开法，而这个展开法显然是直接针对对象知识且在语言之能事的范围内的最佳展开法。换言之，值得追求的破题方式就是要对对象反复思考，找到最佳的疑问设置点来帮助读者思想自然展开，获得对于该事物的洞察和内窥。故此，结构上相对简单的论文可以直接让假设来担任这个破题句，而结构上更为复杂一些的论文则需要考虑更多，例如文献综合的结果、对象观照方式以及人们现有的知识许可的疑问设置方式。但无论在哪个层面发问，都需要考虑自己通过检验假设能够作出是否选择，并且最为方便人们接受这样的结果。话说回来，这个破题方式也可以是人们寻常解释和说明的一个通用策略，但到了科学研究中则因其理论性和认知渊源性而需要认真对待。破题框架好，疑问设置到位，这也本身就是在为人类认识开辟科学路径。

然而，认知科学领域的既有选题的分布不一定最为方便地支持上述最佳破题方式，而勉力为之则可能要求大幅超越一项研究能够付出的研究量。在这种情况下，话题的进一步展开往往只剩下"如果是"这"一面之词"了。这就意味，在认识推进性的研究一时之间不可为的情况下，我们代之以认识引申性的研究。这类研究的入题和破题不大担负建构知识系统的责任，而是在既有相关研究的知识的前提下，用话题兴趣引导读者步步跟进，即"我们已经知道……但是到了（某种情形）我们的了解却戛然而止了。我们是以进一步关注/探测……"我们可以利用这个线索来组织思想头绪和展开话题。认识现状体现于"已知"以及既有研究产生的相关文献中，新的认识状态体现为揭示"未知"之后带来的研究者对象意识。关键假设则处于这个变化所需要的证据处。理论框架因此沿着既有逻辑推进。

至此，我们明白了科学探索的特殊进展方式：我们只有破好题了，此时的选题才算得上稳妥。我们至此也才能够拟定论文标题。相对于此种基础性研究，大自然是选题单的唯一开具者。课程老师因此只能向我们建议探题的大致的方向。

第三节 文献工作

　　破题也还有一个重要的考虑：在相关研究产生的文献中，我们的破题句是否与既有研究的对象关注和理论关注"两相宜"？如果是，则说明我们到此为止的选题、审题、入题和破题分析的所有步骤都颇为深入而全面，尤其是在这些过程中对于文献参考得非常到点。此种破题句确立的分析框架利于言说。但往往容易出现的一种情况却是破题分析和考虑欠周。破题框架是否合适，这不仅是一个追求真理的问题，还要推动大家的认识接近真理。所以我们有时宁可采用文献分析起来也挺合路数的破题框架。故此，做好文献工作的第一个原因就是认识推进。第二个原因就是通过文献工作找到本话题下相关的研究，通过合理引用来进一步展示自己的参考理解力和参考面，从而向刊物和学界推荐自己和被引用的研究者。这就可以帮助大家了解在本领域哪些人说话在科学上靠得住。认知科学家一般不大在意知识产权和利益，但却在意自己能否作出进一步的贡献，或者所说的非常有益于认知科学发展的话是否有人听得入耳。第三个也许是最为重要的原因就是从人类认识积累的成果中寻找思想。自古及今有过不少执着且极具天赋的思想家。我们把优秀的思想找来可以弥补今人认识之不足，而丢掉这些思想则形同于放弃文明。当然，回溯较远的引用没有丰富的认识经历就很难做到，所以一般的论文作者可以量力而行。

一　文献检索

　　随着研究环境条件的不断完善，研究者可以方便地查阅相关文献，包括纸质文献和可以用计算机阅读程序打开的文档文献。课程学习接触到的文字材料非常有限，而且因为话题多而致焦点分散。一项具体研究几乎完全依赖于课程之外的文献工作。文献检索可以是利用智能化的程序找到相关文献的过程。

　　文献检索的应用程序一是以一定入选标准建立的参考文献库为操作对象；二是具有一些界面选择项，例如年代、作者、刊物、关键词、标题、摘要、全文等；三是具有一些输入条件框，检索者可以输入给定文字范围内要包括的词；四是具有一些再次过滤的条件，例如按照话题词、起讫年代等对程序查找到的论文等再次过滤。我们可以选定某个学术资源库，利用这些参数让计算机找出与自己选题相关的既有研究，包括实证性论文、文献综述、论著章节等。不过，这些资源库并非从一开始就是一个标准化的科研配置，有的仅可查阅摘要，例如美国心理学协会的摘要库。有的学术资源库虽然可以查阅全文，但却有收录不全的情况，尤其是较早产生的论文。当然，以上技术条件对于我们查找参考资料有颇多限制。要找到文字和内容相关度高的文献，我们需要熟悉检索条件项在论文中意味着什么。例如全文中虽有记忆这个词，但却并不表明该篇论文的研究对象就是记忆。课程学习者因此需要首先了解学术篇章的基本规范。

此外，随着学术资源库的收入量快速增加，主动（预期）式查询是提高文献工作质量的一个途径，比如先确定具有此种或者彼种对象特征的刊物，再分析本领域刊物发表论文的特征性变化趋势或者近年关注重点的变化，然后读一读选题下新近的最具前沿水平的论文及其所列参考文献。这样我们就可以对人们检验过哪些假设做一个大致的推断。我们还可以查阅一下 SCI、SSCI 索引等。基于这些了解，我们再制定一个检索文献的方案。科学探索不需要追随热点，但却应当了解相对于我们自己的外界的世界意识的拓展状态。这也是行文的一个影响来源，因而也影响参考文献的组成和成果档次。

二 文献分析

文献分析就是通过阅读标题和摘要来确定文献与当前选题的关系及具体引用价值，有时还需要进一步浏览文献的不同部位的文字。检索到的相关文献数量过多，我们不可能逐一读过来。为此，我们不妨采用几种分析来解决问题：

一是区分出原创性研究、拓展性研究和完善话题的研究。不同的文献对于科学发展的贡献度不同。我们首先引用贡献度大的论文，然后考虑引用其他。

二是区分引用点，包括有观点、假设、方法以及研究发现和结论创新的论文，将其他论文搁置。

三是直接相关与间接相关的区分，文献多时，间接相关的文献就不大有引用价值了。文献过少，间接相关的好文献也透露相关认识渊源。

四是质量区分，把没有体现各重要研究环节研究量的论文搁置。

分析过程需要有技术手段来利用分析成果，例如作笔记，标记文件等，使每一次分析都有效。总之，一篇研究论文的引用具有特征性的部位，例如破题段、综述、方法和讨论。以上分析有助于提高引用和参考水平。

三 文献综合和综述

以上分析处理直接允许获得既有相关研究的一个概貌。文献综合就是给出关于本话题的一个认识现状，指出自己的具体关注相对于这个现状意味着什么，比如针对既有研究之不足完善对于相关发现（finding）的解释（account），或者根据实际增加因子条件解释数据变化。故此，文献综合有利于找到最为相关的既有研究加以仔细的审视。从这里引申出自己的看法和认识最容易达到有效认识推进的目的。

破题之后的研究工作就是一方面因循自己的破题框架，另一方面照顾既有研究，面向自己要检验的假设和拟得出的解释（或者认识），给出一个条理清楚、主题突出、具有多方既有研究的领域视野的简要综述。这个过程往往容易出现说到别人忘却自己的经验主义文献综述或者突出自己的认识框架却忽视了别人的主观主义的文献综合倾向。解决办法无疑是修改和再修改以及充实和再充实，逐步达成主观与经验具有良好互动的文献综述。

文献综述结束的方式最好是顺乎综述逻辑地明示自己的见解。我们进而给出自己的见解蕴含的需要检验的假设以及从理论上预期的对象表现中存在的因子条件和因子条件之间的相互作用效应关系。如果当前研究涉及方法创新或者在实验控制方面的完善，那么在考虑方法的时候就应该写出此种考虑的真实渊源，并且将其在文献综述中或者方法部分给出交代。

由此可知，课程学习者需要采用与对象和学术环境相互作用的途径来做研究工作。自己丰富的认知资源可以是在具体过程中不知不觉实现的，还应该随时让课程教师方便追踪你的"在线"进展和状态并且及时提醒你当前环节的注意点。如果要依样画葫芦，就会造成今后难以补救的研究者"模块"的缺失，沦为鲜有创意的机械性文字产品生产者。

第四节 数据工作

当研究者熟悉了文献之后，数据工作就成为了研究的"重头戏"。尽管采集数据的技术限制是一个需要长期关注的问题，但是采集到的数据是否有意义，主要取决于实验设计。如上所述，破题设置的认识框架以及经过文献综述的综合和选题的研究明示，得出的认识具体由研究设计来体现。换言之，有了正常研究经历的研究者在选题的时候或者在破题环节就做到胸有成竹了，比如：（1）要检验关键假设的实验；（2）在对他人的研究有方法改进和解释异议的情况下需要重复的实验；（3）在关键假设检验产生了新证据的情况下需要进一步确认符合相应理论预期并且支持结论的变量关系的实验。当然，如果实验太多，研究者或许可以进一步区分出主次，把探测被试特征或者材料特征的实验作为面向主要实验的控制的研究程序，依序变换组内—组间控制变量。

一 变量及假设

我们知道，某种主体因素或者条件 x（比如年龄）可以预期儿童的某个言语行为或者任务表现 y（比如词汇量），无论这类条件是年龄这样的连续性数据，还是性别和语言背景这样的范畴数据，到了数据工作中都统一地理解为 x（自变量）和 y（因变量）的关系。数理上，我们甚至可以给出"一次性能够玩游戏的时间越长，或者成长过程中饭量越大，儿童的语言水平也越高"这样的预期。这就是说，本章前面所陈述的那些梳理工作对于需要了解的因素关系必不可少。虽然人们许多时候都是在因素关系层面表述假设以方便尽可能多的读者的理解，但在数理上本身就是自变量 x 与因变量 y 之间的某种发生频次关系或者数量变化关系，即 $y = f(x)$ 这个从理论上的预判。例如：

例1. 随着儿童产生性词语交互的频率提高，儿童发现输入性语句异常的时间是否会相应降低，儿童确认异常的正确率是否会相应提高？

例2. 给定产生性词语交互频率低或者高的条件下，儿童随着输入型词语交互频率的增加，其发现语言异常的时间是否会降低？

例3. 产生性词语交互频率高的儿童与产生性词语交互频率低的儿童之间，发现输入性语句异常的时间是否存在显著的差异？

例4. 在产生性和输入性词语交互频率两者都高、一高一低、一低一高、两者都低的情况下，儿童发现语言异常的时间之间是否会有显著差异？

以上问题都是以假设的形式提出的，都试图了解某种 $y=f(x)$ 的变量关系是否成立。因此，检验假设就是确认实验数据中是否存在 $y=f(x)$ 这个关系模式的数理判别过程。

显然，现实中存在着千差万别的关系，而每一个差别都至少有一个不同的发生条件。这是大家都很容易明白的"理"。到了数据中，某种事物特定表现的数据（记为 $y_1, y_2, \cdots, y_n$）与其影响来源因素的数据（记为 $x_1, x_2, \cdots, x_n$）一一对应，于是我们就可以采用因变量（依存变量）和自变量的关系来讨论问题。不过，我们时下显然还不方便关注"玩出语言水平来"这类行事"理"由。年龄比饭量和游戏时间在目前则更具意义。因此，我们必须投入研究者的良好直觉和最佳理论视野。

以上表明，自变量是独立变化的变量，因变量是随自变量的变化而变化的变量。假设因而是自变量和因变量之间种种对应值（包括均值）的协变关系。我们给出的4个例子中，如果仔细分析一下，其中蕴含了几种基本的情形：我们实际上是先设置了无关假设 H_0，例如第一句中的无关假设是"产生性词语交互频率高和低的儿童发现语句异常的时间没有差异"。这个假设得不到检验，我们才认为是有关的，或者接受有关假设 H_1。在因素之间有关系的情况下，数理上的基本表现为差异假设和相关假设。在相关假设的情况下，又可有三种情形备择，即无向相关假设 H_1、正向相关假设 H_2 和反向相关假设 H_3。正如例子表明的那样，差异假设和相关假设可以组合起来揭示事理。故此，我们从选题开始就需要有变量意识和假设意识，而且最好还要有依据检验结果采用不同的或者几种可能解释任意之一的心理准备和能力准备。所以，我们从这些细节上可以体会科学的知识观。

我们的例子还刻意体现了相互作用论对于语言发展的理解。相互作用论关于认知和语言所认可的原"理"是：所谓"学习"的一种宝贵的隐含（不自觉或者不自知）的方式就是交互地、衍生地、有着隐含次序地达成应对场合变化的心智功能。相对于语言发展，这就意味着可能存在语言交互使用效应。该认识决定了相应研究要为语言发展的表现找什么样的解释，同时也进一步为语言的特定教法和诸多相关实践领域的做法找到什么样的"理"由。具体言之，我们认为儿童的语言表现就是由主体条件和环境条件使然。这些条件是由儿童的认知功能交互适用的，并且对于其后的语言发展产生场合共效和认知功能规定性。这个理论上的看法必须要经过数据关系来检验。相互作用论实际预期了一大批假设。如果数理上存在大体符合 $y=f(x)$ 计算模式的因素关系，我们就拒绝无关假设，接受差异假设或者相关假设。如何检验这类假设，这就首先是一个研究设计的问题。附带说明，概率统计学总结了检验假设的计算方法。我们还可以用专门的计算机程序帮助计算，如 Excel 和 SPSS。

二 实验设计的基本参数

不经训练，我们也会直觉地认为实验是一个采集数据的方法过程。如果这样看待实验，那么方法过程的设计需要满足什么原则才能采集到有效的数据呢？依据上文，实验的目的就是要检验假设，利用检验的结果作出一个理论解释的选择，用理论选择的结果去推进认识。这个目的原则决定了实验设计必须要良好地适应我们的物理环境条件下语言认知相关因素的功能凸显方式，把需要研究的条件因素（自变量）的作用在数据中凸显出来，把一项研究无暇顾及的条件因素控制起来。这些被控制起来的因而也不参与数据变化的自变量便是控制变量。显然，一种固定的设计没有适应性可言。人们于是探索出可选设计方案来拓展设计的适应能力。更准确地说，实验设计可以利用参数项给定的选择来满足不同实验控制的需要。除此之外，我们如果自信作出的假设具有良好的直觉和知识基础，因而不希望研究结果接受无关假设，那么我们还要小心操纵要研究的自变量，比如自变量的两个水平之间距离不足，导致出现水平全部趋高的天花板效应或者全部趋低的地板效应，或者谋求到被试积极达成实验者希望结果的霍桑效应等。这些问题大多可以由实验任

第三篇 交互

务和实验设计参数选择直接透露出来。

一个自变量两个水平的单因子设计的面向实验控制的参数项就是有或者没有组间对照。在选择组间对照的设计中，我们将被试分为实验组和对照组，实验组接受作为自变量的处理，而对照组则不接受作为自变量的处理。这个设计允许产生有自变量参与条件下的数据表现和没有自变量参与条件下的数据。该设计自身通过差异化处理操纵自变量的两个水平，避免不应出现的无差别假设结果。但是，实验开始之前，两组被试之间除了自变量以外的其他变量或者条件是否完全相同，例如年龄、性别比、语言背景等，便决定了差异是否是单纯来自自变量的处理。数理上，我们通过增加被试人数和随机分组来实现外部效度要求。控制上，随着研究的深入，人们对各种实验的外部效度相关的因素越来越了解，因而可以测定两组相关控制变量有无显著差别。被试人数上的条件限制则可以稍微宽松一些。在无组间对照的单因子设计中，我们对被试不再分组，让所有被试都接受自变量的两个水平的处理，换言之，每一个被试都接受同样的实验任务。该设计不再涉及被试差异问题。但是，在该设计中，自变量的两个水平之间的距离具有了新的操纵意义，因为差异数据来自这个操纵。由于不再随机分组，那么体现自变量的两个水平处理的实验顺序便需要随机化，从而避免前面的实验操作促进后面的实验表现的这一负载效应。单纯牵涉变量关系的内部效度也因此具有了重要的分析价值。当然，单因子设计中的自变量也可以有三个水平甚至更多，因而也可有三个甚至更多的数据单元。鉴于单因子设计在多方面特点的对照性分布，混合设计于是在多因子设计中具有了重要的控制策略意义。

2×2 的因子设计因此具有两个自变量，自变量各具有两个水平。如果选择组间对照，我们便选择了第一个自变量的 a_1 和 b_1 的两个水平的处理以及第二个自变量的 a_2 和 b_2 的两个处理，分摊开来于是有分别接受 a_1b_1、a_1b_2、a_2b_1、a_2b_2 的四组被试，我们也选择了对两个自变量各自两个水平的距离操纵和四组被试面向外部效度的控制。在不选择组间对照的设计中，我们则选择让所有被试接受四种组合处理但是顺序随机化的实验任务。如果我们偏重差异假设，组间对照设计可以满足例4假设的检验需要。如果我们还有例2中的那类考虑，无组间对照的

（但有有组内对照）的设计可以更好地满足要求。然而，处于语言发展过程的儿童是一群特殊的被试，如果我们以一个自变量采用组间对照设计，另外一个自变量采用无组间对照或者组内对照的设计，便可以使得原本无从下手的选题研究得以继续。这样一来，我们也需要进一步区分自变量的意识，如组间对照的自变量可以是固定变量，还可以在数据分析过程中被控制起来，组内对照的自变量可以是范畴数据的变量，也可以是连续性数据的协变量。在采用相互作用论观点的研究中，交互层级的区分和具体的因效关系恰恰需要讨论结果的这些方面的意义。或者说，我们至少需要有一个关键的实验给出提示，然后再以其他单个的实验设计回答直接相关的各个问题。

随着自变量的增多及其水平的增多，因子设计因此也能够产生更多的组间对照数据单元、无组间对照的数据单元以及具有混合特征的数据单元组，例如 $2 \times 2 \times 2$ 的因子设计产生 8 个对照数据单元、4 个混合数据单元组以及两个混合数据单元组合。故此，多因子设计可以满足的研究目的更多，一次性实验研究的效率也可以更高，同时也是为了解决更加复杂的理论问题，但是研究难度也会显著增加，尤其是需要避免变量交织而致数据变化的真实来源不明或者无法得出结论。

另外，我们也可以把神经网络的设计看作多自变量和多重交互的研究设计。其输入为自变量，输出为因变量，内部节点允许自下而上的信息过渡和自上而下的反馈。可以在一个大致的功能框架内自我求取内部连接的权值。节点前馈的门槛值可以看作有关和无关假设的检验计算。此种研究设计的可能参数众多，潜力巨大，颇有面向全域性认知数理的意味，值得在认知和应用数学深度结合的基础上大力探索。

三 数据采集和分析

数据采集和分析对于一项具体的研究则是推导出结论的过程，对于整个认知科学则是属于认知工程学的研究。要使我们的研究达到这样的品质，研究者需要了解与理论认识推进同样重要的"数据结构推进"。这样才能把自己的选题探究推向深入和长远。

（一）数据采集的基本要求

儿童是各种实验表现均有不同程度的限制的特殊被试群体，但是他们的认知和语言发展过程却蕴藏着真正的知识学原则和参数，而且也蕴藏着合理解决成人社会诸多问题的认知方法论体系。故此，人们在采集儿童发展方面的数据过程颇为值得"大费周折"。随着认知科学对于成人被试和儿童被试的研究的深入，一个数据采集的方法蓝图也渐次呈现了出来，包括行为观察、录音、录像、潜伏性数据、脑生物电测定、基因分析以及生化分析。在这个方法体系中，录像这一多媒体拍摄似乎凸显出多方面的重要意义，尤其是在配以心理和生物学分析方法之后必将带来崭新的研究者视野。录像信息完整、数据中时间和过程协同、行为刺激特征控制细微，可操作性强，方便因素共效的相互作用研究。然而，这也要求人们首先投入大量探索，提高对于录像中"所见所闻"的前提性的解释力。既有研究已经提供此种探索的基础。以下着重介绍具体研究及其论文写作数据分析过程所牵涉的心理表征或者认识推进，而不是数据分析的知识系统本身。未尽和不解之处可以参阅相关教材和著述。

采集到的数据需经输入整理成一个结构规范的数据表，而采用实验软件编写的实验程序则可以自动产生数据库。通过数据表格或者描写完善的数据表，即可以发现极端兀突的记录项，例如没有判断就按键的超短时间反应和忘记按键的超长反应。且实验程序包括了操作训练的模拟任务项，尽管实验环境排除了非实验变量的影响源，我们仍然无法排斥被试操作失误的可能性。虽然"修剪"掉这些两端兀突记录并不保证其他记录项全面真实，但却有助于数据更加真实地反映对象过程。我们不仅利用此种数据来检验假设，还要做好准备供论文发表方或者其他相关方查验。

（二）数据描写的基本参数

一个数据集合具有诸多的感性参数，不同的数据类型则会凸显不同的特征，数据描写就是要提供一个合适的数据概观。对于常见的连续性数据，例如各种语言过程的反应时、年龄、语言测试成绩、各种工作记忆容量测试值等，我们关注最大值、最小值、二者为其他值构成的极差或者分布范围、均值、众数、中位数、方差和标准差。这些寻常的统计参数在特定数据推论的过程中均可能凸显其意义，可以透露数据中值的分布和变化域，因而在不少研究的结果讨论中都可以具有重要讨论价值。发生频率数据的描写给出变量统计特征出现的次数的描写，例如被试性别特征变量统计、语言背景特征变量统计、语言判断的正误统计、语言学习成绩的优、良、中、差等。对于这些观察，我们关注各种发生事件出现的次数、在发生事件整体中占据多大的百分比。优、良、中、差等彼此之间还具有某种逻辑上的连续性，所以我们对于按照某种逻辑顺序依序描写过程中的积累百分比，直至最后的积累百分比达到100%。如果被试包括年龄差异较大的儿童的语言表现记录，那么分段统计描写则有必要。研究者要确定分段点也需要有某种理由，例如在上文给出的例2中，交互频率高和低便构成了此种混合性数据描写的理由，也才方便读者获得有效的数据概观。在许多情况下，我们还需要借助于表达一个值与均值的距离的 z 分来做进一步说明。研究者虽然需要掌握概率统计和推论的技巧以及应用程序的使用方法，但是一项研究本身还是应当依据数据表现规律驱动论文的表述，尤其是方法和结果讨论部分的文字表述，而不是简单地给出描写和推论表格走走程序。

（三）数据推论的基本参数

前文表明，假设的两个套路源自数据中的基本数理特征。换言之，当我们作出假设的时候，我们头脑中已经想象到了某种观察值的分布模式。无关假设 H_0 认可观察值来自与随机抽样得到的样本完全相同的样本空间，或者说观察数据与随机抽样的结果无异。研究者当然希望有机会拒绝无关假设，然而只有在样本来自随机抽样的样本空间的概率小于5%的情况下我们才接受有关假设 H_1。或者我们在一个设想的被试群体中随机抽样做100次同样的研究，如果95次以及更高次数都得到同样的差异结果时，我们才认为这个差异结果出现的概率值 p 具有显著性。人们把这个拒绝无关假设的标准叫做显著性水平（significance），含 $p > 5\%$（不显著），$p < 5\%$（显著）和 $p < 1\%$（非常显著）这三种认定。一般统计学教程均在附录中给出了小于5%的显著水平要求的应然相关系数或者其他差异值可供查阅，我们对比该值与实际计算所得差异值来确定是否拒绝 H_0。

1. 相关及其参数化表现

H_1 需考虑相关假设和差异假设两种情形。相关假设认为 y_i 与 x_i 之间存在某种规范的协同变化，即 $y_i = ax_i$。在数据线性相关且呈状态分布

的情况下，人们采用 Pearson 相关系数计算方法，即

$$r = \frac{N\sum xy - \sum x \sum y}{\sqrt{\{N\sum x^2 - (\sum x)^2\}\{N\sum y^2 - (\sum y)^2\}}}$$

这个算法框定了相关系数的变化范围，在自变量 x 和因变量 y 完全同步变化（vary）时，r 要么为 +1，要么为 -1。在不相关的情况下 r = 0；当相关系数的绝对值很小时，则自变量和因变量的相关强度弱，说明采用回归法预期的误差也就越大，可以用估计标准误差（standard error of estimate）来计算，即 y 的标准（离）差 S 乘以将（$1 - r^2$）开方后所得的平方根，亦即 $S\sqrt{1-r^2}$。在两个变量为等级序数情况下或者在有一个序数型的变量的情况下，人们则采用 Spearman 相关系数的计算方法，即 $\rho = 1 - \{n\sum d^2/N(N^2-1)\}$。换言之，我们可以把 N 个数值对 x 和 y 定为 n 个等级对 x′和 y′，我们可以求取等级对的离差 d、方差 d^2 以及方差和 $\sum d^2$，便可以计算 Spearman 相关系数了。沿此，我们可以进一步探索相关曲线的情形以及各种回归分析。假定 x_1、x_2、x_3 等均为相关自变量，我们便可以衍生出 $y = a + bx$、$y = a + b_1 x_1 + b_2 x_2$、$y = a + b_1 x_1 + b_2 x_2 + b_3 x_3 + \cdots$ 这类自变量罗叠回归模型。

2. 差异及其参数化表现

在 H_1 为差异假设的情况下，我们首先想到的不再是协同变化，而是均值可以表明的差异性，即数据有区间和正态分布，均值差和标准差可以发挥最典型的描绘作用。我们能够为这样的差异找到的测量尺度便无疑是均值差的标准误差了。我们计算代表此种差异的 T 值并且查证对应于特定 T 值的临界值的过程叫做 T—检验。T—检验的第一种情形是单一样本的 T—检验，其计算要求样本均值（$\bar{x}$）与某个参照性的均值 μ，还要用样本的标准离差除以样本大小的平方根先求得样本的均值的标准误差 Se，然后计算 $T = \{(\bar{x}) - \mu\}/Se$。然后我们可以查出对应于该 T 值以及相应自由度（N—1）的 P 值和临界值。第二种情形因此是此种数据类型的两个样本的均值对比，t = 两个样本均值的差/均值差的标准误差。均值差的标准误差的具体计算为 $\sqrt{S_e^2/n_e + S_c^2/n_c}$，$S_e$ 和 S_c 分别为实验组和控制组的标准差，n_e 和 n_c 分别为实验组和控制组的人数。不同于上述两种单纯考虑数据的值的规范分布，差异假设更经

常地被用来判断重复测定的数据之间的差异，这样的数据也具有相关性对应特征，故而称为成对 T—检验：

$$t = \frac{\sum d}{\sqrt{\dfrac{n\sum d^2 - (\sum d)^2}{N-1}}}$$

式中 N 为观察到的数据对的数目，数据对若为 x_1 和 x_2，d 则是二者之差。此外，在有极端值未经修剪的情况下，我们也可以考虑采用中位数来作 T—检验。按此，我们可以进一步探索各种方差分析。具体研究不能局限于以上参数分析提到的分析方法，而是需要针对具体选题的变量关系，根据参数理解演绎地得出具体的数据分析方案。当然，目前已经存在颇具系统性的数据统计分析著述以及颇为现成的工具性数据处理软件。但是，这并不意味着研究者可以放弃这方面数理思维和相应的深入探究的应有程序。原因是，关于对象的心理模型本质上是变量之间的数量关系模型，而这个模型，例如马可夫链和因子数据认知建筑模型，适合是今后研究者个人"对象理论"。

第五节　结果讨论的基本维度

对于一项研究结果的讨论，一部分属于数据描写和推论框架下的讨论，另外一部分则是破题框架下的讨论。在一篇论文中，如果说其他部分的写法有着严格的场合限制，例如破题框架、文献综合的结果以及假设的限制，那么，在结果讨论部分，研究者个性化的思想可有更大一些的"自由度"了，可以超越上述限制。一项研究的结果一是检验假设带来的数据性发现，二是该发现的解释或者理论启示。对于这样结果的讨论需要沿着破题框架和数据框架展开，力求给出既有研究的局限性和多方面进一步努力的方向。这些便可以是讨论文字展开的内部维度。显然，目前关于语言发展的研究是在认知科学相当发达的背景下的科研活动，研究者已经具有了一个相当广阔的学术天地。

数据框架指描写—推论、相关—差异两组参数的敏感域。我们讨论一项结果，从检验假设的角度看就是给出在破题框架下新的证据价值。

然而破题框架仅仅是一个解破话题的理论框架。研究者的直觉远远超越了当前选题的发现的范围。讨论的框架可以蕴含一个数据化的对象构想，包括前文分析陈述的语言认知功能干交互和支交互那类构想。研究者可以将形成破题框架和假设时出现过的一些想法记录下来，利用数据描写的相关参数项加入讨论，尤其是可以临时增加跨越实验但是被试相同的数据分析得出的新的 r 值、t 值和 f 值作为证据来支持可以得出的理论意义（suggestions）。

破题框架一般需要与数据框架相互配合，即做到有理有据。既有破题框架虽然一方面体现了研究者的新的认识，但是另一方面也需要照顾或者接受既有文献的串联方式。总体上，今后的关于语言发展的研究乃至整个认知科学的研究都会自动走向更为客观的理论认识，或者说研究者自动放弃"自见"但却同时允许更加强大的假设能力。这是研究者认知上的小我与大我的关系。相互作用论正是这样一种理论，即由交互抽取解释参数，由解释参数给出假设。由这个过程，我们似乎完全看不见研究者主观的影子了。如果说结果讨论之前的论文部分必须"循规蹈矩"人们才能接受，那么研究者就必须把"结果讨论"看作真正的"大论文"。

本章小结

后相互作用论阶段的研究者认知就是认知理论，这是认知科学自身将首先实行的认知方法论。选题、入题、破题等均需要讲究研究者认知渊源。选题的目的在于认可影响某个语言认知过程的因子型场合条件。基于目前的技术条件和研究者资源节约问题的一个判断就是，认知工程学或由此学推出的相关文献分析系统和数据分析系统将承担向对象过程因子链的恰当部位嵌入新发现的因子条件这一理论任务，并且将数据库向社会的其他关注者开放。故此，研究者认知渊源就是研究者之间的理论默契，可以体现研究者的话题水平和面向具体话题的生成性语义系统发展水平。读者作为同领域研究者觉得当前研究者入题段落有效，并且可以赞成乃至欣赏或推崇其破题框架。要实现此种理论目标，研究者显然需要在既有文献的基础上基于良好直觉做好认识推进工作，有时可能需要多次推进才能达到当前领域表述层面。此种理论的生成型语义自动迭代是领域认识发展到了一定时期的可持续性的必然要求。这对于领域专家和教育者的一个要求就是其知识需要与时俱进，并且通过专家讨论会、师生讨论会等形式做好启动新的话题对象和迭代后话题对象的直觉经验的工作。至此，我们为有志于认知科学事业的后来者推荐了一个并不违背既有常规的"直觉经验路线"及相应系统工程。

参考文献

中文著作

桂诗春：《新编心理语言学》，上海外语教育出版社 2000 年版。

桂诗春、杨慧中：《中国学习者英语语料库》，上海外语教育出版社 2003 年版。

邵俊宗：《言语心理引论》，中国社会科学出版社 2013 年版。

王弼：《老子道德经》，中华书局 1985 年版。

中文期刊论文

桂诗春：《不确定性判断和中国英语学习者的虚化动词习得》，《外语教学与研究》2007 年第 1 期。

林茂灿：《普通话语句中间断和语句韵律短语》，《当代语言学》2000 年第 4 期。

刘齐宣、邵俊宗：《语言学习者主观创造性及其认知方式化倾向诊断》，《西安外国语大学学报》2009 年第 3 期。

英文著作

J. Anderson, *The Architecture of Cognition*, Cambridge, M. A.: Harvard University Press, 1983.

G. T. M. Altmann, *The Ascent of Babel: An Exploration of Language, Mind, and Understanding*, Oxford: Oxford University Press, 1997.

Aristotle, "Metaphysics", in J. Annas (Trans.), *Aristotle's Metaphysics Books M and N*, Oxford: OUP, 1976. pp. 91 – 130.

A. D. Baddeley, *Working Memory*, Oxford: Oxford University Press, 1986.

参考文献

M. L. Bigge, *Learning Theories for Teachers*, New York: Harper & Row, 1982.

p. Bloom, *How Children Learn the Meaning of Words*, Cambridge, MA: MIT Press, 2000.

D. E. Broadbent, *Perception and Communication*, Oxford: Pergamon, 1958.

J. Campbell, *Grammatical Man. Information, Entropy, Language and Life.* New York: Penguin, 1982, p. 167.

N. Chomsky, *Language and Mind*, New York: Harcourt Brace, 1968.

N. Chomsky, *Lectures On Government and Binding: The Pisa Lectures*, New York: Mouton de Gruyter, 1981.

N. Chomsky, *Syntactic Structures*, Mouton: The Hague, 1957, p. 19.

N. Chomsky, *Topics in the Theory of Generative Grammar.* Hague: Moulton. 1966.

E. Couper-Kuhlen, *English Speech Rhyme: Form and Function in Everyday Verbal Interaction*, Amsterdan: John Benjamins, 1993.

W. Coutu, *Emergent Human Nature: A Symbolic Field Interpretation*, New York: A. A. Knopf, 1949.

C. Darwin, *On the Origin of Species by Means of Natural Selection, or the Preservation of Favoured Races in the Struggle for Life*, London: John Murray, 1859, p. 127.

R. Decartes, *The Passions of the Soul*, Indianapolis: Hackett Publishing Company, 1989.

Rod Ellis, *Understanding Second Language Acquisition*, Oxford: OUP, 1985, p. 64.

J. A. Fodor, *The modularity of Mind*, Cambridge, MA: MIT Press, 1983.

R. M. Gagne, *The Conditions of Learning*, 3rd ed., New York: Holt, Rinehart & Winston., 1977.

H. Gardner, *Frames of Mind: The Theory of Multiple Intelligences*, New York: Basic Books, 1983.

B. Goldberg, *Digital Frequency Synthesis Demystified*, Eagle Rock, VA:

参考文献

LLH Technology Publishing, 1999.

H. Goodglass, *Understanding Aphasia*, San Diego, CA: Academic Press, 1993.

T. A. Harley, *The Psychology of Language: From Data to Theory*, 2nd ed. , Hove: Psychology Press, 2001.

G. W. Hartmann, *Gestalt Psychology: A Survey of Facts and Principles*, New York: Ronald Press Company, 1935.

C. Hayes, *The Ape in Our House*, New York: Harper, 1951.

I. Kant, *The Critique of Pure Reason*, Cambridge, MA: Cambridge University Press, 1998.

W. N. Kellog and L. A. Kellog, *The Ape and the Child*, New York: McGraw-Hill, 1933.

W. Kohler, *Gestalt Psychology; An Introduction to New Concepts in Modern Psychology*, New York: Liveright, 1970.

W. N. Kellog and L. A. Kellog, *The Ape and the Child*, New York: McGraw-Hill, 1933.

G. Lakoff, *Women, Fire, Dangerous Things: What Categories Reveal About the Mind*, Chicago and London: University of Chicago Press, 1987.

E. Lenneburg, *Biological Foundations of Language*, NY: Wiley & Sons, 1967.

Plato, "Cratylus", in B. Jewett M. A. (Trans.), *The Dialogues of Plato*, Vol. 1, London: OUp. 1892, pp. 230 – 304 (http://oll. libertyfund. org/EBooks/Plato. 0131. 01. pdf).

W. J. M. Levelt, *Speaking: From Intention to Articulation*, Cambridge, MA: MIT Press, 1989.

K. Lewin, *Principles of Topological Psychology*, New York: McGraw-Hill Book Company, 1936.

A. J. Marrow, *The Practical Theorist : The Life and Work of Kurt Lewin*, New York: Basic Books, 1969.

D. McNeil, *The Acquisition of Language*, New York, NY: Harper Row, 1970, p. 2.

C. Morris, *Foundations of the Theory of Signs*, Chicago: University of Chicago Press, 1938.

C. Morris, *Signs, Language and Behaviour*, Chicago: University of Chicago Press, 1946.

M. Nespor and I. Vogel, *Prosodic Phonology*, Dordrecht: Foris. , 1986.

A. Newell, *Unified Theories of Cognition*, Cambridge, MA: Harvard University Press, 1990.

I. p. Pavlov, *Conditioned Reflexes: An Investigation of the Physiological Activity of the Cerebral Cortex*, New York: Dover, 1927.

J. Pearl, *Probabilistic Reasoning in Intelligent Systems: Networks of Plausible Inference*, San Francisco, California: Morgan Kaufmann, 1988.

J. Piaget, *The Origins of Intelligence in Children*, New York: International Universities Press [1st published 1936], 1952.

J. Piaget, *The Psychology of Intelligence*, London: Routledge & Kegan Paul, 1950.

S. Pinker, *How the Mind Works*, New York: W. W. Norton & Company Inc. , 1997, pp. 60 – 69.

S. Pinker, *The Language Instinct*, New York: Harper Perennial Modern Classics, 1994, pp. 1 – 11.

D. Premack, *Gavagai! or the Future History of the Animal Language Controversy*, Cambridge, MA: MIT Press, 1986.

D. Premack, *Intelligence in Ape and Man*, Hillsdale, NJ: Lawrence Erlbaum, 1976.

E. Sapir, *Culture, Language and Personality: Selected Essays by Edward Sapir*, Berkeley: University of California Press, 1985.

F. D. Saussure, *Course in General Linguistics*, New York, Toronto, London: McGraw-Hill Book Company, 1959, pp. 7 – 9.

E. S. Savage-Rumbaugh and R. Lewin, *Kanzi: The Ape at the Brink of the Human Mind*, New York: Doubleday, 1994.

E. O. Selkirk, *Phonology and Syntax: The Relation Between Sound and Structure*, Cambridge, MA: MIT Press, 1984.

参考文献

B. F. Skinner, *Science and Human Behavior*, New York: Macmillan, 1953.

B. F. Skinner, *Verbal Behavior*, New York: Appleton-Century-Crofts, 1957.

W. H. Thorpe, *Biology, Psychology, and Belief*, Cambridge, MA: Cambridge University Press, 1961.

B. L. Whorf, *Language, Thought, and Reality*, Cambridge, MA: MIT Press, 1956.

T. Winograd, Language as a Cognitive Process. Volume 1: Syntax, Reading, MA: Addison-Wesley, 1983.

J. M. Yinger, *Toward a Field Theory of Behaviour: Personality and Social Structure*, New York: McGraw-Hill, 1965.

英文学术期刊论文

J. A. Anderson, "Hybrid Computation in Cognitive Science: Neural Networks and Symbols", *Applying Cognitive Psychology*, Vol. 4, No. 4, 1990, pp. 337–347.

J. E. Andruski, S. E. Blumstein and M. Burton, "The Effect of Subphonetic Differences On Lexical Access", *Cognition*, Vol. 52, No. 3, 1994, pp. 163–187.

A. Anwander, M. Tittgemeyer, D. Y. von Cramon, A. D. Friederici, and T. R. Knosche, "Connectivity-Based Parcellation of Broca's Area", *Cereb Cortex*, Vol. 17, No. 4, 2007, pp. 816–825.

E. C. Azmitia, "Cajal and Brain Plasticity: Insights Relevant to Emerging Concepts of Mind", *Brain Research Reviews*, Vol. 55, No. 2, 2007, pp. 395–405.

A. D. Baddeley, "Is Working Memory Still Working?" *American Psychologist*, Vol. 56, No. 11, 2001, pp. 851–864.

L. W. Barsalou, "Perceptual Symbol Systems", *Behavioral & Brain Sciences*, Vol. 22, No. 4, 1999, pp. 577–609.

P. J. Basser, J. Mattiello and D. LeBihan, "MR Diffusion Tensor Spectroscopy and Imaging", *Biophysical Journal*, Vol. 66, No. 1, 1994, pp. 259–267.

参考文献

M. E. Beckman and J. Edwards, "The Articulatory Kinematics of Accent", *Journal of the Acoustical Society of America*, Vol. 87, No. Suppl 1, 1990, pp. S65 – S65.

J. K. Bock, "Syntactic Persistence in Language Production", *Cognitive Psychology*, Vol. 18, No. 3, 1986, pp. 355 – 387.

A. A. Bohsali, W. Triplett, A. Sudhyadhom, J. M. Gullett, K. McGregor, D. B. FitzGerald, T. Mareci, K. White, and B. Crosson, "Broca's Area-Thalamic Connectivity", *Brain and Language*, Vol. 141, 2015, pp. 80 – 88.

M. D. S. Braine, "What sort of innate structure is needed to 'bootstrap' into syntax?" *Cognition*, Vol. 45, 1992, pp. 77 – 100.

H. Branigan, "Syntactic Priming", *Language & Linguistics Compass*, Vol. 1, No. 1 – 2, 2007, pp. 1 – 16.

H. p. Branigan, M. J. Pickering, S. p. Liversedge, A. J. Stewart, and T. p. Urbach, "Syntactic Priming: Investigating the Mental Representation of Language", *Journal of Psycholinguistic Research*, Vol. 24, No. 6, 1995, pp. 489 – 506.

J. Brennan, Y. Nir, U. Hasson, R. Malach, D. J. Heeger, and L. Pylkkänen, "SyntacticStructure Building in the Anterior Temporal Lobe During Natural Story Listening", *Brain and Language*, Vol. 120, No. 2, 2012, pp. 163 – 173.

D. Byrd, S. Lee, D. Riggs, and J. Adams, "Interacting Effects of Syllable and Phrase Position On Consonant Articulation", *Journal of the Acoustical Society of America*, Vol. 118, No. 6, 2005, pp. 3860 – 3073.

M. Catani and D. S. M. Thiebaut, "A Diffusion Tensor Imaging Tractography Atlas for Virtual in Vivo Dissections", *Cortex*, Vol. 44, No. 8, 2008, pp. 1105 – 1132.

M. Catani, R. J. Howard, S. Pajevic, and D. K. Jones, "Virtual in Vivo Interactive Dissection of White Matter Fasciculi in the Human Brain. Neuroimage", *NeuroImage*, Vol. 17, No. 1, 2002, pp. 77 – 94.

T. Cho, J. McQueen, & E. A. Cox, "Prosodically driven phonetic detail in

参考文献

speech processing: The case of domain-initial strengthening in English", *Journal of Phonetics*, Vol. 35, No. 2, 2007, 210 – 243.

N. Chomsky, "Review of Verbal Behaviour by B. F. Skinner", *Language*, Vol. 35, No. 1, 1959, pp. 26 – 58.

A. Christophe, A. Gout, S. Peperkamp, and J. Morgan, "Discovering Words in the Continuous Speech Stream: The Role of Prosody", *Journal of Phonetics*, Vol. 31, No. 3 – 4, 2003, pp. 585 – 598.

A. Christophe, S. Peperkamp, C. Pallier, E. Block, and J. Mehler, "Phonological Phrase Boundaries Constrain Lexical Access I. Adult Data", *Journal of Memory and Language*, Vol. 51, No. 4, 2004, pp. 523 – 547.

M. W. Crocker and T. Brants, "Wide-Coverage Probabilistic Sentence Processing", *Journal of Psycholinguistic Research*, Vol. 29, No. 6, 2000, pp. 647 – 69.

M. H. Davis, W. D. Marslen-Wilson and M. G. Gaskell, "Leading Up the Lexical Garden Path: Segmentation and Ambiguity in Spoken Word Recognition", *Journal of Experimental Psychology: Human*, Vol. 28, No. 1, 2002, pp. 218 – 244.

J. R. de Pijper and A. Sanderman, "Onthe Perceptual Strength of Prosodic Boundaries and its Relation to Suprasegmental Cues", *Journal of the Acoustical Society of America*, Vol. 96, No. 4, 1994, pp. 2037 – 2047.

A. J. DeCasper and W. p. Fifer, "Of Human Bonding: Newborns Prefer their Mothers' Voices" Science, Vol. 208, No. 4448, 1980, pp. 1174 – 1176.

G. S. Dell, "A Spreading-Activation Theory of Retrieval in Sentence Production", *Psychological Review*, Vol. 93, No. 3, 1986, pp. 283 – 321.

L. Dilley, S. Mattys and L. Vinke, "Potent Prosody: Comparing the Effects of Distal Prosody, Proximal Prosody, and Semantic Context On Word Segmentation", *Journal of Memory and Language*, Vol. 63, No. 3, 2010, pp. 274 – 294.

L. C. Dilley, & J. D. McAuley, "Distal prosodic context affects word segmentation and lexical processing", *Journal of Memory and Language*, Vol. 59, No. 3, 2008, pp. 294 – 311.

参考文献

J. L. H. Down, "Observations On an Ethnic Classification of Idiots", *London Hospital Reports*, Vol. 3, No. 1866, pp. 259 – 262.

J. Earley, "An Efficient Context-Free Parsing", *Communications of the ACM*, Vol. 13, No. 2, 1970, pp. 94 – 102.

p. Eimas, E. Siqueland, P. W. Jusczyk, and p. Vigorito, "Speech Perception in the Human Infant", *Science*, Vol. 171, No. 3968, 1971, pp. 303 – 306.

L. Ellis and W. J. Hardcastle, "Categorical and Gradient Properties of Assimilation in Alveolar to Velar Sequences: Evidence From EPG and EMA Data", *Journal of Phonetics*, Vol. 30, No. 3, 2002, pp. 373 – 396.

J. L. Elman, "Finding Structure in Time", *Cognitive Science*, Vol. 14, No. 2, 1990, pp. 179 – 211.

W. Enard, M. Przeworski, S. E. Fisher, C. S. Lai, V. Wiebe, T. Kitano, A. p. Monaco, and S. Paabo, "Molecular Evolution of FOXP2, a Gene Involved in Speech and Language", *Nature*, Vol. 418, No. 6900, 2002, pp. 869 – 872.

D. Fay and A. Cutler, "Malapropisms and the Structure of the Mental Lexicon", *Linguistic Inquiry*, Vol. 8, No. 2, 1977, pp. 505 – 520.

L. Fenson, S. Pethick, C. Renda, J. L. Cox, P. S. Dale, and J. S. Reznick, "Short-Form Versions of the MacArthur Communicative Development Inventories", *Applied PsychoLinguistics*, Vol. 21, No. 1, 2000, pp. 95 – 115.

K. Forster and I. Olbrei, "Semantic Heuristics and Syntactic Analysis", *Cognition*, Vol. 2, No. 3, 1973, pp. 319 – 347.

C. Fougeron and P. A. Keating, "Articulatory Strengthening at Edges of Prosodic Domains", *Journal of the Acoustical Society of America*, Vol. 101, No. 6, 1997, pp. 3728 – 3740.

A. D. Friederici, S. A. Ruschemeyer, A. Hahne, and C. J. Fiebach, "The Role of Left Inferior Frontal and Superior Temporal Cortex in Sentence Comprehension: Localizing Syntactic and Semantic Processes", *Cerebral Cortex*, Vol. 13, No. 2, 2003, pp. 170 – 177.

参考文献

B. T. Gardner and R. A. Gardner, "Evidence for Sentence Constituents in the Early Utterances of Child and Chimpanzee", *Journal of Experimental Psychology: General*, No. 104, 1975, pp. 244 – 267.

R. A. Gardner and B. T. Gardner, "Teaching Sign Language to a Chimpanzee", *Science*, Vol. 165, No. 3894, 1969, pp. 664 – 672.

M. F. Garrett, "The Analysis of Sentence Production", *Psychology of Learning and Motivation*, Vol. 9, No. 1975, pp. 133 – 177.

M. G. Gaskell and W. D. Marslen-Wilson, "Mechanisms of Phonological Inference in Speech Perception", *Journal of Experimental Psychology Human Perception & Performance*, Vol. 24, No. 2, 1998, pp. 380 – 396.

S. E. Gathercole, C. R. Frankish, S. J. Pickering, & S. Peaker. "Phonotactic influences on short – term memory", *Journal of Experimental Psychology: Learning Memory and Cognition*, Vol. 25, No. 1, 1999, pp. 84 – 95.

N. Geschwind, "Language and the Brain", *Scientific American*, Vol. 226, No. 4, 1972, pp. 76 – 83.

S. M. E. Gierhan, "Connections for Auditory Language in the Human Brain", *Brain and Language*, Vol. 127, No. 2, 2013, pp. 205 – 221.

A. M. Glenberg, & M. p. Kaschak, "Grounding language in action", *Psychonomic Bulletin & Review*, Vol. 9, 2002, pp. 558 – 565.

D. W. Gow, "Assimilation and Anticipation in Continuous Spoken Word Recognition", *Journal of Memory and Language*, Vol. 45, No. 1, 2001, pp. 133 – 159.

D. W. Gow, "Does English Coronal Place Assimilation Create Lexical Ambiguity?" *Journal of Experimental Psychology: Human Perception & Performance*, Vol. 28, No. 1, 2002, pp. 163 – 179.

K. J. Heather, van der Lely and S. Pinker, "The Biological Basis of Language: Insight From Developmental Grammatical Impairments", *Trends in Cognitive Sciences*, Vol. 18, No. 11, 2014, pp. 586 – 595.

B. Herrmann, B. Maess, A. Hahne, E. Schröger, and A. D. Friederici, "Syntactic and Auditory Spatial Processing in the Human Temporal Cortex:

An MEG Study", *NeuroImage*, Vol. 57, No. 2, 2011, pp. 624 –633.

G. Hickok, & D. Poeppel, "Dorsal and Ventral Streams: A Framework for Understanding Aspects of the Functional Anatomy of Language", *Cognition*, Vol. 92, No. 1 –2, 2004, pp. 67 –99.

G. Hickok, & D. Poeppel, "The Cortical Organization of Speech Processing", *Nature Reviews Neuroscience*, Vol. 8, No. 5, 2007, pp. 393 –402.

C. F. Hockett, "The Origin of Speech", *Scientific American*, Vol. 203, No. 3010, 1960, pp. 88 –96.

S. Howell, D. Jankowicz and S. Becker, "A Model of Grounded Language Acquisition: Sensorimotor Features Improvel Lexical and Grammatical Learning", *Journal of Memory and Language*, Vol. 53, No. 2, 2005, pp. 258 –276.

E. Janse and M. Ernestus, "The Roles of Bottom-Up and Top-Down Information in the Recognition of Reduced Speech: Evidence From Listeners with Normal and Impaired Hearing", *Journal of Phonetics*, Vol. 39, No. 3, 2011, pp. 330 –343.

F. Jelinek and J. Lafferty, "Computation of the Probability of Initial Substring Generation by Stochastic Context-Free Grammars", *Computational Linguistics*, Vol. 17, No. 3, 1991, pp. 315 –323.

D. Jurafsky, "A Probabilistic Model of Lexical and Syntactic Access to Disambiguation", *Cognitive Science*, Vol. 20, No. 2, 1996, pp. 137 –194.

M. p. Kaschak, T. J. Kutta and J. M. Coyle, "Long and Short Term Cumulative Structural Priming Effects", *Language Cognition & Neuroscience*, Vol. 29, No. 6, 2014, pp. 728 –743.

J. Kimball, "Seven principles of surface structure parsing in natural language", *Cognition*, Vol. 2, 1973, pp. 15 –47.

D. H. Klatt, "Linguistic Uses of Segmental Duration in English: Acoustic and Perceptual Evidence", *Journal of the Acoustical Society of America*, Vol. 59, No. 5, 1976, pp. 1208 –1221.

D. H. Klatt, "The Duration of (S) in English Words", *Journal of Speech & Hearing Research*, Vol. 17, No. 1, 1974, pp. 51 –63.

参考文献

T. Kohonen, "Self-Organized Formation of Topologically Correct Feature Maps", *Biological Cybernetics*, Vol. 43, No. 1, 1982, pp. 59 – 69.

T. Kohonen, "*Self-Organizing Maps*", Springer, Vol. 30, No. 4, 1995, pp. 266 – 270.

H. Krestel, J. Annoni and C. Jagella, "White Matter in Aphasia: A Historical Review of the Dejerines' Studies", *Brain and Language*, Vol. 127, No. 3, 2013, pp. 526 – 532.

C. S. Lai, S. E. Fisher, J. A. Hurst, F. Vargha-Khadem, and A. p. Monaco, "A Forkhead-Domain Gene is Mutated in a Severe Speech and Language Disorder", *Nature*, Vol. 413, No. 6855, 2001, pp. 519 – 523.

A. Langus, E. Marchetto, R. A. H. Bion, and M. Nespor, "Can Prosody be Used to Discover Hierarchical Structure in Continuous Speech?" *Journal of Memory and Language*, Vol. 66, No. 1, 2012, pp. 285 – 306.

J. H. Lee, "Age-Related Deficits in the Processing of Fundamental Frequency Differences for the Intelligibility of Competing Voices", *Korean J Audiol*, Vol. 17, No. 17, 2013, pp. 1 – 8.

I. Lehiste, "Isochrony Reconsidered", *Journal of Phonetics*, Vol. 5, No. 1977, pp. 253 – 263.

W. Li and Y. Yang, "Perception of Prosodic Hierarchical Boundaries in Mandarin Chinese Sentences", *Neuroscience*, Vol. 158, No. 4, 2009, pp. 1416 – 1425.

A. M. Liberman and D. H. Whalen, "On the Relation of Speech to Language", *Trends in Cognitive Sciences*, Vol. 4, No. 5, 2000, pp. 187 – 196.

L. Lichtheim, "On Aphasia", *Brain*, Vol. 7, No. 4, 1885, pp. 433 – 484.

L. Lisker and A. S. Abramson, "A Cross Language Study of Voicing in Initial Stops: Acoustical Measurements", *World*, Vol. 20, No. 3, 1964, pp. 384 – 422.

M. C. MacDonald, N. J. Pearlmutter and M. S. Seidenberg, "The Lexical Nature of Syntactic Ambiguity Resolution", *Psychological Review*, Vol. 101, No. 4, 1994, pp. 676 – 703.

L. J. MacGregor, F. Pulvermuller, M. van Casteren, and Y. Shtyrov, "Ultra-Rapid Access to Words in the Brain", *Nature Communications*, Vol. 3, No. 2, 2012, p. 711.

B. MacWhinney, E. Bates and R. Kliegl, "Cue Validity and Sentence Interpretation in English, German, and Italian", *Journal of Verbal Learning and Verbal Behavior*, Vol. 23, No. 2, 1984, pp. 127 – 150.

J. M. Mandler, "How to Build a Baby: II. Conceptual Primitives", *Psychological Review*, Vol. 99, No. 4, 1992, pp. 587 – 604.

W. D. Marslen-Wilson, "Linguistic Structure and Speech Shadowing at Very Short Latencies", *Nature*, Vol. 244, No. 5417, 1973, pp. 522 – 523.

W. D. Marslen-Wilson, "Sentence Perception as an Interactive Parallel Process", *Science*, Vol. 189, No. 4198, 1975, pp. 226 – 228.

W. D. Marslen-Wilson and L. K. Tyler, "The Temporal Structure of Spoken Language Understanding", *Cognition*, Vol. 8, No. 1, 1980, pp. 1 – 71.

W. D. Marslen-Wilson and A. Welsh, "Processing Interactions and Lexical Access During Word-Recognition in Continuous Speech", *Cognitive Psychology*, Vol. 10, No. 1, 1978, pp. 29 – 63.

S. L. Mattys and J. F. Melhorn, "Sentential, Lexical, and Acoustic Effects On the Perception of Word Boundaries", *Journal of the Acoustical Society of America*, Vol. 122, No. 1, 2007, pp. 554 – 567.

S. L. Mattys, J. F. Melhorn and L. White, "Effects of Syntactic Expectations On Speech Segmentation", *Journal of Experimental Psychology Human Perception & Performance*, Vol. 33, No. 4, 2007, pp. 960 – 977.

L. Mccune-Nicolich, "Toward Symbolic Functioning: Structure of Early Pretend Games and Potential Parallels with Language", *Child Development*, Vol. 52, No. 3, 1981, pp. 785 – 797.

K. Mcrae, M. J. Spivey-Knowlton and M. K. Tanenhaus, "Modeling the Influence of Thematic Fit (And Other Constraints) in On-Line Sentence Comprehension", *Journal of Memory and Language*, Vol. 38, No. 3, 1998, pp. 283 – 312.

G. A. Miller, "The Magical Number Seven, Plus Or Minus Two", *Psycho-

参考文献

logical Review, Vol. 63, No. 2, 1956, pp. 81 – 97.

J. L. Miller, K. p. Green and A. Reeves, "Speaking Rate and Segments: A Look at the Relation between Speech Production and Speech Perception for the Voicing Contrast", Phonetica, Vol. 43, No. 1986, pp. 1 – 3.

G. A. Miller and K. O. A. McKean, "Chronometric Study of some Relations Between Sentences", Quarterly Journal of Experimental Psychology, Vol. 16, No. 4, 1964, pp. 297 – 308.

K. Nelson, "Structure and Strategy in Learning to Talk", Monographs of the Society for Research in Child Development, Vol. 38, No. 1 – 2, 1973, pp. 1 – 135.

D. F. Newbury, P. C. Warburton, N. Wilson, E. Bacchelli, Simona Carone, IMGSAC, J. A. Lamb, E. Maestrini, E. V. Volpi, S. Mohammed, G. Baird, and A. p. Monaco, "Mapping of Partially Overlapping De Novo Deletions Across an Autism Susceptibility Region (AUTS5) in Two Unrelated Individuals Affected by Developmental Delays with Communication Impairment", American Journal of Medical Genetics, Part A, Vol. 149A, No. 4, 2009, pp. 588 – 597.

A. Newell, J. C. Shaw and H. A. Simon, "Elements of a Theory of Human Problem Solving", Psychological Review, Vol. 65, No. 3, 1958, pp. 151 – 166.

D. K. Oller, "The Effect of Position in Utterance On Speech Segment Duration in English", Journal of the Acoustical Society of America, Vol. 54, No. 5, 1973, pp. 1235 – 1247.

I. M. Pepperberg, "Functional Vocalizations by an African Grey Parrot (Psittacus Erithacus)", Zeitschrift für Tierpsychologie, Vol. 55, No. 2, 1981, pp. 139 – 160.

I. M. Pepperberg, "Cognition in the African Grey Parrot: Preliminary Evidence for Auditory/VocalComprehension of the Class Concept", Animal Learning & Behavior, Vol. 11, No. 11, 1983, pp. 179 – 185.

I. M. Pepperberg, "Acquisition of the Same/Different Concept by an African Grey Parrot (Psittacus Erithacus): Learning with Respect to Categories of

Color, Shape, and Material", *Animal Learning & Behavior*, Vol. 15, No. 4, 1987, pp. 423 - 432.

I. M. Pepperberg, "Functional Vocalizations by an African Grey Parrot (Psittacus Erithacus)", *Zeitschrift für Tierpsychologie*, Vol. 55, No. 2, 1981, pp. 139 - 160.

S. E. Petersen, P. T. Fox, M. I. Posner, M. E. Mintun, & J. Raichle, "Positron emission tomographic studies of the processing of single words", *Journal of Cognitive Neuroscience*, Vol. 1, No. 2, 1989, pp. 153 - 170.

D. Poeppel and G. Hickok, "Towards a New Functional Anatomy of Language", *Cognition*, Vol. 92, No. 1 - 2, 2004, pp. 1 - 12.

D. Premack, "Language in Chimpanzee", *Science*, Vol. 172, No. 3985, 1971, pp. 808 - 822.

D. Premack, "Mechanisms of Intelligence-Preconditions for Language", *Annals of the New York Academy of Science*, Vol. 280, No. 13867, 1976, pp. 544 - 561.

D. Premack, "Gavagai! Or the Future History of the Animal Language Controversy", *Cognition*, Vol. 19, No. 3, 1985, pp. 207 - 296.

C. J. Price, "A Review and Synthesis of the First 20 Years of PET and FMRI Studies of Heard Speech, Spoken Language and Reading", *Neuroimage*, Vol. 62, No. 2, 2012, pp. 816 - 847.

H. Quené, "Durational Cues for Word Segmentation in Dutch", *Journal of Phonetics*, Vol. 20, No. 1992, pp. 331 - 350.

D. E. Rumelhart, G. E. Hinton and R. J. Williams, "Learning Representations by Back-Propagating Errors", *Nature*, Vol. 323, No. 9, 1986, pp. 533 - 536.

A. p. Salverda, D. Dahan and J. M. McQueen, "The Role of Prosodic Boundaries in the Resolution of Lexical Embedding in Speech Comprehension", *Cognition*, Vol. 90, No. 1, 2003, pp. 51 - 89.

S. Savage-Rumbaugh, K. McDonald, R. A. Sevcik, W. D. Hopkins, and E. Rubert, "Spontaneous Symbol Acquisition and Communicative Use by Pygmy Chimpanzees (Pan Paniscus)", *Journal of Experimental Psychology*

General, Vol. 115, No. 3, 1986, pp. 211 – 235.

H. B. Savin, "Word-frequency effect and errors in the perception of speech", *Journal of the Acoustical Society of America*, Vol. 35, No. 2, 1963, pp. 200 – 206.

M. S. Seidenberg and M. C. MacDonald, "A Probabilistic Constraints Approach to Language Acquisition and Processing", *Cognitive Science: A Multidisciplinary Journal*, Vol. 23, No. 4, 1999, pp. 569 – 588.

M. S. Seidenberg and J. L. Mcclelland, "A Distributed, Developmental Model of Word Recognition and Naming", *Psychological Review*, Vol. 96, No. 4, 1989, pp. 523 – 568.

S. Shattuck-Hufnagel and A. E. Turk, "a Prosody Tutorial for Investigators of Auditory Sentence Processing", *Journal of Psycholinguistic Research*, Vol. 25, No. 2, 1996, pp. 193 – 247.

M. Shukla, M. Nespor and J. Mehler, "An Interaction Between Prosody and Statistics in the Segmentation of Fluent Speech", *Cognitive Psychology*, Vol. 54, No. 1, 2007, pp. 1 – 32.

B. F. Skinner, "A Case History in Scientific Method", *American Psychologist*, Vol. 11, No. 5, 1956, pp. 221 – 233.

D. I. Slobin, "Grammatical Transformations and Sentence Comprehension in Childhood and Adulthood", *Journal of Verbal Learning and Verbal Behavior*, Vol. 5, No. 3, 1966, pp. 219 – 227.

L. B. Smith and S. S. Jones, "Cognition without Concepts", *Cognitive Development*, Vol. 8, No. 2, 1993, pp. 181 – 188.

S. Soto-Faraco, N. Sebastián-Gallés and A. Cutler, "Segmental and Suprasegmental Mismatch in Lexical Access", *Journal of Memory and Language*, Vol. 45, No. 3, 2001, pp. 412 – 432.

M. Spivey-Knowlton and J. C. Sedivy, "Resolving Attachment Ambiguities with Multiple Constraints", *Cognition*, Vol. 55, No. 3, 1995, pp. 227 – 267.

M. J. Spivey and M. K. Tanenhaus, "Syntactic Ambiguity Resolution in Discourse: Modeling the Effects of Referential Context and Lexical Frequency", *Journal of Experimental Psychology Learning Memory & Cognition*, Vol. 24, No. 6, 1998, pp. 1521 – 1543.

M. J. Spivey-Knowlton, J. C. Trueswell and M. K. Tanenhaus, "Context Effects in Syntactic Ambiguity Resolution: Discourse and Semantic Influences in Parsing Reduced Relative Clauses", *Canadian Journal of Experimental Psychology*, Vol. 47, No. 2, 1993, pp. 276 – 309.

A. Stolcke, "An Efficient Probabilistic Context-Free Parsing Algorithm that Computes Prefix Probabilities", *Computational Linguistics*, Vol. 21, No. 2, 1995, pp. 165 – 201.

L. Tagliapietra and J. M. Mcqueen, "What and Where in Speech Recognition: Geminates and Singletons in Spoken Italian", *Journal of Memory & Language*, Vol. 63, No. 3, 2010, pp. 306 – 323.

H. S. Terrace, L. A. Petitto, R. J. Sanders, and T. G. Bever, "Can an Ape Create a Sentence?" *Science*, Vol. 206, No. 4421, 1979, pp. 891 – 902.

M. Tomasello and M. J. Farrar, "Cognitive Bases of Lexical Development: Object Permanence and Relational Words", *Journal of Child Language*, Vol. 11, No. 3, 1984, pp. 477 – 493.

M. Tomasello and M. J. Farrar, "Joint Attention and Early Language", *Child Development*, Vol. 57, No. 6, 1986, pp. 1454 – 1463.

A. E. Turk and J. R. Sawusch, "The Domain of Accentual Lengthening in American English", *Journal of Phonetics*, Vol. 25, No. 1, 1997, pp. 25 – 41.

A. E. Turk and S. Shattuck-Hufnagel, "Word-Boundary-Related Duration Patterns in English", *Journal of Phonetics*, Vol. 28, No. 4, 2000, pp. 397 – 440.

J. Upadhyay, A. Silver, T. A. Knaus, K. A. Lindgren, M. Ducros, D. S. Kim, and H. Tager-Flusberg, "Effective and Structural Connectivity in the Human Auditory Cortex", *Journal of Neuroscience*, Vol. 28, No. 13, 2008, pp. 3341 – 3349.

J. A. Utman, S. E. Blumstein and M. W. Burton, "Effects of Subphonetic and Syllable Structure Variation On Word Recognition", *Perception & Psy-

参考文献

chophysics, Vol. 62, No. 6, 2000, pp. 1297 – 1311.

H. K. van der Lely and L. Stollwerck, "A Grammatical Specific Language Impairment in Children: An Autosomal Dominant Inheritance?" *Brain and Language*, Vol. 52, No. 3, 1996, pp. 484 – 504.

W. van Donselaar, M. Koster and A. Cutler, "Exploring the Role of Lexical Stress in Lexical Recognition", *The Quarterly Journal of Experimental Psychology A*, Vol. 58, No. 2, 2005, pp. 251 – 273.

F. Varghakhadem, D. G. Gadian, A. Copp, and M. Mishkin, "FOXP2 and the Neurontomy of Speech and Language", *Nature Reiview Neuroscience*, Vol. 6, No. 2, 2005, pp. 131 – 138.

S. C. Vernes, J. Nicod, F. M. Elahi, J. A. Coventry, N. Kenny, A. M. Coupe, L. E. Bird, K. E. Davies, and S. E. Fisher, "Functional Genetic Analysis of Mutations Implicated in a Human Speech and Language Disorder", *Human Molecular Genetics*, Vol. 15, No. 21, 2006, pp. 3154 – 3167.

D. p. Vinson and G. Vigliocco, "A Semantic Analysis of Grammatical Class Impairments: Semantic Representations of Object Nouns, Action Nouns and Action Verbs", *Journal of Neurolinguistics*, Vol. 15, No. 3 – 5, 2002, pp. 317 – 351.

B. Wang, S. Lü and Y. Yang, "Acoustic Analysis On Prosodic Hierarchical Boundaries of Chinese", *Acta Acustica*, Vol. 29, No. 1, 2004, pp. 29 – 36.

J. F. Werker and R. C. Tees, "Phonemic and Phonetic Factors in Adult Cross-Language Speech Perception", *Journal of the Acoustical Society of America*, Vol. 75, No. 6, 1984, pp. 1866 – 1878.

H. C. Whalley, J. E. Sussmann, G. Chakirova, p. Mukerjee, A. Peel, J. McKirdy, J. Hall, E. C. Johnstone, S. M. Lawrie, and A. M. McIntosh, "The Neural Basis of Familial Risk and Temperamental Variation in Individuals at High Risk of Bipolar Disorder", *Biological Psychiatry*, Vol. 70, No. 4, 2011, pp. 343 – 349.

C. W. Wightman, S. Shattuck-Hufnagel, M. Ostendorf, and P. J. Price,

"Segmental Durations in the Vicinity of Prosodic Phrase Boundaries", *Journal of the Acoustical Society of America*, Vol. 91, No. 3, 1992, pp. 1707 – 1717.

会议论文

D. Bailey, J. Feldman, S. Narayanan, and G. Lakoff, "Modeling Embodied Lexical Development", paper delivered to Proceedings of the Nineteenth Annual Conference of the Cognitive Science Society, Stanford University, 1997.

T. L. Booth, "Probabilistic Representation of Formal Language", paper delivered to IEEE Conference Record of 10th Annual Symposium on Foundations of Computer Science, Waterloo, ON, Canada, 1969.

S. Corley and M. W. Crocker., "Evidence for a Tagging Model of Human Lexical Category Disambiguation", Paper Delivered to Proceedings of the 18th Annual Conference of the Cognitive Science Society, University of California, San Diego, 1996.

J. Hale, "A Probabilistic Earley Parser as a Psycholinguistic Model", paper delivered to Proceedings of the Second Meeting of the North American Chapter of the Association for Computational Linguistics, Pittsburgh, PA, 2001.

S. R. Howell and S. Becker, "Modelling Language Acquisition: Grammar From the Lexicon?", paper delivered to Proceedings of the Cognitive Science Society, 2001.

C. Juliano and M. K. Tanenhaus, "Contingent Frequency Effects in Syntactic Ambiguity Resolution", paper delivered to Proceedings of the 15th Annual Meeting of the Cognitive Science Society, Hillsdale, NJ: Erlbaum, 1993.

D. Saur, B. W. Kreher, S. Schnell, D. Kümmerer, p. Kellmeyer, M. Vry, R. Umarova, M. Musso, V. Glauche, S. Abel, W. Huber, M. Rijntjes, J. Hennig, and C. Weiller, "Ventral and Dorsal Pathways for Language", Proceedings of the National Academy of Sciences of the United States of America, Vol. 105, No. 46, 2008, pp. 18035 - 18040.

B. Wang and Y. Yang, "Acoustic Correlates of Hierarchical Prosodic Boundary in Mandarin", in Proceedings of Speech Prosody, Aix en Provence, 11 - 13. 2002. pp. 11 - 13.

博士论文

T. Brants, Tagging and Parsing with Cascaded Markov Models—Automation of Corpus Annotation, Ph. D. disertation, University of Saarland, 1999.

M. Spivey-Knowlton, Integration of Visual and Linguistic Information: Human Data and Model Simultations, Ph. D. disertation, University of Rochester, 1996.

文集中的论文

E. Bates and B. MacWhinney, "Functionalism and the Competition Model", in B. MacWhinney and E. Bates, B. MacWhinney and E. Bates (eds.), *The Crosslinguistic Study of Sentence Processing*, New York: Cambridge University Press, 1989, pp. 3 - 76.

L. E. Bernstein, "Phonetic Processing by the Speech Perceiving Brain", in D. B. Pisoni and R. E. Remez, D. B. Pisoni and R. E. Remez (eds.), *The Handbook of Speech Perception.*, Malden, MA: Blackwell Publishing., 2005, pp. 79 - 98.

N. Chater, M. J. Crocker and M. J. Pickering., "The Rational Analysis of Inquiry: The Case of Parsing.", in M. Oaksford and N. Chater, M. Oaksford and N. Chater (eds.), *Rational models of cognition*, Oxford: Oxford University Press, 1998, pp. 421 - 468.

S. Corley and M. W. Crocker., "The Modular Statistical Hypothesis: Exploring Lexical Category Ambiguity", in M. W. Crocker, M. Pickering and C. Clifton, M. W. Crocker, M. Pickering and C. Clifton (eds.), *Architectures and Mechanisms for Language Processing*, Cambridge: Cambridge University Press, 2000, pp. 135 - 160.

S. Crain and M. Steedman, "On Not Being Led Up the Garden Path: The

Use of Context by the Psychological Parser", in L. K. D. Dowty and A. Zwicky, L. K. D. Dowty and A. Zwicky (eds). *Natural language parsing: Psychological, Computational and Theoretical Perspectives*, Cambridge: Cambridge University Press, 1985, pp. 320 - 358.

P. D. Eimas, J. L. Miller and P. W. Jusczyk, "On Infant Perception and the Acquisition of Language", in S. Harnard, S. Harnard (eds.), *Categorical perception: The groundwork of cognition*, New York: Cambridge University Press, 1987, pp. 161 - 195.

J. L. Elman, "The Emergence of Language: A Conspiracy Theory", in B. MacWhinney (eds.), *The Emergence of Language*, Mahwah, NJ: Lawrence Erlbaum Associates, 1999, pp. 1 - 27.

J. L. Elman, E. A. Bates, M. H. Johnson, A. Karmiloff-Smith, D. Parisi, and K. Plunkett, *Rethinking Innateness: A Connectionist Perspective On Development*, Cambridge, MA: Bradford Books, 1996.

R. S. Fouts, G. Shapiro and C. O'Neil, "Studies of Linguistic Behavior in Apes and Children", in p. Siple, p. Siple (eds.), *Understanding Language through Sign Language Research*, New York: Academic Press, 1978, pp. 163 - 185.

M. F. Garrett, "Syntactic Processes in Sentence Production", in R. J. Wales and E. Walker, R. J. Wales and E. Walker (eds.), *New Approaches to Language Mechanisms*, Amsterdam: North-Holland Publishing, 1976, pp. 231 - 256.

J. B. Gleason, (eds.), *The Development of Language*. 6th ed. Boston, MA: Pearson, 2005, p. IX.

P. M. Greenfield and E. S. Savage-Rumbaugh, "Grammatical Combination in Pan Paniscus: Processes of Learning and Invention in the Evolution and Development of Language", in S. T. Parker and K. R. Gibson, S. T. Parker and K. R. Gibson (eds.), *"Language" and Intelligence in Monkeys and Apes: Comparative Developmental Perspectives*, New York: Cambridge University Press, 1990, pp. 540 - 578.

B. Hayes, "The Prosodic Hierarchy in Meter", in p. Kiparsky and G. You-

参考文献

mans, p. Kiparsky and G. Youmans (eds.), *Rhythm and meter*, New York: Academic Press, 1989, pp. 201 – 260.

D. Jurafsky, "Probabilistic Modeling in Psycholinguistics: Linguistic Comprehension and Production", in R. Bod, J. Hay and S. Jannedy, R. Bod, J. Hay and S. Jannedy (eds.), *Probabilistic linguistics*, Cambridge, MA: MIT Press, 2003, pp. 39 – 95.

S. D. Krashen, "The Theoretical and Practical Relevance of Simple Codes in Second Language Acquisition", in R. Scarcella and S. D. Krashen (eds.), *Research in Second Language Acquisition*, Rowley, Mass: Newbury House, 1980, pp. 7 – 18.

B. MacWhinney and E. Bates, (eds). *The Crosslinguistic Study of Sentence Processing*, Cambridge: Cambridge University Press, 1989.

J. L. McDonald, & B. MacWhinney, "Maximum likelihood models for sentence processing research", In B. MacWhinney & E. Bates (eds.), *The Crosslinguistic Study of Sentence Processing*. New York: Cambridge University Press. (1989)

D. McNeil, "Developmental Psycholinguistics", in F. Smith & G. Miller (eds.), The Genesis of Language: a Psycholinguistic Approach. Cambridge, Mass: MIT Press., 1966, p. 61.

S. Narayanan and D. Jurafsky, "A Bayesian Model Predicts Human Parse Preference and Reading Time in Sentence Processing", in T. Dietterich, S. Becker and Z. Ghahramani, T. Dietterich, S. Becker and Z. Ghahramani (eds.), *Advances in Neural Information Processing Systems* 14, Cambridge, MA: MIT Press, 2001, pp. 59 – 65.

F. Nolan, "The Descriptive Role of Segments: Evidence From Assimilation", in G. J. Docherty and D. R. Ladd, G. J. Docherty and D. R. Ladd (eds). *Papers in laboratory phonology II*: Gesture, segment, prosody, New York: Cambridge University Press, 1992, pp. 261 – 280.

J. Piaget, "The General Problems of the Psychobiological Development of the Child", in J. Tanner and B. Inhelder (eds.), *Discussions on Child Development*, London: Tavistock., 1960, pp. 3 – 27.

J. Pierrehumbert, "Tonal Elements and their Alignment", in M. Horne, M. Horne (eds.), *Prosody: Theory and Experiment*, Dordrecht: Kluwer Academic Publishers, 2000, pp. 11 – 36.

J. Schenkein, "A Taxonomy for Repeating Action Sequences in Natural Conversation", in B. Butterworth, B. Butterworth (eds.), *Language production*, London: Academic Press, 1980, pp. 21 – 47.

N. K. Shvachkin, "The Development of Phonemic Speech Perception in Early Childhood", in C. A. Ferguson and D. I. Slobin, C. A. Ferguson and D. I. Slobin (eds.), *Studies of Child Language Development*, New York: Holt., 1973, pp. 91 – 127.

M. Steedmna, "Syntax and Intonational Structure in a Combinatory Grammar", in G. T. M. Altmann, G. T. M. Altmann (eds.), *Cognitive models of Speech Processing: Psycholinguistic and Computational Perspectives*, Cambridge, MA: MIT Press., 1990, pp. 457 – 482.

M. K. Tanenhaus, M. J. Spivey-Knowlton and J. E. Hanna, "Modelling Discourse Context Effects: A Multiple Constraints Approach", in M. Crocker, M. Pickering and C. Clifton, M. Crocker, M. Pickering and C. Clifton (eds.), *Architectures and Mechanisms for Language Processing*, Cambridge: Cambridge University Press, 2000, pp. 90 – 118.

其他

P. Broca, "Sur Le Siège De La Faculté Du Langage Articulé", Bulletins de la Société d'Anthropologie, Vol. 6, No. 1, 1865, pp. 337 – 393.

K. F. Burdach, *Vom Baue Und Leben Des Gehirns*, Leipzig: Dykschen Buchgandlung, 1822.

J. J. Dejerine, *Anatomie Des Centres Nerveux*, Paris: Rueff et Cie, 1895.

J. Dejerine and A. Dejerine-Klumpke, *Anatomie Des Centres Nerveux*, Paris: Rueff et Cie, 1901.

H. Ebbinghaus, *Über Das Gedchtnis. Untersuchungen Zur Experimentellen Psychologie*, Leipzig, New York: Duncker & Humblot, 1885.

J. C. Reil, "DieSylvische Grube Oder Das Thal, Das Gestreifte Grosse Hirn-

参考文献

ganglium, Dessen Kapsel Und Die Seitentheile Des Grossen Gehirns", Archiv für die Physiologie, Vol. 9, No. 1809, pp. 195 – 208.

C. Wernicke, *Der Aphasische Symptomencomplex*, Breslau: Max Cohn und Weigert, 1874.